Der Garten – Spiegel der Seele
Die Geschichte eines Traums

Felizita Söbbeke

Der Garten – Spiegel der Seele
Die Geschichte eines Traums

Mit Fotos von Toma Babovic

Ellert & Richter Verlag

Inhalt

6 Vorwort

8 Die Geschichte meines Gartentraums
14 Wie alles begann
16 Meine Philosophie des Gärtnerns

24 Im ersten Schritt
28 Der Rhododendrenwall
32 Der Döpke
42 Küchensitzplatz
48 Rosentipi
52 Sonnige Hausbeete
58 Wand im Schatten
64 Der Rotdorn

66 Im zweiten Schritt
68 Willkommensweg
74 Christophorusbeet

82 Im dritten Schritt
84 Hausbaum
86 „Lady in red"
96 Buchsbaumplateau und Obstwiese
100 Der Rosenwinkel
104 Die Kräuterschnecke
106 Das Karree
110 Das Oktoberbeet
114 Hortensienbeet

118 Im vierten Schritt
122 Rosenwall unter den Linden
126 Der Rosengang

132 Im fünften Schritt
140 Das Lavendelbeet
142 Das Esszimmer
148 Das blaue Band
156 Das Auge
160 Sonnenauf- und Sonnenuntergangsbeet
164 Froschkönigsgarten

172 Im sechsten Schritt
174 Der Eibengarten
184 Holzkegel und Kompost
186 Goetheplatz
188 Der Pavillon
192 Sternenwald
194 Kindergarten und Pflasterarbeiten
196 Im Rückblick
198 Der Garten ist Spiegel der Seele
200 Im letzten Schritt

202 Anhang
204 Gartenpläne
206 Rosenliste
210 Deutsche Pflanzennamen
211 Botanisches Pflanzenregister
214 Gartentipps/Rezepte
215 Literatur
216 Bezugsquellen/Impressum

Vorwort

*Die in langen Jahren von mir zu diesem Zweck erfundene,
gärtnerische und köhlerische Scheinarbeit
hat nicht nur dieser körperlichen Umstellung und Entspannung zu dienen,
sondern auch der Meditation, dem Fortspinnen von Phantasiefäden
und der Konzentration.*
Hermann Hesse

Die Gestaltung eines Gartens ist geradezu etwas Intimes, spiegelt der Garten doch die Persönlichkeit des Gärtners wider und gewährt damit Einblick in sein Seelenleben. Mit diesem Buch beschreibe ich die Geschichte meines Gartentraums. Während der Entstehung unseres Gartens entwickelte ich eine starke emotionale Beziehung zu ihm, er wurde ein Teil meines Lebens, in ihm zeigten sich meine Wünsche, Träume und Hoffnungen. Während ich in und an unserem Garten arbeitete und dies als befriedigend und bereichernd empfand, kamen gleichzeitig Kindheitserinnerungen und verborgene Verletzungen zum Vorschein. Ich erfasste die zweite Ebene des Gärtnerns: Neben der Entstehung eines realen schön anzusehenden Gartens ereignete sich auf einer anderen Ebene, dem inneren Garten, Ähnliches. Mit jedem weiteren Schritt im Garten vertiefte sich der Blick auf diese zweite Ebene. Ich spürte, dass es enge, tiefe Verknüpfungen zwischen dem wachsenden äußeren Garten und dem Seelengarten gab. Zu meiner Überraschung stellte ich fest, dass viele Dinge sowohl für den einen als auch für den anderen Garten galten und sogar eine wechselseitige Verbindung existiert. Während bei der Gartenarbeit Kindheitsträume in mir aufkamen, hatte ich einen Blick in meinen Seelengarten getan und konnte diese gefundenen Erinnerungen bei der Gestaltung mit einbeziehen. So entstand eine fruchtbare Beziehung zwischen dem äußeren und dem inneren Garten. Je intensiver ich mich mit dem Aspekt des „Seelengärtnerns" beschäftigte, umso bewusster wurde mir, wie viele tiefgründige und heilende Aspekte das „Gärtnern" hat.
Ich möchte Sie einladen, mich auf dieser Entwicklungsreise zu begleiten. Die Entstehung unseres Gartens soll lediglich als Anregung dienen und Sie inspirieren, eigene Visionen zuzulassen und auf Ihre ganz persönliche Weise umzusetzen. Unsere Geschichte

macht Sie hoffentlich neugierig, den Weg der Entstehung des eigenen Gartens zu gehen, mit allen Enttäuschungen, Fehlschlägen, Glanzlichtern und Höhepunkten. Ich denke, dass es beim „Gärtnern" nicht darum geht, den perfekten Garten zu schaffen, sondern darum, „Gärtnern" als Lebenselixier, als Lebensphilosophie und Kraftquelle zu entdecken. Ein herrlicher Garten entsteht dann ganz nebenbei. Ich möchte Sie motivieren, eigene „Phantasiefäden" zu spinnen und sich auf Ihre ganz eigene, persönliche Entdeckung Ihres Gartentraums einzulassen. „Gärtnern" öffnet unsere Seelen und Herzen und schafft Klarheit in unseren Gefühlen und Gedanken.

Ich möchte Sie anregen, beide Aspekte des „Gärtnerns" und diese heilende Kraft wahrzunehmen und in Ihrem eigenen Garten umzusetzen.

Die Geschichte meines Gartentraums

*Ich glaube, dass ein Garten, wenn er gut gemacht ist,
einer Autobiographie gleichkommt.
Es ist die Art und Weise, wie wir auf der Erde schreiben.*
Robert Dash

Die Geschichte meines Gartentraums

Bevor ich Ihnen meine Art des Gärtnerns vorstelle, möchte ich zunächst schildern, wer wir sind und wie alles begann.

Mir steckt das Gärtnern seit Kindheitstagen im Blut. Sowohl meine Mutter als auch meine beiden Großmütter waren begeisterte Gärtnerinnen und mein Vater mit der Natur und unserem Garten eng verbunden. Meine ersten Erinnerungen lassen in meiner Nase den frischen, würzigen Duft von Walderde emporsteigen. Als mein Bruder und ich noch Kinder waren, fuhren unsere Eltern an den Wochenenden mit uns in den Wald, um Erde zu sammeln. Wir schaufelten die leichte, herrlich duftende Walderde in Säcke, um sie zu Hause im Garten zu verwenden. Dieser Duft ist mir unvergesslich. Er steigt mir jedes Frühjahr in die Nase, wenn ich meine Hände das erste Mal im anbrechenden Gartenjahr in die Erde versenke. Der Garten meiner Eltern war relativ groß und entsprach dem damaligen Zeitgeschmack. Er hatte eine innen liegende Rasenfläche mit einem Beet roter Polyantharosen, einen kleinen Teich und umliegende Staudenrabatten, die durch einen weißen, stets frisch geharkten Sandweg vom Rasen abgegrenzt waren. Die Rasenwege waren von blühenden Polsterstaudenbändern eingefasst. Daneben gab es einen Gemüse- und Obstgarten sowie einen Hühnerhof. Meine Kinderaufgabe bestand über viele Jahre im Ausknipsen der verblühten Rosen und später auch in der Mitarbeit in den Staudenrabatten. In dieser Zeit habe ich mir mein Gärtnergrundwissen angeeignet. Besonders faszinierten mich die Gärten meiner Großmütter. Der Garten meiner Großmutter mütterlicherseits hatte die Romantik eines leicht verwilderten Naturgartens. Hier gab es neben herrlichen Staudenrabatten mit üppigen Pfingstrosen, blauen Ritterspornblüten und Geranium eine wildromantische Laube und einen naturnahen Obstwiesengarten mit gemähten Rasenwegen. Der Garten meiner Großmutter väterlicherseits war dagegen ein typischer Münsterländer Bauerngarten. Buchsbaumhecken fassten die einzelnen formalen Beete des Gemüse- und Blumengartens ein. Diese drei Gärten haben meine ganz frühen Gartenerinnerungen geprägt und lassen bis heute bei bestimmten Gerüchen, Farben oder Texturen, zum Beispiel von *Geranium* x *magnificum*, Bilder in mir aufsteigen, die mich in meine Kindheit zurücktragen. Mit diesen Erinnerungen verbunden sind fest im Jahresablauf verankerte traditionelle Festtage wie Ostern, Fronleich-

Nach einem langen Gartentag genießen wir im Pavillon den Blick in die Weite der ostfriesischen Landschaft.

nam, Pfingsten und Erntedank. Meine Eltern legten Anfang der 1970er-Jahre noch einmal einen neuen Garten an, als sie ein altes Forsthaus in der Nähe von Detmold kauften. In unmittelbarer Nähe des Hauses stand ein Walnussbaum. Ich kann mich gut an das Gefühl erinnern, als er gefällt werden musste, weil er morsch war und auf das Haus zu fallen drohte. Bereits damals hat mich diese Traurigkeit um den Baum erfasst, die mich immer wieder einholt, wenn ein Baum gefällt werden muss. Der neue Garten wurde in der Art eines englischen Rhododendrengartens angelegt. Meine Mutter hatte einige Jahre in England gelebt und wollte ihre Erinnerungen an den englischen Landschaftsgarten wiederauferstehen lassen. Meine eigenen Gartenerinnerungen wurden dann in der späteren Jugendzeit ebenfalls von englischen Gärten beeinflusst, besonders von mich verzaubernden Hasenglöckchenwäldern, den südlich anmutenden Gärten von Penzance, den Steinmauern der Cotswolds, der lieblichen Obstblüte Kents und der wilden Rauheit Cornwalls. Die Bilder von Blütenteppichen unter Bäumen, seien es die Hasenglöckchen in England, die Buschwindröschen in den Detmolder Buchenwäldern oder die Maiglöckchenwinkel meiner Internatszeit, haben mich nie losgelassen. Ebenso wenig die Erinnerungen an Holunder- und Fliederbüsche, erstes Birken- und Buchengrün, Bucheckern, Kastanien und Hagebutten. Nach dem Abitur wollte ich zunächst

Land- und Forstwirtschaft studieren. Als mir die Landwirtschaftskammer empfahl, mich als Frau doch lieber dem Fach Ökothrophologie zu widmen, gab ich diesen Gedanken auf. Ich besann mich auf andere Fähigkeiten und wählte das Studium der Jurisprudenz. Ich habe es bis heute nicht bereut. In meinem Beruf als Anwältin und Notarin kann ich meine Kreativität in anderer Weise ausleben und meine Ideen verwirklichen, indem ich, wie Fran Sorin in ihrem Buch „Gärtnern für die Seele" es beschreibt, Schriftsätze und Argumente kreiere. Bereits als Studentin hatte ich stets ein Stückchen Erde, war es auch nur der Balkonkasten. Mit diesem Garten habe ich nun meinen dritten Garten geschaffen. Sie sehen, mir steckt das Gärtnern im Blut.

Die prägenden Kindheits- und Jugenderinnerungen meines Mannes Reinhard sind von gänzlich anderen Erfahrungen beeinflusst. Als zweitgeborener Sohn von zehn Kindern war es für ihn ungeheuer wichtig, sich neben der Familie einen eigenen Raum zu schaffen, den er durch seinen väterlichen Freund Erhard fand. Er öffnete ihm die Augen für die Schönheit der Schöpfung, indem er ihn mit in den Wald nahm, ihm die Natur erklärte und sie ihm näher brachte. Als gläubiger Christ nahm er auf diese Weise die Schöpfung in sich auf. Er studierte zunächst Psychologie und Soziologie, um sich dann doch seinen kreativen Wurzeln, der Architektur, zuzuwenden. Die ersten intensiven Berührungen mit der Gartenkunst entstanden für ihn während der Recherche für seine Diplomarbeit über die Zisterzienserklöster. Als junger Erwachsener war er von den Thesen des John Seymour „Das neue Leben auf dem Lande" so begeistert, dass er einen Gemüsegarten nach dessen Grundsätzen bewirtschaftete. Zunehmend fraß ihn sein Beruf auf und er stellte das Gärtnern ein.

Wir lernten uns in unserer zweiten Lebenshälfte in Ostfriesland kennen. Jeder von uns hatte seine eigenen Erinnerungen, Wünsche, Ideen und Ideale, als wir beschlossen, das Wagnis einzugehen, einen gemeinsamen Garten in dieser von uns adoptierten und geliebten Landschaft anzulegen.

Ein bezaubernder Anblick, wenn die Ramblerrose 'Félicité et Perpétue' eingerahmt vom stark wuchernden Goldfelberich *Lysimachia punctata* ihre verschwenderische Blütenfülle zeigt

Die Geschichte meines Gartentraums

Wie alles begann

So schön, ich sehn mich kaum nach jenem andern,
Dem Garten, wo ich früher war.
Ich weiß nicht wo ... ich rieche nur den Tau,
Den Tau, der früh an meinen Haaren hing,
Den Duft der Erde weiß ich, feucht und lau,
Wenn ich die weichen Beeren suchen ging ...
In jenen Garten, wo ich früher war ...
Hugo von Hoffmannsthal

Gegen Ende des 20. Jahrhunderts beschlossen wir, in Ostfriesland gemeinsam ein Haus zu kaufen. Auf der Suche nach einer abgelegenen alten Hofstelle fand ich in der Zeitung eine vielversprechende Anzeige. So stießen wir auf unser neues Haus, das sich tief geduckt in einem Karree aus Kastanien, Ahorn und Erlen versteckt. Ich verliebte mich auf Anhieb und wusste sofort, dass ich in diesem Haus und in diesem Garten leben und alt werden wollte. Die Lage des Grundstücks unmittelbar hinter dem Deich hatte uns besonders fasziniert und verleiht dem Hof seinen eigenen Reiz. Zur Straße wird das Hofgrundstück von Kastanienbäumen abgeschirmt, deshalb nannten wir das Anwesen „Kastanienhof".

Das Grundstück von 5000 Quadratmetern Größe war eine einzige Müllhalde mit einigen herrlichen Bäumen, einer Obstwiese und einem Teich. An die Anlage eines arbeitsintensiven Gartens dachten wir anfangs noch nicht. Er wuchs im Laufe der Jahre, in vielen einzelnen Schritten, die sich zunächst aus den äußeren Umständen ergaben.

Die Gestaltung des Gartens war ein langsamer, kontinuierlicher Prozess. Er ist nicht in einem Zug aufgrund eines festgelegten Plans entstanden, er hat sich mit fortschreitender Arbeit im Garten entwickelt. Neues ist hinzugekommen, Vorhandenes wieder verschwunden.

Unser Garten entstand in Teamarbeit. Immer wieder aufs Neue entdeckte ich Themen, die ich gerne umsetzen wollte. Im Gedankenaustausch entwarf mein Mann kleine Handskizzen, die meine Wünsche aufnahmen, strukturierten und durch seine eigenen Ideen ergänzt wurden. Wir sind in der Realisierung nicht immer einer Meinung gewesen. Im Ringen um eine gemeinsame Lösung

Der Garten bestand, nachdem wir ihn von sämtlichem Müll und Unrat befreit und den Teich angelegt hatten, zunächst nur aus einer großzügigen Rasenfläche.

machen die Gegensätze vielleicht auch einen Teil des Reizes unseres Gartens aus. Als Architekt hat Reinhard die Grundstruktur des Gartens in wesentlichen Teilen geprägt. In den strengen Formen unseres Gartens findet sich seine Handschrift wieder. Die Erstellung der Pflanzpläne, die Auswahl der Pflanzen und die Realisierung des vorgegebenen Themas waren dann meine Aufgabe. Alle Pflanzen im Garten, mit Ausnahme der Bäume und Hecken, habe ich eigenhändig gesetzt; ich kenne jedes Fleckchen Erde, da ich es selbst bearbeitet habe. Auf diese Weise habe ich den Garten für mich in Besitz genommen. Ein unvergleichlich befriedigendes Gefühl. Die oft körperlich schwere Arbeit hat mich manches Mal an meine physischen Grenzen gebracht, aber die Aussicht auf die Realisierung meines Gartentraums hat mich immer wieder motiviert und mir neue Kraft gegeben. Sie sehen, ich bin mein eigener „headgardener", der den Garten pflegt, jätet, beschneidet, düngt, sich um ihn kümmert und auf ihn achtgibt. Auf diese Weise bleibe ich mit dem Garten eng verbunden und vertraut.

Heute lebt und arbeitet mein Mann die Woche über alleine auf unserem Hof, ich gehe meinem Beruf im Münsterland nach und genieße nur an den Wochenenden unseren Garten.

Viele persönliche Erinnerungen und Wünsche haben sich in diesem Garten manifestiert und sind auf ihre Weise sichtbar geworden.

Die Geschichte meines Gartentraums

Meine Philosophie des Gärtnerns

Wenn das, was in uns göttlich ist, versucht ein Gesicht zu formen,
vereinigen sich Hirn und Hand und wecken mit der freien Kraft
der Kunst den Stein zum Leben.
Michelangelo

Im Garten zu arbeiten ist ein kreativer Prozess, denn wir erschaffen etwas, was zuvor noch nicht da war. Der Weg zu unserem eigenen Garten eröffnet uns die Möglichkeit, zu unseren tief verborgenen, kreativen Wurzeln zu gelangen und auf diese Weise unseren ganz persönlichen, unverwechselbaren Garten zu gestalten, der Spiegel unserer Seele und unserer wahren Persönlichkeit ist. Während der Arbeit im Garten unterliegen wir unserem eigenen Rhythmus, dem eigenen Tempo und der Stille. Hier finden wir die nötige Einsamkeit und die notwendige Distanz zu unserem Alltag, um zu unserer Kreativität vorzudringen. Bei der Gartenarbeit können wir alltägliche Belastungen loslassen, dem Stress entgehen, um uns der Natur zu öffnen und unserer Schöpfungskraft freien Lauf zu lassen.

Für mich war es zunächst überraschend, wie intensiv mich Kindheitserinnerungen bei der Auseinandersetzung und Gestaltung des Gartens einholten. Gerade diese Kindheitsgärten hielten einen wahren Schatz an Ideen für mich bereit. Ich begann mein Gedächtnis ganz gezielt nach Wünschen und Träumen aus Kindertagen zu durchforsten. Viele dieser Kindheitsträume wurden Grundlage für die Gestaltung meines Gartens. Sobald wir Zugang zu unseren Erinnerungen finden, haben wir bereits einen Themenkatalog für eine befriedigende Gestaltung in der Hand. Wenn Sie auf der Suche nach Ideen und Themen für Ihren Garten sind, lassen Sie Ihre Erinnerungen in die Kindheit zurückgleiten, versuchen Sie die Begebenheiten vor Ihrem inneren Auge zu sehen, die Sie glücklich gemacht und verzaubert haben, dann haben Sie den Schlüssel zu Ihren Wünschen, zu Ihrem ganz persönlichen Garten bereits in der Hand.

Stellen Sie sich vor, was Sie als Kind besonders gerne taten? Was Ihnen große Freude bereitete? Was Sie immer schon tun wollten? Wovon Sie schon immer geträumt haben? Welche Farbe faszinierte Sie besonders? Welche festen Riten in Ihrer Familie liebten Sie?

Welche Begebenheiten in der Natur prägen sich Ihnen nachhaltig ein? Die Antwort auf diese Fragen findet jeder auf seine Weise. Die Arbeit im Garten kann uns zu unseren verborgenen Kindheitsträumen und zu unseren Visionen führen. Während wir jäten oder Wurzeln unerwünschter Pflanzen ausgraben, arbeiten wir gleichzeitig in unserem Seelengarten. Lassen wir unseren Gefühlen hierbei freien Lauf, finden wir tief verborgen in der Erde unseres Seelengartens unsere Träume.

Anstöße für Ihre Erinnerungen können Sie in alten Fotoalben, in Gesprächen mit Ihrer Ursprungsfamilie oder bei einem Besuch an den Orten Ihrer Kindheit aufspüren. Ein Gefühl für Ihre Wünsche und Visionen finden Sie aber auch beim Besuch anderer Gärten. Vielleicht sehen Sie dort plötzlich eine Pflanze, die in Ihnen Erinnerungen weckt, oder es ist ein Duft, der Ihnen entgegenweht und Sie in Ihre Kindheit zurückversetzt. Entdecken Sie Ihren Kindheitsduft oder Geschmack, dann können Sie sich Ihr Heimatgefühl ganz leicht herbeizaubern und in Ihrem Garten auf Dauer festhalten.

Ein Gang durch eine Staudengärtnerei ist ebenso inspirierend wie das Stöbern in Gartenzeitschriften. Ich habe viele Anregungen im Lesen von Gartenbüchern erhalten, die mir Denkanstöße gaben, mich intensiver mit diesem oder jenem Thema zu beschäftigen. All diese Dinge können Ihnen das Tor zu Ihren Wünschen und Träumen öffnen. Aus diesen Puzzlesteinen wird sich eine Vision entwickeln. Fantastische Bilder erstehen vor ihrem geistigen Auge. Lassen Sie Ihren Ideen Zeit, sich zu entwickeln, bevor Sie andere um ihre Meinung fragen und sich damit einer möglichen Kritik aussetzen. Es geht um Ihre ganz eigenen Visionen, die zunächst einmal nur für Sie persönlich eine Bedeutung haben. Diesen Gedanken sollten Sie erst einmal in sich reifen und wachsen lassen und dem neuen Seelenpflänzchen Zeit und Ruhe geben, sich zu entwickeln und zu festigen. Diese neue, vielleicht außergewöhnliche Idee müssen Sie sowohl vor den eigenen inneren, aber auch vor äußeren Widerständen zunächst schützen. Stellen Sie an diesem Punkt noch nicht die Frage, ob und wie Sie diesen Gartentraum realisieren können. Auf diese Weise finden Sie sicherlich verschiedene Wünsche und Träume, die sich im Moment noch nicht zu einem Ganzen fügen. Wertungen, die sich von außen aufdrängen, oder Erwartungshaltungen, die Sie an

Diese kleine Wildtulpe *Tulipa tarda* liebe ich besonders, wenn sie in der Sonne ihre Blütenkelche weit öffnet, um jeden Frühlingssonnenstrahl einzufangen.

sich selbst stellen, begraben nur allzu schnell manche wundervolle Gartenidee.

Nachdem Sie nun einen Korb voller Wünsche und Visionen haben, machen Sie sich als Nächstes mit Ihrem Garten vertraut und nehmen ihn in Besitz. Versuchen Sie den Geist des Ortes zu erfassen, dessen Besonderheiten und Eigenarten aufzuspüren, nehmen Sie dessen Stimmung wahr.

Für mich ist es hilfreich und wichtig, wenn ich mich zu unterschiedlichen Tageszeiten und an unterschiedlichen Stellen des Gartens einfach niederlasse. So kann ich Wind, Sonne oder Kälte und auch Regen sehen und spüren, Gerüche, Licht und Schatten wahrnehmen und den besonderen Zauber des Ortes in mich aufnehmen. Wenn Sie versuchen, sich hierauf einzulassen, werden Sie den Geist Ihres Gartens finden. Er gibt Ihnen vielleicht weitere Anstöße auf dem Weg zu Ihrem Gartentraum.

Der besondere Zauber unseres Grundstückes liegt einerseits in der Einbeziehung der Weite und Offenheit der ostfriesischen Landschaft und andererseits in der Abgeschlossenheit und Geborgenheit des Gartens, die sich durch das vorhandene Baumkarree ergibt. Diese gegensätzlichen Gegebenheiten haben die Gefühle meiner Seele an diesem Ort stets besonders berührt.

Während der Reise in unsere Wunschwelt stoßen wir nicht nur auf unsere kreativen Wurzeln, sondern auch auf all die Kindheitsverletzungen, die sich tief in unser Erinnerungsbewusstsein eingegraben haben. Neues, Strahlendes, Blühendes kann nur dann entstehen, wenn der Boden gründlich vorbereitet ist. Hartnäckiges Unkraut wie zum Beispiel Quecken müssen in mühseliger Kleinarbeit, Wurzelteilchen für Wurzelteilchen, vollständig entfernt werden, bevor sich Neues entwickeln kann. Der Boden muss gelockert werden, je nach Zustand mit Sand, Mist, Kompost versetzt werden, um die Voraussetzungen für eine Erst- oder Neubepflanzung zu schaffen. Gleiches gilt für den Seelengarten. Bevor wir einen Garten schaffen können, der unser Selbst widerspiegelt, müssen wir den Mut aufbringen, so tief zu graben, bis wir die Wurzeln der Verletzungen unserer Kindheit, die bis heute wie ein im Fleisch sitzender Stachel schmerzen, freigelegt haben. Sind die Wurzeln des Schmerzes nicht nur erkannt, sondern auch offen gelegt, haben wir es in der Hand, wie wir mit ihnen umgehen wollen. Wir können entscheiden, ob wir sie ganz und

gar ausgraben und ausrotten müssen oder ob wir sie an einer bestimmten Stelle einfach abschneiden können. So werden wir zu unserem eigenen Seelengärtner und sind hierdurch in der Lage, Verschüttetes zu bergen und tief sitzende Stachel zu ziehen. Wir finden aber nicht nur die schmerzenden Wurzeln, sondern auch und gerade die Wurzeln unserer eigenen Identität, unserer vergrabenen Kreativität und unserer Visionen. Wir erfahren unsere eigenen Kräfte und Fähigkeiten, wenn wir bis zu unserer Basis, unseren Wurzeln vorgedrungen sind. Gärtnern befreit. Es bedeutet Arbeit, Kraftanstrengung und Ausdauer, um im Seelengarten und im irdischen Garten Unbrauchbares zu entfernen. Es kostet Überwindung nicht schon an der Oberfläche aufzuhören. Aus dieser Arbeit erwächst unser ganz persönliches, von unseren Gefühlen und Empfindungen bestimmtes Paradies. Unser Mut, unsere Wurzeln freizulegen, wird belohnt durch einen blühenden inneren und äußeren Garten.

Einen Garten zu gestalten bedeutet auch immer wieder Rückschläge und Enttäuschungen hinzunehmen. Zweifeln Sie nicht an sich und Ihren Fähigkeiten; stellen Sie sich und Ihre Visionen

Die Sumpfdotterblumen *Caltha palustris* und Osterglocken geben dem „Döpke" im Frühling einen gelben Rahmen und malen so ein strahlendes Frühlingsbild.

Folgende Doppelseite: Die schönste Zeit des Jahres am Küchensitzplatz ist angebrochen, wenn die Kletterrosen 'New Dawn' rechts an der Hausecke, die 'Super Dorothy' links im Bild und im Hintergrund die 'Super Excelsa' ihn einrahmen.

nicht gleich infrage. Begonnenes muss erst einmal wachsen und sich entwickeln, bevor es eventuell wieder verworfen wird. Gestehen wir uns zu, Fehler machen zu dürfen. Unsere Arbeit ist dann nicht mehr erfolgsorientiert, sondern geschieht um ihrer selbst willen. Geben wir uns selbst diese Freiheit, haben wir einen anderen Blick auf unsere Arbeit im inneren und äußeren Garten. Der Weg ist das Ziel, nicht nur das Ergebnis zählt. Und dieser Weg ist aufregend und in jedem Fall lohnend. Wir unterliegen dabei ebenso wie unser Garten einer Entwicklung und das braucht Zeit. Auf diese Weise wird Ihr Garten zu Ihrem eng vertrauten Freund, der Sie jedes Mal aufs Neue willkommen heißt. Er ruft Ihnen in Erinnerung, wann Sie was, warum getan haben. Er lässt die Freude an Begegnungen und Feste in Ihnen aufsteigen und er gibt Ihnen dieses Urgefühl von Heimat. Ihr Garten wird bildlich gesprochen zu Ihrem persönlichen Fotoalbum, in dem Sie die Stationen Ihres Lebens ablesen können.

Der Garten lässt mich immer wieder spüren, was es heißt, glücklich zu sein. Das Gärtnern macht den Kopf frei, lässt Sorgen vergessen und macht zufrieden. Oft sind es die immer wiederkehrenden Arbeiten, die unsere Aufmerksamkeit nicht erfordern und uns daher frei machen, unsere Gedanken auf die Reise zu schicken und kreativ zu werden. Knie ich auf dem Boden und wühle mit den Händen in der Erde, kann ich das Glück körperlich spüren. In diesen Momenten vereinigen sich Hirn, Herz und Hand; es findet eine Bündelung der unterschiedlichen Kräfte statt. Die Gestaltung eines Gartens, mit den Händen in die Erde einzutauchen und mit ihnen den eigenen Gartentraum zu formen, ist ein wunderbares Erlebnis.

Wenn Sie mögen, begleiten Sie mich doch bei der Realisierung meines Gartentraums.

In der Luftansicht sind die Strukturen (siehe auch Gartenplan S. 138/139) und die Größe des Gartens gut zu erkennen.

Im ersten Schritt

Man muss das Unmögliche versuchen, um das Mögliche zu erreichen.
Hermann Hesse

Im ersten Schritt

Im ersten Schritt befreiten wir das Grundstück zunächst von allem sichtbaren Unrat und Müll und säten Rasen ein. Durch die vorhandenen alten Bäume, vermutlich alle mit der Errichtung des Gebäudes im Jahr 1935 gepflanzt, ergab sich mit wenigen weiteren Eingriffen ein nahezu parkartiger Garten. Besonders geliebt habe ich den Rotdorn in der Nähe des Küchenfensters, der gleich nach unserem Kauf durch eine überschwängliche Blüte in Rosa und Weiß um unsere Zuneigung warb. Ebenso die herrliche Linde, die die Rolle des Hausbaums innehatte, sowie die vielen alten Obstbäume, die wir trotz aller Anstrengungen doch nicht retten konnten.

Einige grundlegende Entscheidungen blieben uns jedoch gleich zu Beginn nicht erspart. Auf dem Grundstück befand sich ein Backhaus in unmittelbarer Nähe zum Wohnhaus. Ich wollte es unbedingt behalten, um es zu einem späteren Zeitpunkt zu einer Sommerküche mit offenem Feuer und einem Pizza- und Brotofen umzubauen.

Nach vielen Diskussionen ließ ich mich schließlich aber doch von meinem Mann überzeugen, dass sich der Erhalt erstens nicht lohne, aber was noch wesentlicher sei, dass das Gebäude dem Garten Blick und Weite nehme. Der Abriss hat sich als richtig erwiesen. Allerdings machten wir den folgenreichen Fehler, diesen mit schwerem Baugerät durchführen zu lassen. Dies hat zu starken Bodenverdichtungen und der Verletzung vieler Bäume geführt.

Um den Hof zur Straße und zum Fahrradweg abzugrenzen, legten wir als Erstes einen Wall an, den wir mit den Rosen *Rosa rugosa*, der herrlich duftenden Apfelrose, bepflanzten, um uns so dauerhaft vor Einblicken zu schützen. Aus nicht erklärlichen Gründen haben sich diese, für die Nordsee eigentlich so bewährten und robusten Rosen nicht so gut entwickelt, wie wir das erwartet hatten. Immer wieder sterben einzelne, die wir entgegen jeder Rosengärtnerlehre, an denselben Standort nicht wieder eine Rose zu setzen, dennoch wieder nachpflanzen. Noch haben wir die Hoffnung nicht aufgegeben.

Die Rosen zeigen gelbe Blätter mit zunächst noch grünen Adern, sie scheinen also unter Eisenmangel zu leiden. Ich spritze sie daher regelmäßig mit einem Eisenpräparat. Inzwischen habe ich aber auch einzelne Strauchrosen dazwischen gesetzt, um einer-

seits einen höheren Sichtschutz zu erreichen und andererseits einzelne, üppig blühende Blickpunkte zu schaffen. So wachsen auf dem Wall inzwischen die Rosen 'Lichtkönigin Lucia'®, 'Frühlinsgold', 'Fritz Nobis', *Rosa canina* und die Strauchrose 'Hansa'.

Die herrlichen alten Kastanienbäume *Aesculus hippocastanum* gaben dem Hof seinen Namen.

Im ersten Schritt

Der Rhododendrenwall

Schaffet die vielen Tränen der Kinder ab!
Langes Regnen ist den Blüten schädlich.
Jean Paul

Das Grundstück war nicht nur durch Müll, sondern auch durch Unmengen von Bauschutt verunstaltet. Berge von Dachziegeln des großen alten Gulfdaches lagerten hier. Wir wussten nicht wohin damit, da uns das Entsorgen zu kostspielig war. Wir fanden eine Lösung, indem wir alle alten Dachziegel und sonstigen Ziegelsteine längs der Nordostseite des Hauses auf einen Wall schichteten und diesen mit Mutterboden auffüllten.
Während meiner Besuche in England und in den Niederlanden hatten die dortigen Rhododendrenwälder, die rhododendrengesäumte Auffahrt meiner Schwiegermutter sowie der Garten meiner Eltern in mir den Wunsch nach blühenden Alpenrosen festgesetzt. Ein Grundstück ohne Rhododendren konnte ich mir nicht vorstellen und dieser Platz schien mir dafür geeignet. Der angefahrene Mutterboden war nicht tonhaltig wie der sonst vorhandene Kleiboden. Ich dachte mir, dass der lichte Schatten der Erlen und Ahornbäume ihnen behagen müsste. Ich bepflanzte den Wall daher in der gesamten Hauslänge mit weiß- und lilablühenden Rhododendren. Um den Boden sowohl gegen Unkraut als auch gegen Austrocknung zu schützen, unterpflanzte ich die Rhododendren mit Efeu. Dadurch entstand längs der Nordostseite des Hauses der Rhododendrenwall. Hier dominiert eine andere Atmosphäre und ein anderer Duft als im Rest des Gartens. Hier ist es schattig und auf dem Weg, der geschützt zwischen Haus und Wall liegt, auch relativ windstill. Wir haben in unserem Garten nicht den notwendigen sauren Rhododendrenboden des Ammer- und Oldenburgerlandes; dort gibt es die wundervollsten Rhododendrengärten und Parks, die sich mit den herrlichen englischen Landschaftsgärten in jedem Fall messen können.
Ich bin erstaunt, dass die weißen Rhododendren trotz des ihnen nicht behagenden Bodens noch so gut blühen. Sie können aber mit der Blütenfülle des nur wenige Kilometer entfernten Parks von Schloss Lütetsburg nicht konkurrieren. Die lilafarbenen Rhododendren haben das Blühen inzwischen fast aufgegeben und lei-

den offensichtlich auch sehr unter dem starken Wind, dem sie oben auf dem Wall ausgesetzt sind. Die Anlage des Rhododendrenwalls widerspricht der Gärtnerweisheit, vorhandene Gegebenheiten zu akzeptieren und nur die Pflanzen auszuwählen, die sich an dem gegebenen Ort wohlfühlen können. Grundlegende Voraussetzung für das Gelingen einer Bepflanzung ist damit zunächst die Kenntnis der Bodenbeschaffenheit und der Wachstumsbedingungen der Pflanzen. Die englische Gärtnerin Beth Chatto hat die Standortbedingungen für Stauden in ihrem Buch „Im grünen Reich der Stauden" wunderbar beschrieben. Ein lesenswertes Buch für jeden Gartenanfänger.

Die weißen Rhododendren 'Cunningham's White' auf dem Rhododendrenwall trotzen dem Salzwind.

Pflanzenstandorte

Einer der wichtigsten Anhaltspunkte für die Bodenbeschaffenheit ist der pH-Wert. Er zeigt an, ob es sich um einen alkalischen oder sauren Boden handelt, und gibt damit vor, welche Pflanzen sich dort wohlfühlen. Dies lässt sich sehr einfach durch ein kleines Testset, das in jedem Gartencenter erhältlich ist, feststellen. Ebenfalls von Bedeutung ist die Art des Bodens. Sie sollten daher prüfen, ob Sie Sand, Torf oder Lehmboden haben. Damit wissen Sie, ob der Boden wasserdurchlässig ist oder eher zu Staunässe neigt. Natürlich hat auch die Lage des Beetes Einfluss auf die Bepflanzung, insbesondere die Feststellung, ob es sonnig, schattig oder windig ist. All diese Fragen sollten vor der Bepflanzung geklärt sein. Einen Hinweis, welche Pflanzen für Ihren Standort geeignet sind, finden Sie in dem bereits erwähnten Gartenbuch von Beth Chatto sowie in dem sehr ausführlichen Buch „Lebende Gartentabellen" von Karl Foerster und in nahezu jedem Pflanzenkatalog. Die Sortimentslisten von Staudengärtnereien geben Anregungen bei der Auswahl der geeigneten Pflanzen und Auskunft darüber, welche Standorte von den Stauden oder Gehölzen bevorzugt werden. Die Kataloge sind für mich inzwischen zu einer beliebten Lektüre geworden. Qualifizierte Staudengärtnereien sind bei der Auswahl auf Nachfrage gerne behilflich und geben wertvolle Anregungen. Einen Fahrplan für die Eingruppierung der Pflanzen bietet das Buch von Hansen/Stahl „Die Stauden in ihren Lebensbereichen". Hier finden Sie auch die „Standort-Kennzahlen" nach Prof. Dr. R. Hansen und H. Müssel, Staudensichtungsgarten Weihenstephan, die viele Staudengärtnereien ihren Katalogen zugrunde legen.

Die Rhododendren waren die Lieblingspflanzen meiner Mutter. Sie hat sie mit Leidenschaft gesammelt, viele in England gekauft und unendliche Mühen auf sich genommen, um sie in ihrem Garten in Detmold heimisch werden zu lassen. Ich bedaure es sehr, dass ich meine wahre Gartenleidenschaft erst entdeckte, als sie schon verstorben war. So konnte ich ihre Freude am Garten und die Bedeutung, die er für sie hatte, nicht verstehen. Wann immer ich zu Besuch kam, bat sie mich als Erstes, mit ihr eine Runde durch ihren Garten zu gehen, um ihre Freude, ihr Glück und auch ihren Gärtnerstolz an mich weiterzugeben, in der Hoffnung, dass ich ihre Gefühle teile. Meine eigene Leidenschaft konnte ich erst entdecken, nachdem ich mich von dem Erwartungsdruck der Kindheit befreit hatte. Erst nach dem Tod meiner Mutter war es mir möglich, meine eigene Begeisterung für den Garten zu entdecken. Zugefügte Verletzungen hatten mich von meinen eigenen Bedürfnissen und meiner Kreativität abgeschnitten und gleichzeitig verhindert, dass wir in unserer Mutter-Tochter-Beziehung unsere Gartenleidenschaft miteinander teilen konnten. Dies hätte uns sicher Verbundenheit geschenkt. Der Rhododendrenwall ist damit ein Vermächtnis für meine Mutter.

Verwunschener Sitzplatz am Wildrosenwall unter der *Rosa multiflora*

Im ersten Schritt

Der Döpke

Alles ist aus dem Wasser entsprungen,
alles wird durch Wasser erhalten.
Johann Wolfgang von Goethe

In unmittelbarer Nähe zur Grundstücksgrenze, umstanden noch von einigen wenigen alten Obstbäumen, liegt ein Naturteich. In früheren Zeiten wurde diese Wasserstelle, der sogenannte Döpke, als Kuhtränke genutzt.

Wir mussten, solange die Baumaschinen noch auf dem Grundstück waren, zügig eine Entscheidung treffen, was mit dem vorhandenen Teich geschehen sollte. Wir entschlossen uns, die Wasserfläche zu erhalten. Um den Charakter des „Wasserlochs" aufzuheben, vergrößerten wir den Teich. An dieses Vorhaben gingen wir völlig unbedarft heran. Wir wussten, dass es sich um einen Naturteich handelt, der mit Kleiboden abgedichtet ist, aber wir hatten natürlich keine Vorstellung, dass der Wasserstand zwischen Sommer und Winter ganz erheblich differiert. Der stark schwankende Wasserspiegel hatte zur Folge, dass so gut wie nichts, was ich anpflanzte, gedieh. Die Pflanzen standen im Winter mit den Füßen tief im Wasser und im Sommer nahezu trocken. Das konnte nicht funktionieren. Um den Wasserstand regulieren zu können, ließen wir einen 35 Meter tiefen Süßwasserbrunnen bohren und legten eine Leitung, um den Pegel im Sommer konstant halten zu können. Seit dieser Zeit hat sich der Teich gewandelt; er nähert sich so langsam meinen Vorstellungen. Er soll den Eindruck eines Naturteiches vermitteln. Der Teich blüht in mehreren Wellen. Beginnend mit Narzissen und Sumpfdotterblumen im zeitigen Frühjahr, folgte bisher die zweite Welle aus blauen Iris im Spätfrühling. Fast zeitgleich blühen die gelben Iris und die frühen Taglilien. Wenn dieses Schauspiel vorüber ist, kommt der Soloauftritt der Ramblerrosen. An zwei sich gegenüberstehenden alten Apfelbäumen habe ich je eine Ramblerrose, die Rose 'Félicité et Perpétue' (meine Namenspatronin, benannt nach zwei Märtyrerinnen aus Karthago), gepflanzt.

Einer der Apfelbäume war jedoch so morsch, dass er umgestürzt ist. Diese Rose hat inzwischen einen Dreibock aus Holz bekommen und beglückt uns alljährlich mit einem Blütenrausch, von

dem wir nicht zu träumen gewagt hätten. Umrunden wir den Teich, gehen wir unter den herabhängenden Zweigen wie durch einen zarten Schleier hindurch. Im Frühsommer sind die Stämme der Rose gesäumt von Funkien und Wiesenknöterich. Der Teich erhält hierdurch Leichtigkeit und Beschwingtheit. Anschließend wird es ernst und fast majestätisch, wenn die Ligularien und Rodgersien *Rodgersia aesculifolia* ihren Auftritt haben. Ich liebe es, wenn die Ligularien auf festen unbeugsamen Stielen nach oben streben. Es ist ein unvergleichlicher Anblick, wenn die Sonne durch ihre Blüten fällt. Sie scheinen die Sonnenstrahlen geradezu einzufangen und zu reflektieren.

Ich liebe sie sehr; nicht nur wenn sie blühen, sondern ganz besonders auch im Herbst und Winter. Die blasse, fahle Sonne bringt ihre Staubgefäße so wunderbar zur Geltung und macht sie zur perfekten Herbst- und Winterstaude. Die feinen Spinnenweben des Altweibersommers fangen sich in ihren Blütenständen und spinnen uns selbst fast mit ein.

Blick durch die Weide über den Rosenbaum „Schneeweißchen und Rosenrot", bepflanzt mit der Ramblerrose 'Félicité et Perpétue' und einer namenlosen roten Kletterrose, auf das Haus

Folgende Doppelseite: Der Steg am Teich lädt mit der Ramblerrose 'Félicité et Perpétue' zum Ausspannen und unsere kleinen Nichten und Neffen zum Baden ein. Im Hintergrund leuchtet Goldfelberich, *Lysimachia punctata*.

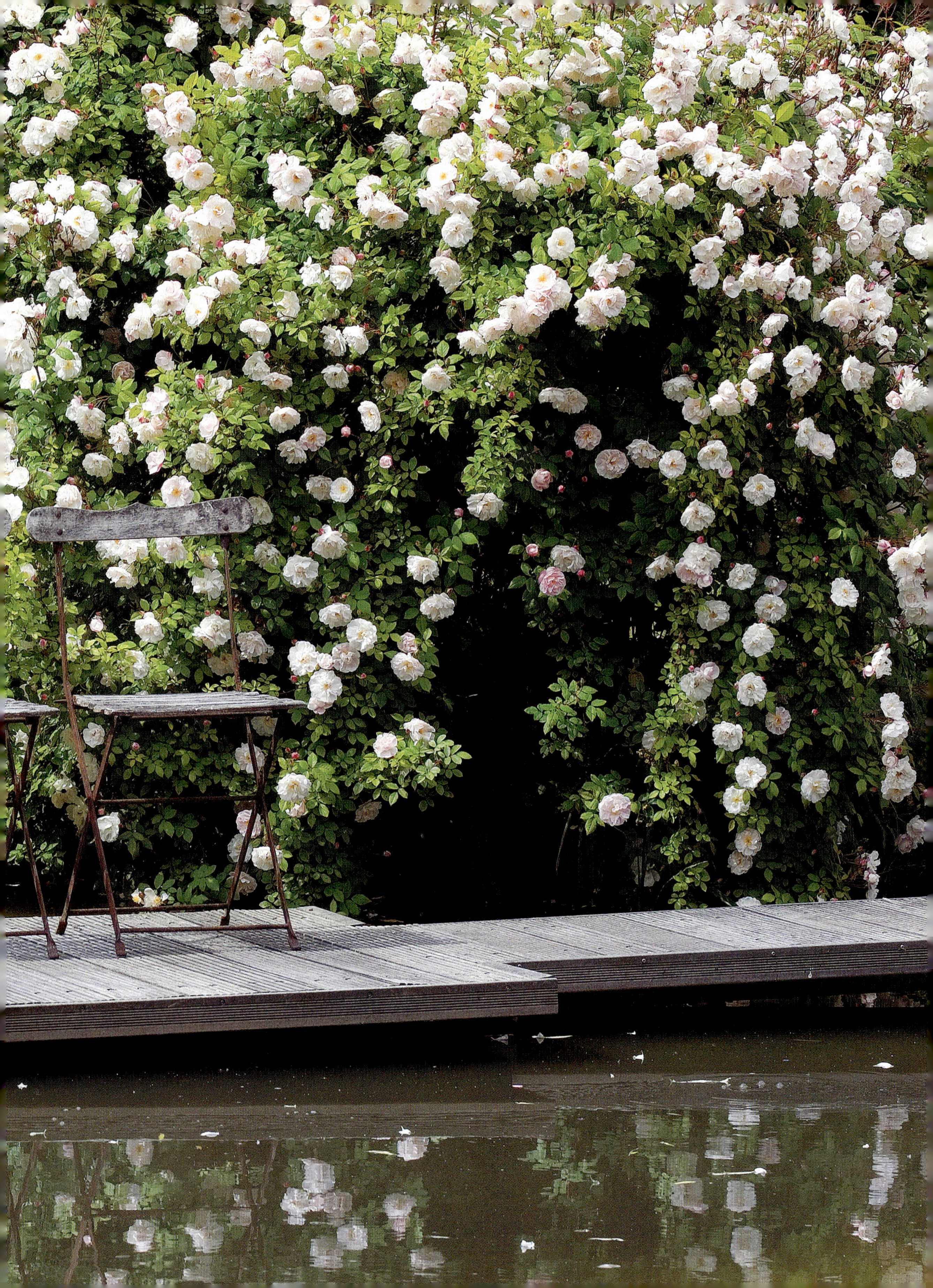

Herbst- und Winterschönheiten

Neben den Ligularien lasse ich den Purpur-Sonnenhut, Indianernessel, Astrantia, Phlomis, Herbstanemone, Wieseniris, Silberkerze, *Angelica gigas*, den Zierfenchel und die Fetten Hennen besonders gerne den Herbst und den Winter über stehen. Sie fangen die Wintersonne ein und vertreiben die Melancholie der trüben Jahreszeit. Wie Eisblumen scheinen die abgestorbenen Blütenstände in der Luft zu schweben, sobald der Frost sie mit einer zarten Zuckerschicht überzieht. Die klare blaue Wintersonne schafft zauberhafte Momente. Seine besondere Ausstrahlung erhält der Wintergarten durch Gräser, die nicht sofort im Herbst geschnitten werden. Bei den Taglilien fällt es mir immer schwer, mich zu entscheiden, ob ich ihre Fruchtstände in den Wintermonaten stehen lassen oder sie, der Pflanze zuliebe, rechtzeitig abschneiden soll. Die Fruchtstände der Taglilien und der Wieseniris sehen im Winter ebenfalls zauberhaft aus.

Zunehmend wird in den Gartenratgebern empfohlen, die Beete im Herbst nicht leer zu räumen, sondern diese Arbeit erst im Laufe des Winters beziehungsweise erst kurz vor dem Frühjahr zu erledigen. Ich kann diese Auffassung nicht vollständig teilen, zumindest nicht für die Bereiche, in denen ich im Herbst Frühlingszwiebeln setze. Für die Zwiebeln brauche ich erstens Platz und zweitens zerstöre ich die Struktur der Stauden, sobald ich mich im Beet bewege. Darüber hinaus spart es Zeit, das Schneiden der Stauden und das Setzen der Zwiebeln in einem Arbeitsgang zu erledigen, zumal sich Schnecken in den nicht abgeräumten Beeten wohlfühlen. Ich lasse daher nur in einigen Bereichen die besonders schönen Winteranblicke stehen.

Eine gefräßige, aber tolerierte Hain-Bänderschnecke rastet auf einem Blatt der Hosta, bevor sie es auffrisst.

Sowohl die Funkien als auch die Ligularien gehören zur Lieblingsspeise der widerlichen Nacktschnecken. Die Schnecken, die ihr Haus mit sich herumtragen, kann ich dagegen gut tolerieren. Sie fressen zwar auch meine Lieblingspflanzen, aber sie sind mir sympathisch. Da sie ihre Wohnung ständig bei sich haben, signalisieren sie, dass sie nicht dauerhaft bleiben wollen. Gerade in dem feuchten Boden am Teichrand fühlen sich die fiesen Nacktschnecken besonders wohl und laben sich an den herrlichen großen Blättern der Blaublattfunkie und der rundblättrigen *Ligularia* x *hessei*. Die *Ligularia przewalskii* wird dagegen von den Schnecken weitgehend verschont. Die *Ligularia dentata (clivorum)* 'Desdemona' und 'Othello' haben die Schnecken am Teich hingegen inzwischen vollständig vernichtet; sie sind eingegangen.

Eine Trauerweide, die wir als Steckling einfach in die Erde steckten, ist inzwischen ein ansehnlicher Baum geworden und verleiht dem Teich Atmosphäre. Ein großes Problem stellt das Reetgras dar, da es den flachen Uferrand ständig zu überwuchern droht. Sein Ausbreitungsdrang ist so stark, dass es nicht nur am Teichrand, sondern zwischen den Stauden, im Rasen und auch in der angrenzenden Obstwiese auftaucht. Es ist eine mühsame Arbeit, das Gras immer wieder per Hand zu schneiden, um den Teich offen zu halten. Ein weiteres Problem sind die sich ständig ausweitenden Binsen, die ausgerechnet mitten in Stauden auftauchen, so in den Ligularien und Funkien. Ich weiß noch nicht, wie ich damit umgehen soll; es bliebe nur, die Stauden auszugraben oder die Binsen mit den Stauden wachsen zu lassen. Mir ist es völlig unerklärlich, wie in all den wunderbaren Gartenfotos die Beete am Teichrand unkrautfrei gehalten werden können. Bei mir wächst und wuchert das Gras vom Wasser in die Beete und droht ständig die Stauden zu ersticken. Die herrlichen blauen Wieseniris haben leider inzwischen das Blühen weitgehend eingestellt, da sie vom Reetgras überwuchert sind. Im letzten Herbst

Ligularia x *hessei* schmückt den Teich mit ihren dunkelgelben Blüten im Hochsommer.

Folgende Doppelseite: Trollblume, *Trollius europaeus*, und Wiesenknöterich, *Bistorta officinalis*, folgen den Sumpfdotterblumen und Osterglocken am Teich. Das zarte Rosa des Wiesenknöterichs harmoniert wunderbar mit dem hellen Gelb der Trollblume.

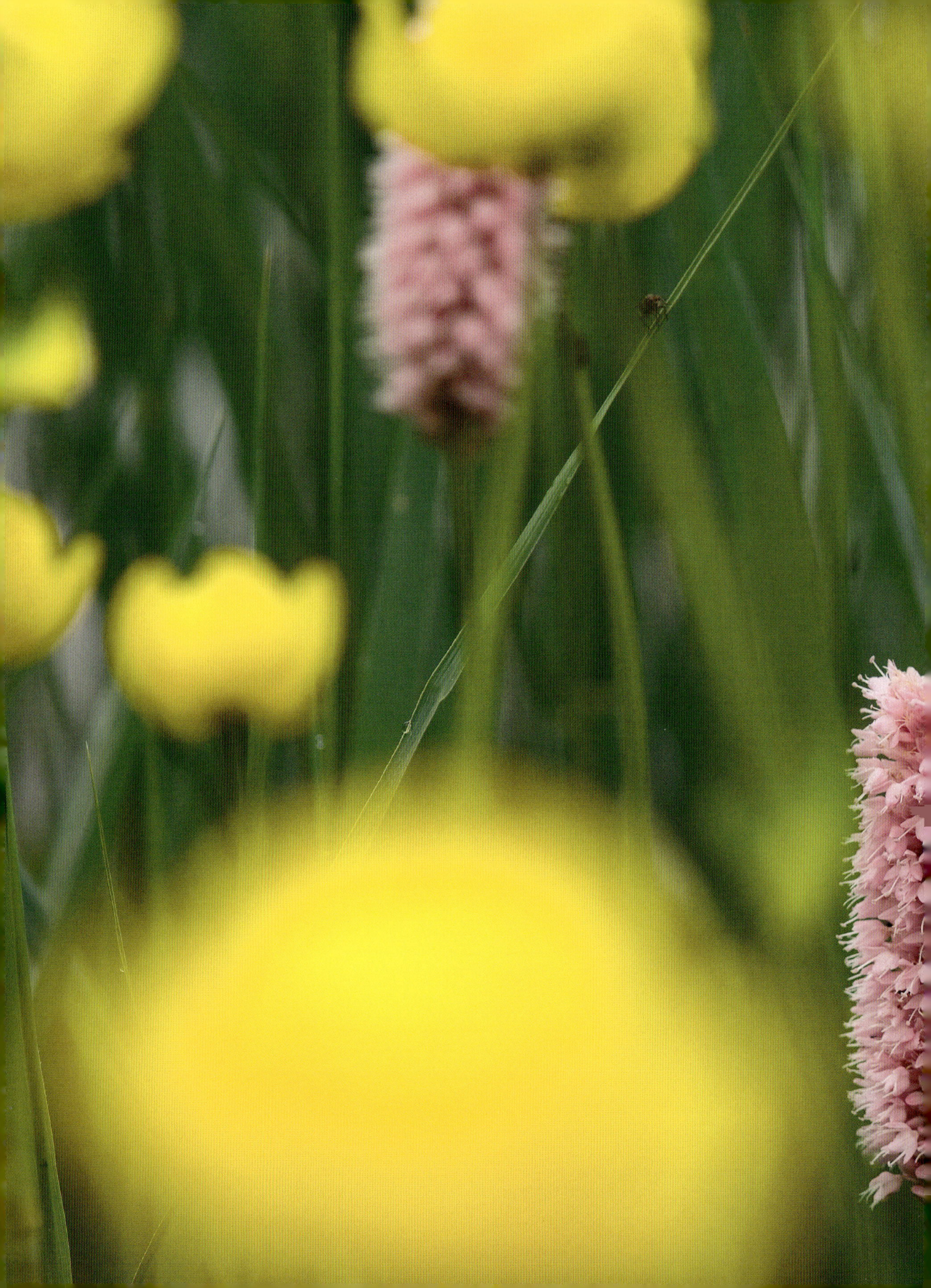

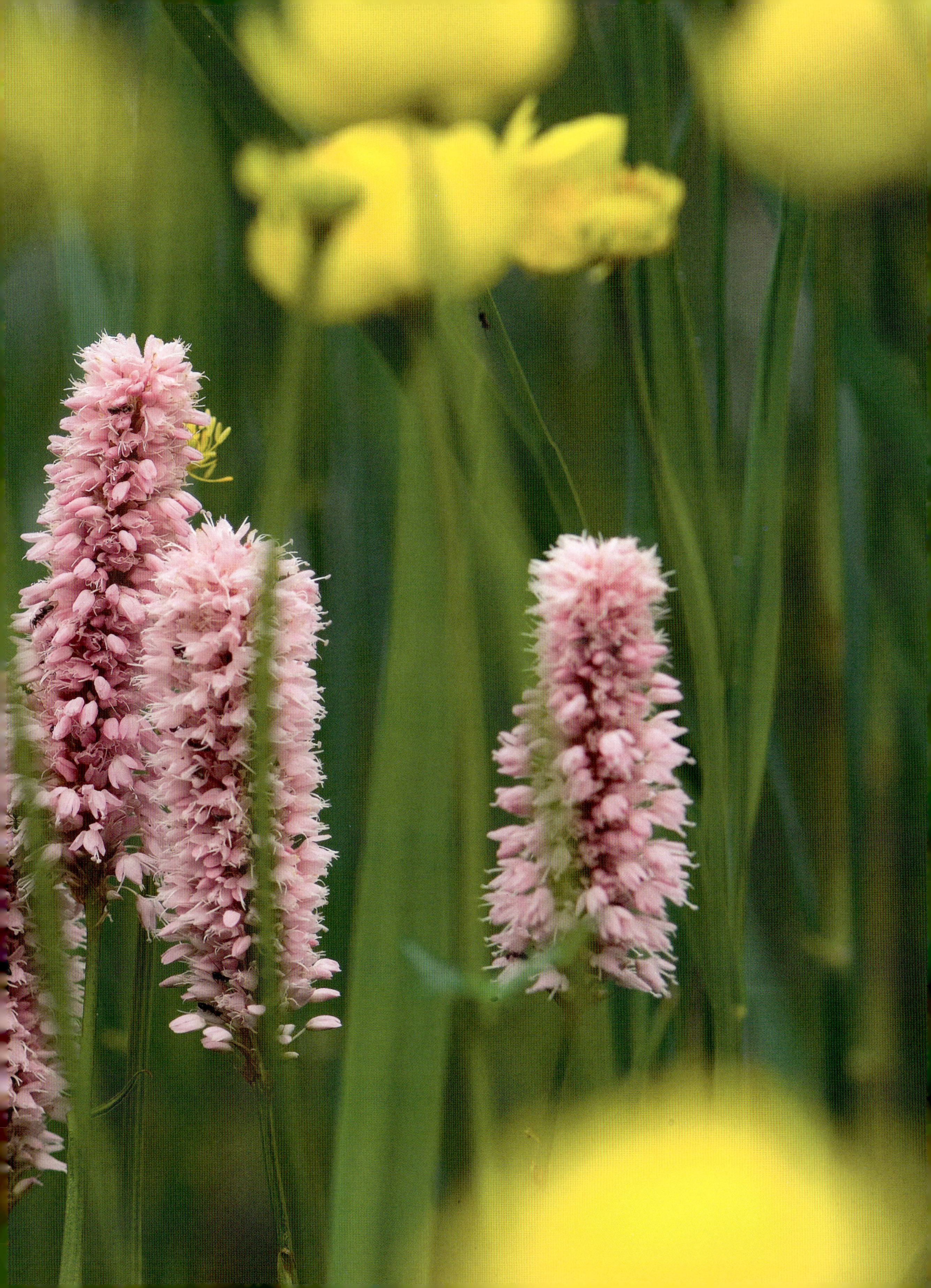

Das Problem mit den Nacktschnecken
Diese widerlichen fetten Nacktschnecken werde und kann ich nicht tolerieren. Die ersten beiden Sommer habe ich mit herkömmlichen Mitteln gegen sie gekämpft; ich habe sie abgesammelt. Und dann? Wohin damit? Ich habe sie in die Biotonne entsorgt, davon überzeugt, dass sie dort sicher umkommen. Bei der nächsten Müllentleerung überkam mich der Ekel, als alle gesammelten Schnecken in trauter Eintracht unter dem Deckel saßen. Dieser Versuch war also fehlgeschlagen, daher unternahm ich einen neuen Anlauf. Ich sammelte sie in Wassereimer mit der Gewissheit, sie würden ertrinken. Nichts da, sie kletterten putzmunter aus dem Wasser. Den Tipp eines Gartenfreundes, die Schnecken in die Toilette zu kippen und wegzuspülen, habe ich nicht über mich gebracht. Bei dieser Vorstellung ging die Fantasie mit mir durch. Zerschneiden, sagte gelassen der nächste Gartenfreund, mit dem Absatz zertreten, ein anderer. Aber auch diese Ratschläge konnte ich nicht umsetzen, da sich mir bei dem bloßen Gedanken daran schon alle Nackenhaare hochstellten. Irgendwann bekam ich dann noch von einem mir lieb gesonnenen Menschen, der um meinen Schneckenstress wusste, in guter Absicht das Buch „Wenn Schnecken zur Plage werden" geschenkt, da war es um meinen Schlaf geschehen. Spätestens an diesem Punkt wurde mir klar, dass ich eine „saubere" Mordart finden musste. Hilfe fand ich im Schneckenkorn „Ferramol", bei der Genossenschaft im Zehn-Kilo-Sack eingekauft und seitdem immer zur Hand und preiswerter als in Minieinheiten.

Die Schnecken legen ihre Eier besonders gerne unter die am Boden liegenden abgestorbenen Pflanzenteile. Mulchen in jeder Form fördert daher unter Umständen die Schneckenpopulation; man muss sich für das eine oder andere entscheiden. Ich ziehe das Mulchen dennoch vor und räubere die Gelege aus, sobald sie mir begegnen.

habe ich die Iris und die sich nicht mehr erholenden Ligularien ausgegraben und stattdessen 15 Hortensien *Hydrangea arborescens* 'Annabelle' gepflanzt, in der Hoffnung, dass sie sich schnell zu üppigen Horsten entwickeln. Sie haben hier genügend Feuchtigkeit und mit dem pH-neutralen Boden müssten sie gut zurechtkommen. Ihnen können die Schnecken nichts anhaben und sie sehen auch im Herbst und Winter noch zauberhaft aus, wenn sich die tief stehende Sonne in den verblühten hellbraunen Blütenbällen fängt.

Unmittelbar am Teichrand hat die Skulptur „Zwei Seiten" ihren Platz. Sie symbolisiert die zwei Seiten, die jedem von uns innewohnen, und gleichzeitig auch die beiden von Reinhard und mir so unterschiedlich erlebten und gefühlten Gartenaspekte.

Drei Windräder, gefertigt aus Edelstahl, auf langen Stangen im Wasser montiert, fangen den Salzwind im Garten ein und machen ihn sichtbar.

Nach einigen vergeblichen Anläufen haben wir inzwischen den Steg fertiggestellt. Ein kleiner magischer Platz, der zum Beobachten und Füttern der Fische einlädt und unsere Patenkinder zum

Schwimmen animiert. Sie benutzen ihn nun als Sprungbrett. So sind wir ungeplant zu einem Badeteich gekommen. Neben der Rose im Apfelbaum ist der Steg Endpunkt der Blickachse durch die Blauregenallee.

Während des Jätens und Pflanzens am Teich stoße ich immer wieder auf Muscheln. Zeichen vergangener Zeiten, als der Kastanienhof noch auf dem Meeresgrund lag. Unser Stück Land wurde dem Meer Anfang des 20. Jahrhunderts abgerungen und war erst 1935 endgültig trockengelegt. Als meine Großmutter 1898 geboren wurde, lag unser Grundstück noch unterhalb des Wasserspiegels. Muscheln und anderes Meeresgetier lebten bis dahin hier und heute blüht an dieser Stelle unser Garten; das erscheint mir unwirklich. Einmal sah ich oben auf den Maulwurfshaufen überall Muscheln. Ein gewöhnungsbedürftiger Anblick.

Am Teich wird uns eine der nächsten größeren Baumaßnahmen bevorstehen, da die Ränder ständig weiter unterspült werden und wir sie voraussichtlich sichern müssen.

Durch den Buchenbogen gleitet der Blick über den Steg bis zu den üppig blühenden Ramblerrosen 'Félicité et Perpétue' links und rechts vom Teich; der Rosenbaum im Hintergrund ist im Juni der blühende Endpunkt der Blickachse der Blauregenallee.

Im ersten Schritt

Küchensitzplatz

O langer Gartentag! Duftender Abend,
Halbfertiges Beet, noch ohne Form und Flor.
Wie wohl wird uns!
Die schwere Erde grabend
Bereiten wir den Traum der Jahre vor.
Hans Carossa

Clematis 'The President' grüßt mit intensivem Blau am Küchensitzplatz, noch bevor die Rosen erblühen.

Folgende Doppelseite: Jeder Gast erliegt dem Rosenzauber am Küchensitzplatz, wenn die *R.* 'New Dawn' im Hintergrund und vorne links im Bild die *R.* 'Super Excelsa' ihre Blütenpracht entfalten.

Im Zuge der ersten Arbeiten mussten zumindest die Wege rund um das Haus sowie ein Sitzplatz festgelegt werden, da diese Flächen nicht mit Rasen eingesät werden sollten.

Den Küchensitzplatz mussten wir gar nicht planen; er ergab sich wie von selbst. Das Haus springt am Seiteneingang zur Küche ein Stück zurück, wodurch sich eine Nische in Richtung Südwesten ergibt, die sich als Sitzplatz geradezu anbot. Wir haben daher gleich während der ersten Baumaßnahme an dieser Stelle den Küchensitzplatz angelegt, indem wir die Fläche zunächst einfach nur mit Rindenmulch abdeckten. Begrenzt wird diese Nische rechts und links an den Hauswänden durch die Kletterrosen 'Super Excelsa'® und 'New Dawn', verwoben mit den herrlichen gelben Blüten der Rose 'Graham Thomas'®. Als Klettergerüst dient ein tief eingewurzelter alter Feuerdorn, der noch von unseren Vorgängern stammt. Inzwischen treibt er nicht mehr aus, bietet aber den Rosen und der *Clematis* 'The President' wunderbaren Halt. Ich liebe es sehr, wenn die Clematis ihre herrlichen großen blauen Blüten öffnet, was stets vor der Rosenblüte geschieht. 'The President' übernimmt hier quasi die Rolle der Vorgruppe, bevor die Stars ihren Auftritt haben. Einzelne der herrlich intensiv blauen Blüten sehen in einer Glasschale bezaubernd aus.

Diese Ecke ist unser bevorzugter Sitzplatz. Die von der Sonne erwärmten Ziegelsteine der Hauswand strahlen auch noch gegen Abend Wärme aus, für die wir in Ostfriesland besonders dankbar sind. Oft genug können wir nicht draußen sitzen, da der Wind uns ins Haus treibt. Die unmittelbare Nähe zur Küche ermöglicht es uns, wann immer das Wetter es zulässt, draußen zu essen oder einfach nur dazusitzen und nach einem langen Gartentag auszuspannen. Der Tisch und die Bank bleiben auch im Winter stehen, sodass wir jeden ersten wärmenden Lichtstrahl ausnützen können, um Sonne zu tanken und den Garten zu genießen. Auch

Clematisschnitt

Die Frage, ob wann und welche Clematis zu schneiden ist, bildete für mich jedes Jahr eine fast nicht zu nehmende Gärtnerhürde. Die Plastiketiketten mit den entsprechenden Angaben waren irgendwann auf rätselhafte Weise verschwunden oder nicht mehr lesbar, sodass ich im März hilflos vor dem Pflanzenknäuel stand und mit mir rang: schneiden oder nicht schneiden. Schließlich begriff ich, dass ich mich an der Blütezeit orientieren kann, und plötzlich stellte sich die Lösung ganz einfach dar. Frühblühend: gar nicht schneiden; zweimal blühend: etwas schneiden; einmal spätblühend: radikal schneiden; etwas präziser sieht die Liste wie folgt aus:

Gruppe 1 (Blütezeit im Frühjahr):
Diese Clematis werden nicht beschnitten:
Hierunter fallen alle am alten, das heißt am vorjährigen Holz, blühenden Waldreben. Dies sind alle *Clematis alpina* und *Clematis montana*, also all jene, die vor dem Frühsommer blühen. Bei diesen Clematis müssen Sie gar nichts tun, außer, wenn sie zu üppig geworden sind oder zu vergreisen drohen. Dann wird sie nach der Blüte im Frühjahr geschnitten. In meinem Garten gehören hierzu: *C. vitalba bot. Art*; in der Totholzhecke am Karree, *C. montana* 'Rubens' an vielen verschiedenen Plätzen, beispielsweise in der Eiche am Goetheplatz und im Rosenbaum „Schneeweißchen und Rosenrot", *C. montana*, besonders üppig weiß blühend an der Haustür, *C. alpina bot. Art;* zeigt ihre zauberhaften Glöckchen zeitig im Frühjahr zur Wildrosenblüte im Karree.

Gruppe 2 (Blütezeit im Früh- und Spätsommer)
Diese werden im Winter bis zeitigen Frühjahr leicht zurückgeschnitten.
In diese Gruppe fallen alle Clematis, die zweimal, und zwar einmal im Frühsommer (Mai/Juni) und noch mal im Spätsommer (August/September) blühen. Dazu gehören beispielsweise C. 'Miss Bateman', C. 'H.F. Young' und alle Clematis mit gefüllten oder halbgefüllten Blüten. In dieser Gruppe werden die Triebe der Clematis während der Winterruhe etwa um ein Drittel bis zur Hälfte eingekürzt, wobei tote und schwache Triebe vollständig herausgeschnitten werden. Je stärker Sie beschneiden, umso weniger oder gar keine Blüten erscheinen zur ersten Blütezeit. In meinem Garten gehören hierzu: C. 'Nelly Moser', C. 'The President', C. 'Arabella'

Gruppe 3 (Blütezeit einmal im Hochsommer)
Alle alten Triebe werden im Winter bis zeitigem Frühjahr kräftig bis auf die untersten lebenden Knospen zurückgeschnitten.
In die Gruppe 3 fallen alle, die ausschließlich nach dem Frühsommer beziehungsweise im Frühherbst blühen. Hierzu gehören etwa: C. 'Perle d' Azur', C. 'Jackmanii' sowie die kleinblütigen *C. viticella*. Diese Clematis blühen am diesjährigen Holz, sodass sie nur dann eine üppige Blüte hervorbringen, wenn sie genügend frische neue Triebe bilden konnten. Der kräftige Schnitt regt sie dazu an. In meinem Garten gehören hierzu: *C. vit.* 'Romantika', am Rosengang bilden sie mit der Rose 'New Dawn' ein herrliches Paar, *C. vit.* 'Etoile Violette', *C. tangutica* schmückt mit ihren zarten gelben Glöckchen und ihrem zauberhaften Fruchtstand die Eisenspitze im Auge, rechts und links von der Kräuterspirale. Sie schneide ich, indem ich alle alten Triebe in die Hand nehme und sie zirka 30 Zentimeter über dem Boden abschneide.

Beschneiden unbekannter Sorten
Einige meiner Clematis konnte ich namentlich nicht mehr benennen. Nachdem ich das System einmal verstanden hatte, fiel es nicht schwer, diese Clematis genauer auf ihre Blühzeiten zu beobachten und der entsprechenden Gruppe zuzuordnen.

Grundsätzlich mögen die Waldreben eher einen Standort im Halbschatten. Auf alle Fälle aber lieben sie schattige Füße, die man ihnen am besten durch Rindenmulch verschafft. Nachteil: Hier können sich leicht Schnecken verbergen, die junge Clematistriebe köstlich finden. Man kann sie auch in ein abgeschnittenes Regenfallrohr pflanzen; so erhalten sie die schattigen Füße und müssen nicht mit den Wurzeln anderer Pflanzen konkurrieren.

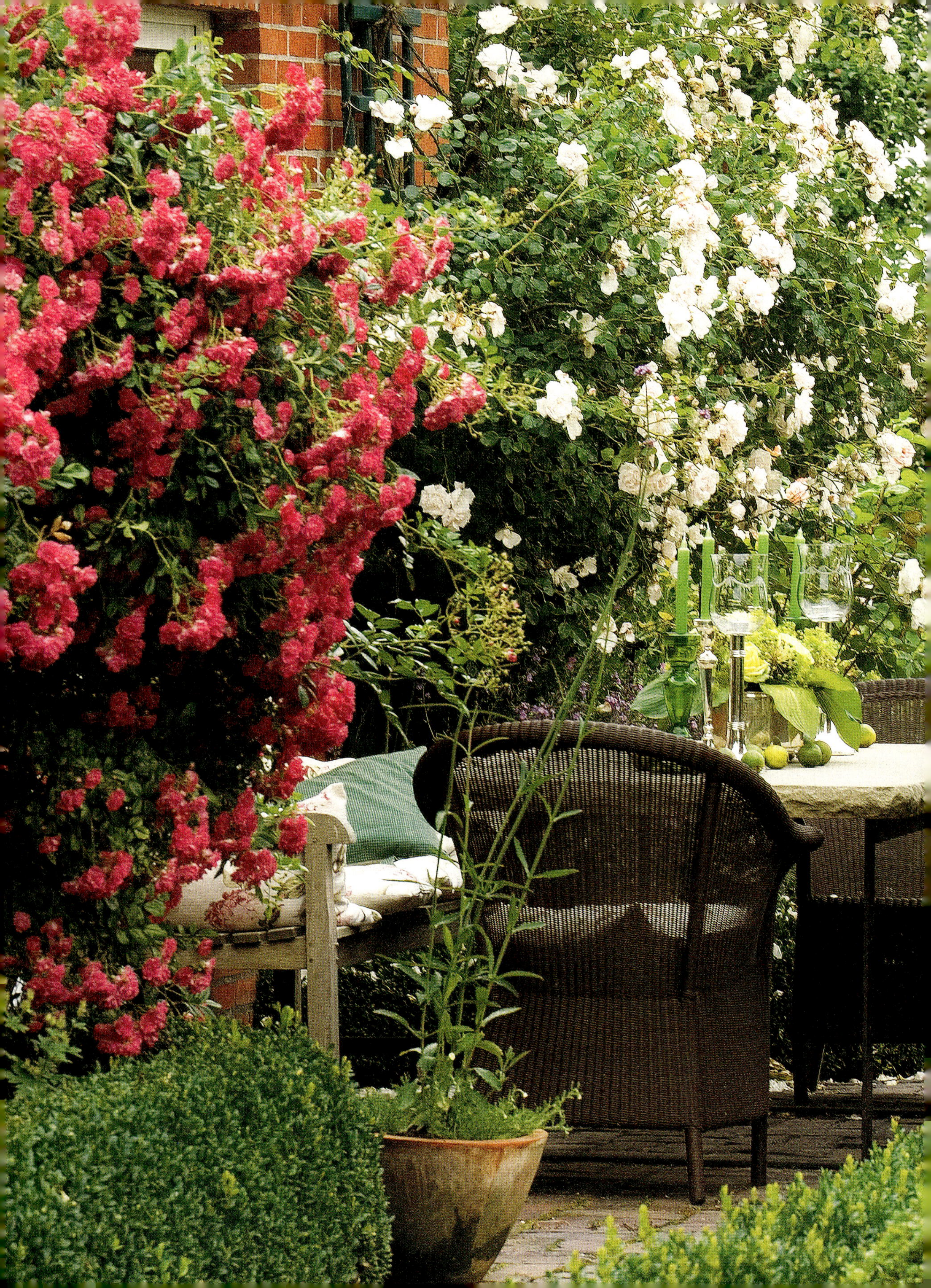

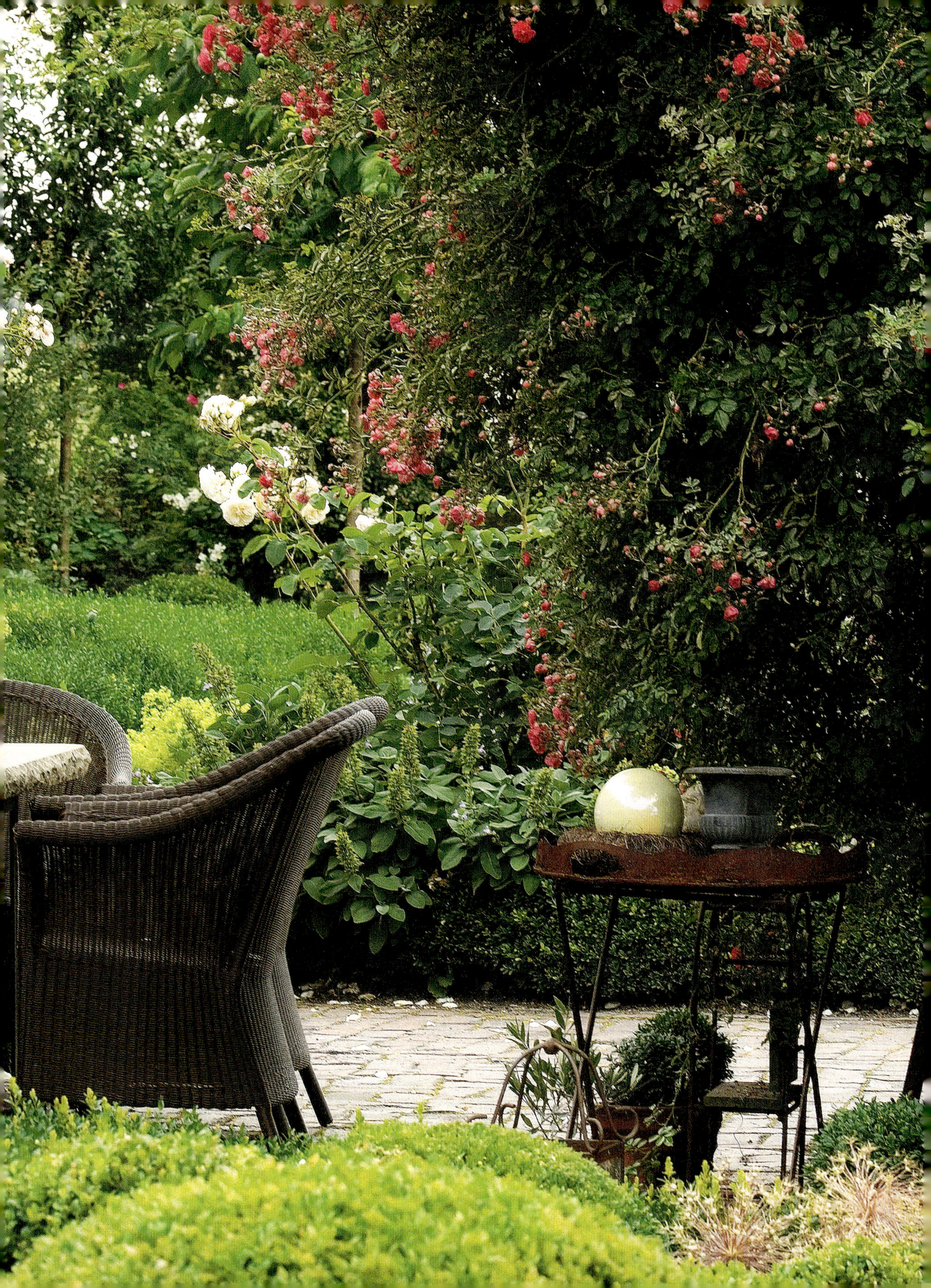

Im ersten Schritt

Provisorien
Die ersten Jahre hatten wir überall im Garten Rindenmulchwege, einschließlich des Küchensitzplatzes. Sie haben den Vorteil, dass sie sehr weich und angenehm zu begehen sind, einem geringen Pflegeaufwand unterliegen und in der Erstellung relativ preiswert sind. Ein weiterer nicht zu unterschätzender Vorteil ist die Flexibilität im Hinblick auf die Gestaltung, denn mit einem Weg aus Rindenmulch hat man sich noch nicht endgültig festgelegt. So einfach er in der Erstellung ist, so einfach ist er wieder zu entfernen. Wir fanden es wichtig, auch Unzulänglichkeiten zunächst anzunehmen und sie nicht zu verstecken. Uns fehlen zum Beispiel noch immer Gartenlampen, die jetzigen bestehen nach wie vor aus Bauhölzern mit angeschraubten Strahlern aus dem Baumarkt. Ein Hoftor und andere Dinge fehlen ebenfalls immer noch. Wir vertrauen darauf, dass sich hierfür Lösungen zur richtigen Zeit, quasi am Wegesrand, finden werden.

einen Sanddorngrog, eingehüllt in einen wärmenden Mantel, genießen wir hier an sonnigen Wintertagen. Auf unserer Wunschliste steht für diesen Platz eine Überdachung, die Schutz bei Sommerregen und vor der Feuchtigkeit der Sommernächte bietet. Die Pläne für eine Eisenpergola liegen schon in der Schublade.

Wir genießen das, was wir schon haben, und versuchen, nicht das zu vermissen, was wir noch nicht haben. Zufriedenheit birgt Glück, auch Gartenglück.

Clematis 'Nelly Moser' (links) rankt sich an der *Hydrangea anomala* ssp. *petiolaris* empor und schenkt einen ersten Blütenflor im Frühling.

Clematis montana (rechts) verzaubert den Hauseingang. Im Vordergrund sind die Windräder vom Teich zu sehen, die den Salzwind einfangen.

Im ersten Schritt

Rosentipi

Die Zeit bringt Rosen, der Raum noch mehr, nimm so viele Erdenweiten als irgendmöglich ans unersättliche Reise- und Wanderherz!
Karl Foerster

Das Rosentipi ist aus Eisenstangen wie ein Indianerzelt geformt.

Der Küchensitzplatz wird zur Rasenfläche von einem kleinen buchsbaumgesäumten Beet und vom sogenannten Rosentipi begrenzt. Direkt gegenüber der Küchentür stand ein alter Kirschbaum, der schon bei unserem Einzug stark schwächelte. Während der ersten Pflanzaktion setzte ich ihm daher die Rose 'Super Dorothy'®, eine weichtriebige, den Ramblern ähnliche und wuchsfreudige Sorte zur Seite. Leider ist diese Rose bei uns im Garten stark mehltauanfällig, blüht aber dennoch überschwänglich. Schon nach zwei Jahren mussten wir feststellen, dass die Kirsche gestorben war. Wir mochten sie jedoch nicht fällen, sondern ließen sie stehen und bauten um sie herum für die Rose ein neues Rankgerüst. So entstand das Rosentipi. Es sieht aus wie ein Indianerzelt aus schweren langen Eisenstangen, gekrönt von Eisenkugeln. Wir haben die Rose um die Eisenstäbe an dünnen, zusätzlich gespannten Drähten herumgeführt, ihre Triebe liegen dadurch fast horizontal und produzieren so noch mehr Knospen. Zur Blütezeit schirmt die üppige Rose den Sitzplatz ab und macht ihn zu einem romantisch verzauberten Ort.

Der Schaukelbaum der Kinder, ein alter Apfelbaum, lebt inzwischen auch nicht mehr. Die Kinder haben ihn später, nachdem wir ihn mit einer zartweißen Ramblerrose, einer namenlosen dunkelroten Kletterrose und einer früh blühenden rosafarbenen *Clematis montana* 'Rubens' bepflanzt haben, „Schneeweißchen und Rosenrot" getauft.

Die alten Obstbäume konnten wir durch die Kletterrosen zu neuem Leben erwecken und ihnen hierdurch ein zweites Gesicht schenken. Wie gerne hätten wir all die alten Obstbäume behalten, denn durch sie wurde der ländliche Charakter des Hofes unterstrichen. An dem alten Kirschbaum, mitten im Rosenbusch, hängt versteckt ein Vogelhäuschen. Jedes Jahr brüten mindestens einmal Spatzen oder Meisen darin. Wir können dann vom Frühstücksfenster aus zusehen, wie gebrütet, gefüttert und schließlich ausgeflogen wird. Jedes Mal aufs Neue ein Erlebnis. Im Gar-

Die Rose 'Super Dorothy' hat inzwischen das Eisengerüst des Rosentipis vollständig überwuchert und schenkt uns jedes Jahr zuverlässig eine unglaubliche Blütenpracht. So gerät die Trauer um den verschwundenen alten Kirschbaum leicht ins Vergessen.

Die Amseljungen warten ungeduldig auf die nächste Fütterung.

ten leben viele verschiedene Singvögel. Besonders zahlreich ist der kleine Zaunkönig, der es liebt, in den großen Eibenkugeln, Buchsbaumkugeln und in den Kletterrosen zu nisten. Die Zaunkönigsmännchen sollen ihre Weibchen damit umwerben, dass sie ihnen zu Beginn des Frühjahrs zwei bis drei fertige Nester vorführen, von denen sich das Weibchen dann eines als zukünftige Brutstätte aussuchen kann. Ich muss sagen, das hat was – ein toller Service. Besonders ins Herz geschlossen haben wir ein Amselpaar, das uns alljährlich die Freude macht, bei uns einzuziehen. Meistens nistet es in der Rose direkt vor dem Esszimmerfenster, sodass wir die Jungen im Nest vom Haus aus beobachten können. Ich bin immer fasziniert, welche unglaublichen Anstrengungen die Vogeleltern auf sich nehmen müssen, um ihre Vogelkinder satt zu kriegen. Die Eltern fliegen unermüdlich ein und aus, um die Jungen mit Futter zu versorgen. Im Frühling verwöhnen uns die Amseln mit ihrem herrlichen Gesang und erinnern uns daran, dass das neue Gartenjahr beginnt.

Ramblerrosen werden die einmal blühenden weichtriebigen Rosen genannt. Sie blühen in der Regel nur einmal im Rosenjahr, dafür aber meist in großer Fülle. Die Triebe sind insgesamt weicher, meist auch dünner als die der Kletterrosen. Rambler bescheren alten Bäumen, insbesondere alten Obstbäumen, ein zweites Leben und eine zweite überschäumende Blütenpracht im Gartenjahr.

Ich habe im Garten einige Ramblerrosen gepflanzt. Am Teich in den alten Obstbäumen, im Rosenwall und an der Grundstücksgrenze stehen mehrere *Rosa* 'Félicité et Perpétue' sowie *Rosa* 'Apple Blossom'. Auch die *Rosa* 'Super Dorothy'® am Rosentipi und die 'Super Excelsa'® gelten als Rambler, ebenso die Rosen 'Bobbie James', 'Paul's Himalayan Musk', 'Goldfinch', 'American Pillar' und 'Long John Silver', die sich an die Eiche in der Weißdornhecke lehnt. Viele weitere Ramblerrosen wachsen im Garten.

Die Rambler brauchen immer etwas Zeit, um einzuwachsen. Also haben Sie Geduld. Man kann ihnen das Einleben allerdings ein wenig erleichtern, wenn man sie beim Einpflanzen in einen nach unten geöffneten alten Eimer setzt; dann müssen ihre Wurzeln nicht sofort in Konkurrenz zu den vorhandenen Obstbaumwurzeln treten. So bekommen sie ganz gezielt die Nahrung, die sie benötigen.

Ich schneide die Rambler nicht; nur wenn sie ihren Standort völlig überwuchern, greife ich zur Schere. Totholz sollte allerdings möglichst entfernt werden.

Von der Rose 'Super Dorothy' am Rosentipi gleitet der Blick zum blauen Band und wird gefangen von dem Salbei *Salvia* 'Tänzerin' und den Blättern der Wieseniris, *Iris sibirica*, die der Pflanzung Struktur verleihen.

Im ersten Schritt

Sonnige Hausbeete

Wie Blüten gehn Gedanken auf,
Hundert an jedem Tag –
Lass blühen! Lass dem Ding den Lauf!
Frag nicht nach dem Ertrag!
Hermann Hesse

Wir haben den ersten Weg dem Grundriss des Hauses folgend angelegt, der uns einmal rund um das Gebäude führt. Zunächst bestand der Bodenbelag, wie schon erwähnt, lediglich aus Rindenmulch. Damit hatten wir die Möglichkeit, Lage und Ausmaß des Weges und der Terrasse noch einmal zu überdenken, gleichzeitig sparte es während der Bauphase Geld. Zwischen der Hauswand und dem Weg legten wir schmale Beete an. Direkt vor den roten Ziegelwänden entstanden die sonnigen Hausbeete. Hier haben die wundervollen, majestätisch anmutenden Stockrosen in Weiß, Pink, Purpur und fast Schwarz neben Rosen, Pfingstrosen, Fingerhut, Salbei, Lavendel, Katzenminze, Herbstanemonen und Herbstastern ihren Platz. Im Frühsommer ist die Erde überzogen mit herrlichen einfachen Gartennelken in den wundervollsten Rottönen. Ich kaufe sie alljährlich als vorgezogene Einjährige und fülle damit die vorhandenen Lücken, obwohl sie sich inzwischen als nahezu winterhart erwiesen haben.

An diesem Platz wächst auch eine wundervolle späte Winterchrysantheme, die ich als Ableger geschenkt bekam. Sie blüht erst ab Oktober, dafür aber bis zum ersten Frost in einem wunderschönen Terrakottaton, der herrlich mit der Ziegelwand harmoniert.

Das Beet neben dem Küchensitzplatz ist den Farben Pink, Blau und Purpur vorbehalten, das Beet neben dem Hauseingang den Farben Weiß und Zartgelb. Ich habe beide Beete gleich im ersten Frühsommer bepflanzt. Alle zu Beginn gesetzten Stauden sind Geschenke von Gartenfreundinnen und anderen lieben Menschen, ihre botanischen Bezeichnungen und Sorten kenne ich daher nicht. Lediglich die Rosen habe ich selbst erstanden. Da ich ihre Namen aber nicht aufgezeichnet habe, kann ich sie ebenfalls nicht sicher benennen. Zwei traumhaft duftende, kardinalfarbene Rosen haben ihren Standort im purpurfarbenen Hausbeet. Eine von ihnen verliert leider bei jedem Regen ihre wundervoll

Blick durch ein Wohnzimmerfenster auf die schwarzrot blühende Stockrose *Alcea rosea* und das Garten-Esszimmer

Ein kleiner Hauswurz, *Sempervivum*, hat sich durch die Ritzen der alten Käseform auf der Fensterbank gemogelt.

duftenden, großen Blüten; sie liegen dann Regentropfen gleich auf dem Boden. Inzwischen sind die Rosen 'Fisherman's Friend' und 'Dark Lady' dazugekommen. Während der Umbaumaßnahme ließen wir vom Schreiner im Farbton der Haustüren gestrichene Rankgitter montieren, an denen die Kletterrosen hochranken. Die Rosen 'Gloire de Dijon' fallen leider ständig den Wühlmäusen zum Opfer. Die Nager haben alle bisherigen Mordanschläge überlebt und finden sich immer wieder an derselben Stelle direkt neben der Haustür ein. Alle meine Bemühungen, sie zu vertreiben, waren bisher zwecklos. An jedem Wochenende, egal zu welcher Jahreszeit, begrüßt mich hier ein frisch aufgeworfener Gang. Es kann sich schon nicht mehr um eine einzige Familie handeln; wir beherbergen inzwischen wahrscheinlich einen Wühlmausstaat in unserem Garten. Die Erde gleicht einem Schweizerkäse, so durchlöchert ist sie.

Ich befürchte, dass die Kletterrosen an dieser Stelle im nächsten Frühjahr weichen müssen, da sie sich seit dem letzten Wühlmausangriff trotz Sonderbehandlung nicht richtig erholt haben.

Wühlmäuse

Die Wühlmäuse sind neben den Schnecken die größte Plage, für die ich bis heute kein wirksames Mittel finden konnte. Haben Sie schon einmal erlebt, wie vor Ihren Augen eine gerade getriebene Tulpe einfach so verschwindet oder Ihre Tulpen plötzlich grau aussehen und bei näherem Betrachten stellen Sie fest, dass sie knapp über der Erdoberfläche gerade abgenagt sind? Ich merke schon, Sie wissen, wovon ich rede und welche unbändige Wut sich jedes Mal in mir breitmacht, wenn ich mit ansehen muss, wie die Wühlmäuse meinen Garten als Selbstbedienungsladen benutzen. Sie benehmen sich gerade so, als ob ich nur für ihr Wohlergehen zuständig sei.

Zunächst habe ich es mit verschiedenen im Handel erhältlichen Mitteln gegen die Wühlmäuse versucht. Nichts hatte dauerhaften Erfolg. Inzwischen sind wir dazu übergegangen, Fallen zu stellen. Die Fallen werden vorsichtig in Laufrichtung in den Gang gestellt und dann mit wohlduftendem frisch gepflücktem Gras wieder so verschlossen, dass kein Licht eindringen kann. Man sollte unbedingt Handschuhe tragen, da die Mäuse den menschlichen Geruch sofort wahrnehmen. Zunächst hatten wir ganz gute Erfolge, aber inzwischen habe ich den Eindruck, dass die Mäuse die Fallen umgraben. Sie sind trotz der Fallen standorttreu und haben ihren festen Stammplatz. Zwei Tipps befreundeter Gärtner habe ich noch nicht getestet. Der eine Ratschlag empfiehlt menschlichen Urin gegen die Wühlmäuse einzusetzen und der andere, Pferdehaare in die Gänge zu stecken. Die Gerüche sollen die Wühlmäuse dauerhaft vertreiben. Ich werde wohl beides noch versuchen.

Die Ramblerrose 'Super Excelsa', eine alte Käseform, bepflanzt mit verschiedenen Hauswurzarten, und ein Schmeichelstein aus Juist schmücken das Fenster.

Folgende Doppelseite: Die Akelei *Aquilegia caerulea* ist in diesem seltenen roten Farbton ein Hingucker im Beet „Lady in red".

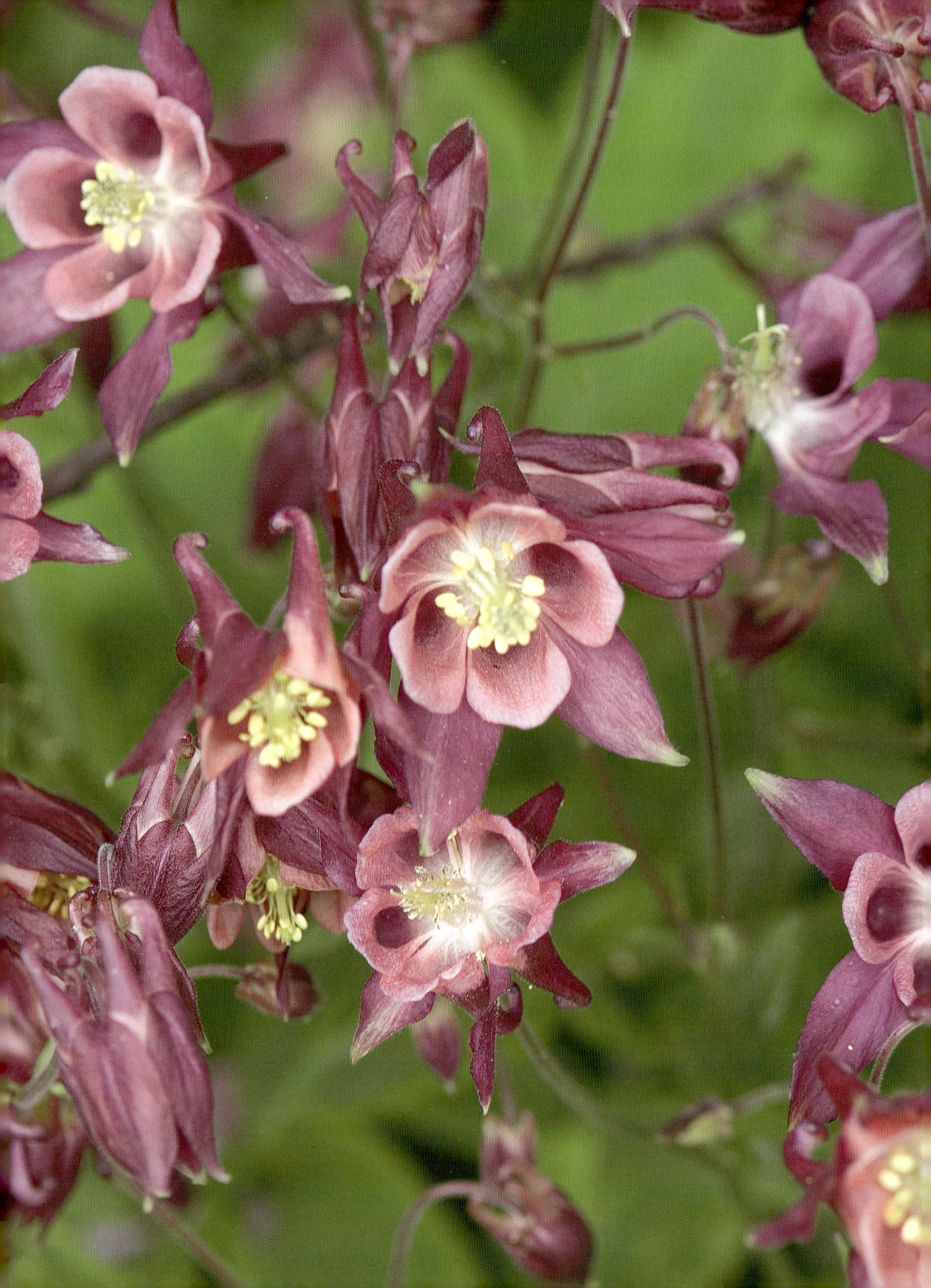

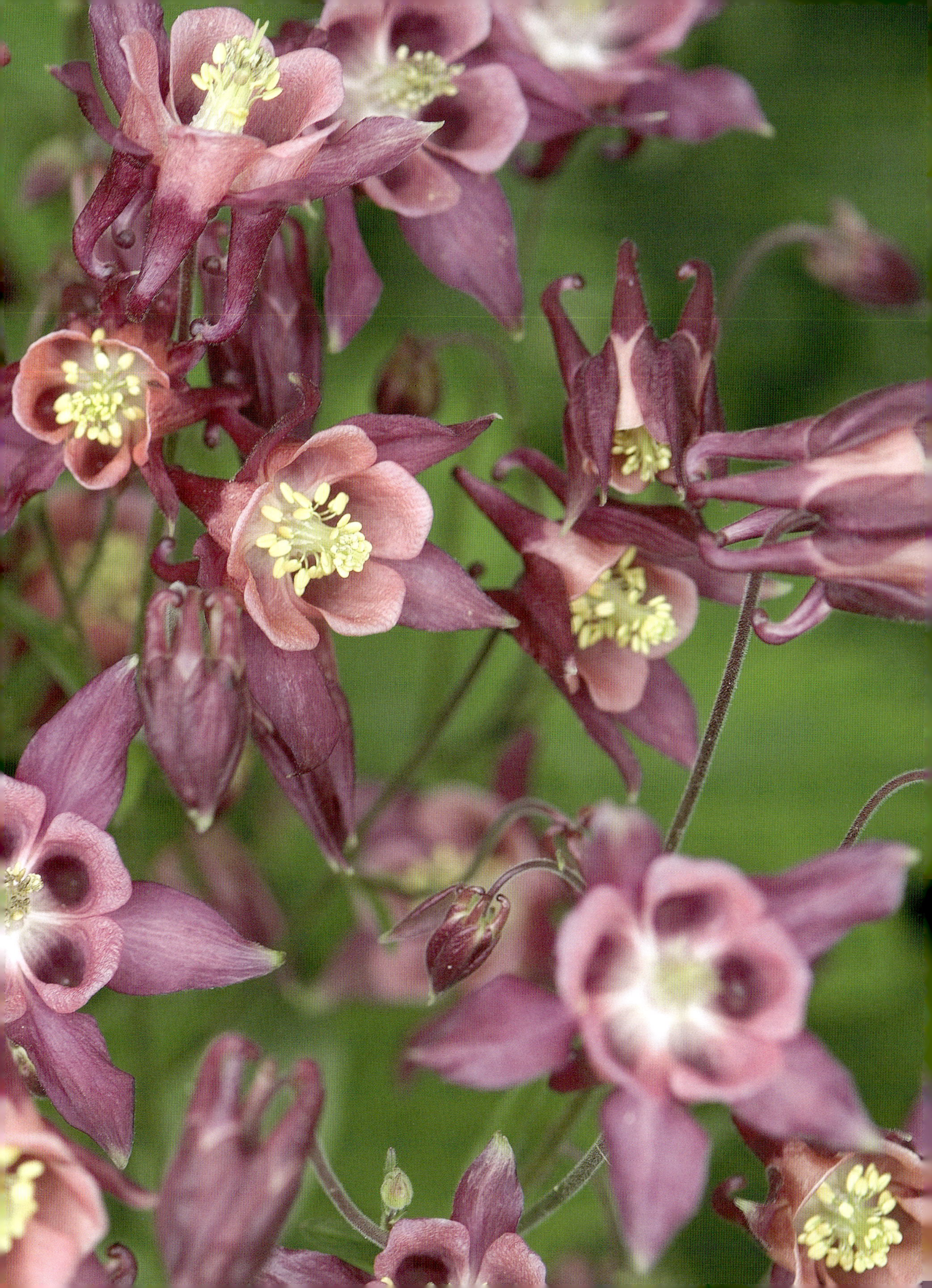

Im ersten Schritt

Wand im Schatten

*Wenn wir vergessen,
wie man Erde umgräbt und das Land bestellt,
vergessen wir uns selbst.*
Mahatma Gandhi

Hinter dem Haus liegen die rückwärtigen Hausbeete. Kletterhortensien, *Hydrangea anomala ssp. petiolaris,* streben neben einer *Clematis* 'Nelly Moser' und neben *Clematis montana* 'Rubens' in die Höhe und werden auf Dauer, so hoffe ich, die rückwärtige Hausfront erobern. Als wir den Hof übernahmen, konnte man noch erkennen, dass diese Wand in der Vergangenheit komplett mit Efeu bedeckt gewesen war. Wir haben den zentimeterdicken Pelz abgerissen irgendwo auf dem Grundstück gefunden. Den Kletterhortensien habe ich noch die rostrote Weinrebe *Vitis coignetiae* zur Seite gestellt, damit sich die Hauswand im Herbst in blutrotem Kleid präsentiert. Die beiden äußeren rückwärtigen Hausbeete beherbergen Hortensien, *Hydrangea macrophylla,* in verschiedenen Sorten. Eine genauere Sortenbezeichnung habe ich leider nicht, da ich sie als Containerpflanzen unter der Bezeichnung „Bauernhortensie" auf dem Wochenmarkt gekauft habe. Ganz rechts zur Südseite gewandt sind die Hortensien schon wunderbar üppig. Zur Blütezeit bietet dieses Beet einen herrlichen Anblick. Neben dem sonnigen Hausbeet sind das die ersten gesetzten Pflanzen gewesen. Sie haben bisher noch keinen Standortwechsel hinnehmen müssen, sondern stehen von Anfang an genau an dieser Stelle.
Die Hortensien neben dem Eingang zur Gästewohnung sind noch etwas zaghaft, aber auch vier Jahre später gepflanzt. Sie haben relativ wenig Boden, da sich hierunter eine Betonplatte befindet, die sich nicht entfernen lässt. Das Beet in der Mitte zwischen den beiden Hintereingängen ist vorwiegend mit rosa blühenden Pflanzen besetzt. In der Mitte thront eine rosafarbene Malve, die ich sehr mag. Ich habe sie mit zartrosafarbenem Staudenmohn, Pfingstrosen, Glockenblumen und Herbstanemonen umgeben. Das Beet ist leider nicht gelungen und bedarf noch einmal einer Überarbeitung. Es ist zu schattig und für den Mohn ist der Boden zu nass und zu schwer.

An der Tür zum rückwärtigen Eingang steht eine herrliche Rose, deren Namen ich leider nicht sicher weiß. Es ist eine wunderschön rosa blühende Rose, vermutlich eine *R.* 'Constance Spry'. Ich binde sie jedes Jahr neu auf, damit sie dem Wind standhalten kann. Wann immer ich ins Haus gehe, überrascht und beglückt mich ihr unvergleichlicher Duft. Manchmal, wenn es regnet, während ich im Garten arbeite, ziehe ich mich in diesen Hauseingang zurück und setze mich auf die Stufe. Der Regen erreicht mich nicht, ich fühle mich fast unsichtbar und genieße die würzige, salzige, kühle, feuchte Luft und kann dennoch den Duft der Rose spüren, der Sonne und Wärme verspricht. Eine eigenartige, eigenwillige Kombination, die ich sehr liebe.

Gleich hier auf der rückwärtigen Seite befindet sich auf der alten Betonplatte mein improvisierter Gartenarbeitstisch und Vorratsraum für Töpfe, Blumenerde und Bambusstäbe. Inzwischen haben wir ein herrliches altes rotes Sandsteinbecken geschenkt bekommen, das wir an diesem Platz installieren konnten. Im Frühherbst setze ich hier Ableger ein, um im Frühjahr Nachwuchs für den eigenen und befreundete Gärten zu haben. Gärt-

Der Blick vom „Goetheplatz" über die blühenden Hortensien, *Hydrangea macrophylla*, hinweg auf das Haus

Folgende Doppelseite: Der rückwärtige Eingang wird rechts von den herrlichen Bauernhortensien und links von der zauberhaften Englischen Rose, vermutlich einer 'Constance Spry', eingerahmt. Hierhin ziehe ich mich zurück, wenn mich ein Regenschauer bei der Gartenarbeit überrascht.

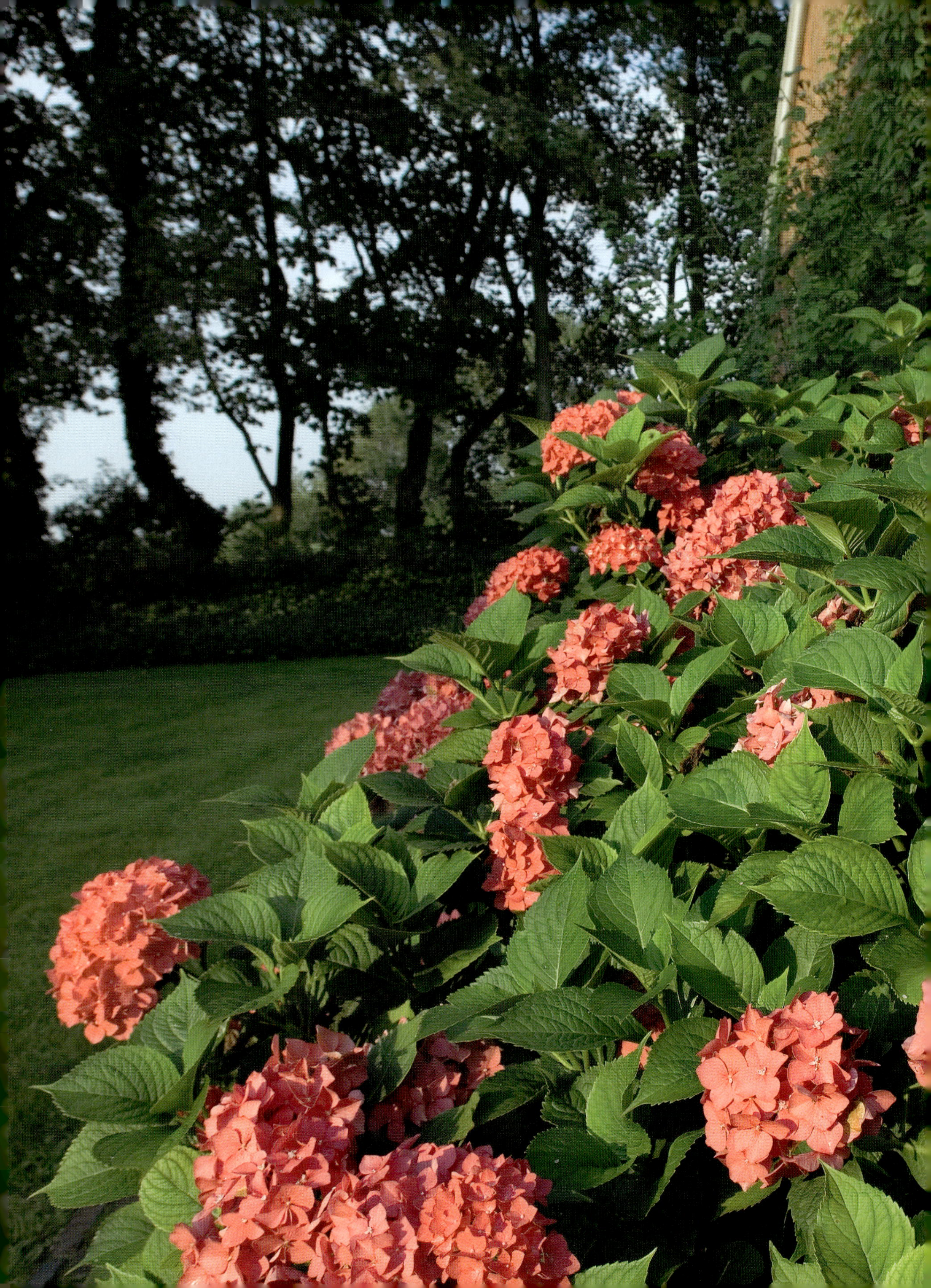

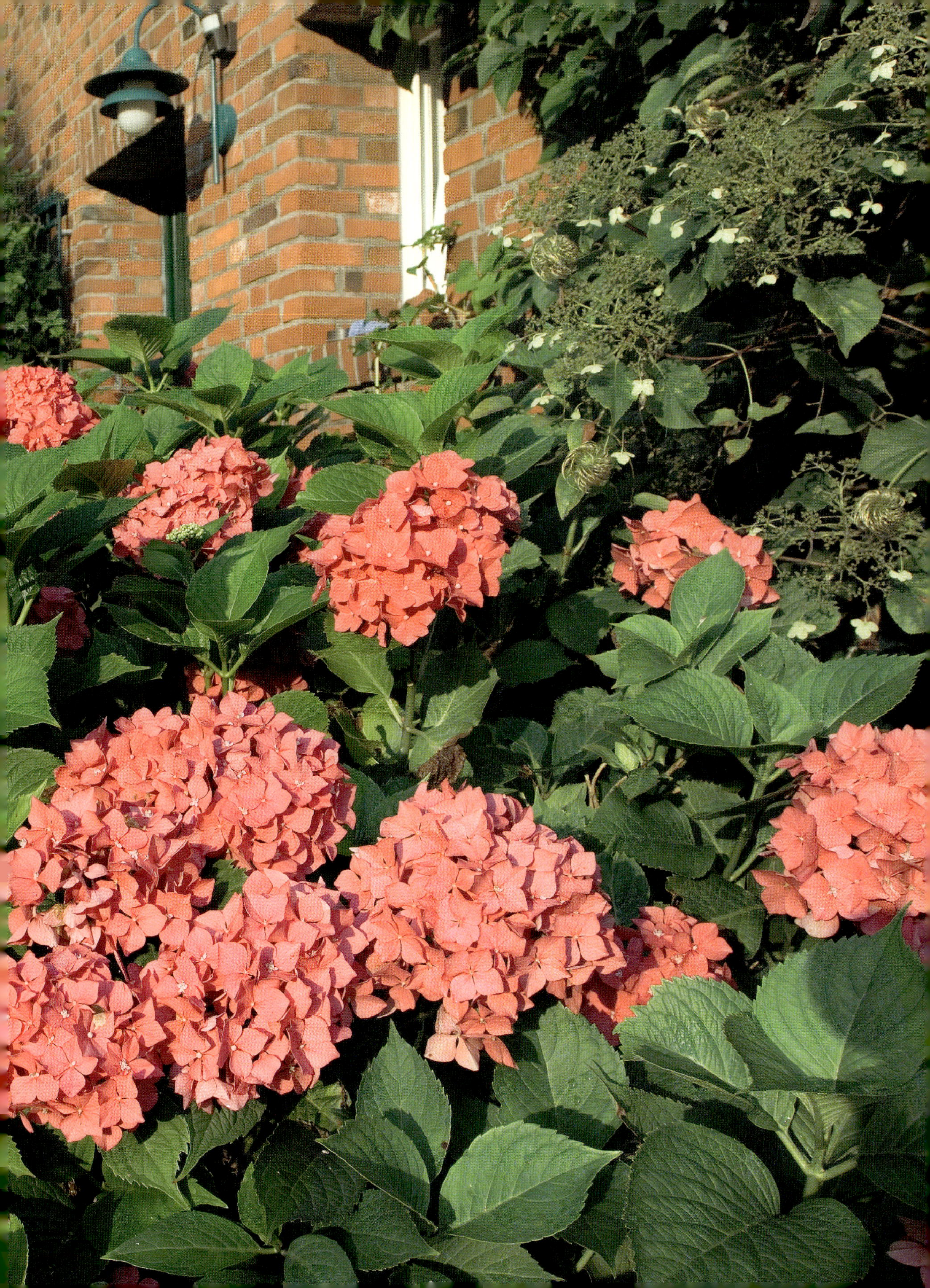

Buchsbaumpflege

Buchsbaum *Buxus sempervirens* ist sehr einfach selbst zu ziehen. Ich befreie den beim Schneiden anfallenden Abschnitt von den unteren Blättern und pflanze die so gewonnenen Buchsbaumembryos direkt an Ort und Stelle. Die Kultivierung in kleinen Einzeltöpfen ist für mich zu zeitaufwendig und in der Pflege zu arbeitsintensiv, da ich nicht ständig vor Ort bin, um sie zu wässern und nach ihnen zu schauen. Innerhalb eines Jahres ist der Steckling bewurzelt und kann verpflanzt werden. Wenn ich Hecken aus vorgezogenen Stecklingen pflanze, hebe ich zunächst einen Pflanzgraben aus und setze acht Pflanzen je laufenden Meter. Die neu eingesetzten Buchsbaumhecken dünge ich während der Wachstumsperiode mit Stickstoff und einem speziellen Heckendünger, so erhalte ich relativ schnell üppiges Wachstum. Die jungen Hecken beschneide ich zweimal jährlich, einmal direkt nach dem ersten Austrieb im Mai/Juni und noch einmal im Hochsommer, spätestens im August. Aber Achtung, sowohl Düngung als auch der Schnitt dürfen nicht zu spät erfolgen, sonst ist der neue Austrieb für den bevorstehenden Winter noch zu schwach und erfriert. Dies zeigt sich an einer fahlgelben Farbe. Ich schneide sowohl mit der Schafschurschere als auch mit dem Rasenkantenschneider oder der elektrischen Heckenschere, je nach Größe der Hecke oder der Form. Das Schneiden sämtlicher Buchsbaumhecken und Formen ist allerdings sehr zeitintensiv. Kugeln und andere Formen lassen sich relativ problemlos ziehen, sofern man bereits in einem frühen Wachstumsstadium mit der Erziehung beginnt. Sollen aus den Setzlingen Kugeln werden, schneide ich sie gleich zu Beginn in diese Form, es ist dann ganz einfach, die Form beizubehalten.

Buxus sempervirens verspricht Ruhe im Christophorusbeet und schafft damit das Gegengewicht für das Auge und die Seele zu der üppigen Rosenblüte.

nern ist auch Freude teilen. Ich bin glücklich über die Ableger meiner Gartenfreundinnen und glücklich, wenn ich meine Pflanzen an sie weitergeben kann. Auf diese Weise sind unsere Gärten und unsere Gedanken miteinander verbunden. Hier kümmere ich mich auch um die „Zugereisten". Immer wieder bringe ich Pflanzen mit, die mir am Wegesrand begegnen. Ich versuche, ihnen die Wachstumsbedingungen ihres Ursprungsortes zu schaffen, damit sie im Garten heimisch werden.

Alle Hausbeete habe ich gleich im ersten Jahr mit Buchsbaum eingefasst, den ich als Ableger aus meinem vorherigen Garten mitgebracht habe. Der Buchsbaum wuchs so üppig, dass ich kleine Buchsbaumkugeln „ernten" konnte.

Die Buchsbaumhecken, Kugeln, Kegel und Pyramiden sind das Rückgrat des Gartens, das besonders zur blütenlosen Jahreszeit sichtbar wird und dem Garten seine klare Struktur verleiht. Es gibt manche Wintertage, da wünschte ich mir, der Garten bliebe leer und würde sich nicht wieder füllen. Nur in dieser Zeit sind die Struktur und die Anlage so deutlich zu erkennen, da während des Frühlings und Sommers die Farben und Blüten der üppigen Bepflanzung von den eigentlichen Formen ablenken. Dennoch bilden gerade diese sich wiederholenden Elemente auch zur Blütezeit einen Ruhepol und den Rahmen für die überbordende Blütenfülle. Die klaren Strukturen entstammen der Feder meines Mannes und schaffen zu meiner zügellosen, üppigen Bepflanzung den notwendigen Spannungsbogen, den der Garten braucht.

Mein Arbeitsplatz an der rückwärtigen Hauswand mit dem alten roten Sandsteinbecken; hier kümmere ich mich um Ableger und Setzlinge.

Im ersten Schritt

Der Rotdorn

Am Birnbaum sitzt mein Töchterchen im Gras;
die Märchen liest sie, die als Kind ich las;
ihr Antlitz glüht, es ziehn durch ihren Sinn
Schneewittchen, Däumling, Schlangenkönigin
Da kommt auf mich ein Dämmern wunderbar;
gleichwie im Traum verschmilzt, was ist und war:
Die Seele löst sich und verliert sich weit
ins Märchenreich der eignen Kinderzeit.
Emanuel Geibel

Der Rotdorn hat im Jahr unseres Einzugs wunderbar üppig in Rosa und Weiß geblüht. Seitdem hat er eher zögerlich seine winzigen zauberhaften Blüten gezeigt. Wir befürchteten von Anfang an, dass er über kurz oder lang sterben würde, da er während der Umbauarbeiten stark verletzt worden ist.

Vorsorglich hatte ich ihm die Ramblerrose 'Apple Blossom' zur Seite gestellt in der Hoffnung, dass die Rose stark und kräftig genug ist, um uns über den kommenden Verlust hinwegzutrösten. Den Fuß des Rotdorns hatte ich für den Frühling mit Traubenhyazinthen und für den Herbst mit Herbstzeitlosen und *Cyclamen* bepflanzt. Die ersten Herbstalpenveilchen hatte ich von einer Italienreise mitgebracht. Sie haben sich hier gut eingelebt. Die Baumscheibe bietet ihnen die notwendige Trockenheit im Winter.

Der Baum ist tot. Dem ersten schweren Sturm des neuen Jahres konnte er nicht standhalten. Während ich diese Zeilen schreibe, tobt draußen gerade ein schwerer Sturm mit Orkanböen. Diese Naturgewalt überrascht und verunsichert mich jedes Mal aufs Neue. Mit einer Lautstärke, einem Tosen und Toben bricht diese ungezügelte Urgewalt, der wir nichts entgegenzusetzen vermögen, über uns und die Natur herein. Mit einer unbändigen Kraft reißt der Sturm alles mit, was sich ihm in den Weg stellt. Wie ein überdimensionales Skelett lag der Rotdorn morgens entwurzelt tot im Garten. Welche unendliche Kraft hat der Sturm, dass er den Rotdorn samt Wurzel aus der Erde reißen konnte. Sicher, er wäre wahrscheinlich auch ohne den Sturm gestorben, aber eben langsam. Er hinterlässt eine große Lücke, es ist plötzlich kahl

Bodenverdichtung

Es war ein folgenschwerer Fehler, nicht anwesend zu sein, als der auf dem Grundstück vorhandene Schuppen abgerissen und der Müll mit einem Bulldozer beseitigt wurde. Wir haben nicht genügend darauf geachtet, dass der Boden nicht verdichtet wird und die Bäume gesondert geschützt werden. Wir hatten zwar Anweisung gegeben, bei den Bäumen besondere Vorsicht walten zu lassen, aber danach haben sich die Fahrer der Fahrzeuge offensichtlich nicht gerichtet. Mir war nicht klar, welche verhängnisvollen Auswirkungen Bodenverdichtungen und Baumverletzungen haben können. Insgesamt haben wir mindestens 20 herrliche alte Bäume verloren, um die ich immer noch trauere. Bevor ich je wieder schweres Gerät auf ein Grundstück lasse, werde ich genau abwägen, ob es notwendig ist. Ich möchte Ihnen daher dringend ans Herz legen, bei der Neuanlage Ihres Gartens oder Ihrem Neubau besonders darauf zu achten, dass es nicht zu unnötigen, irreparablen Bodenverdichtungen kommt. Gleichermaßen weitreichend ist der Entschluss, einen Baum zu fällen. Jedes Mal hat mich diese Entscheidung Kraft und Energie gekostet, und wenn es nach mir gegangen wäre, hätte ich mich ihr nicht gestellt. Bis ein Baum seine volle Größe und Schönheit erreicht hat, ist schließlich eine Generation vergangen.

geworden. Die Wurzeln und Erdmassen ragten in die Luft, die *Cyclamen* und die Herbstzeitlosen blühten quasi im Obergeschoss. Mit dem Rotdorn haben wir den letzten lebenden, alten Baum, der auf der Freifläche verblieben war, verloren. Er stand nah am Haus, sodass seine Geschichte sicher unmittelbar mit der des Hauses verknüpft war.

Ich werde noch eine Weile brauchen, um mich damit abzufinden, dass der Rotdorn nicht mehr an seinem gewohnten Platz steht. Noch bin ich nicht offen für neue Pläne. Einstweilen habe ich einfach Rasen eingesät.

Mit diesen Arbeiten war die erste Phase zunächst gedanklich abgeschlossen. Aber nur für einen kurzen Moment.

Meine Verzweiflung über den verdichteten Boden wird sichtbar durch die in der Erde stecken gebliebenen Gummistiefel. Heute blüht an dieser Stelle im Froschkönigsgarten das „Tortenstück" bepflanzt mit Euphorbien.

Im zweiten Schritt

*Gartenarbeit, das Lesen von Gartenbüchern
und das Schreiben über die Gartenarbeit gehören zusammen;
niemand kann allein gärtnern.*
Elisabeth Lawrence

Im zweiten Schritt

Willkommensweg

Eilt euch, eil dich, die Bäume blühn!
Voll Liebesblicken die Bäume stehen;
Eh' du hingesehen, will's schon vergehen.
Komm zu den hellen verliebten Bäumen,
Die alle Wege jetzt hochzeitlich säumen!
Sollst dich ins Licht zu ihnen stellen,
Lächeln wird spielend sich zu dir gesellen,
Dass auch dir die Blicke verliebt aufglühen.
Eilt euch, eil dich, die Bäume blühen!
Max Dauthendey

Euphorbia amygdaloides var. *robbiae* begleiten die Tulpen im Willkommensweg.

Im zweiten Schritt entstanden der Willkommensweg und das Christophorusbeet. Es stellte sich schnell heraus, dass die schmalen Beete rund ums Haus nicht die richtigen Proportionen hatten. Sie waren für die Größe des Hauses zu schmal. Daher entwarfen wir jeweils zur anderen Seite des umlaufenden Hausweges ein neues Beet. Zunächst entstand der Willkommensweg. Er führt uns und unsere Gäste von der Haustür aus durch einen mit der Rose 'The Pilgrim' und einer weiß blühenden *Clematis montana* berankten Bogen in den Garten.

Der Bogen lädt ein, den Garten zu besuchen; er symbolisiert den Zugang zu einer anderen Welt und fordert uns und den Gartenbesucher auf, den persönlichen Alltag hinter sich zu lassen und eine neue, eigene Welt zu betreten. Er symbolisiert den Übergang von einer Welt zur anderen. Treten Sie ein in unser Gartenparadies.

Zur rechten Seite des Willkommensweges liegt das weiß-gelbe sonnige Hausbeet, bepflanzt mit weißen, namenlosen Rosen und der gelben Rose 'Graham Thomas'®.

Das linke Beet blüht lachsfarben und weiß. Die Rose 'Abraham Darby'® hat sich wundervoll entwickelt und betört in Duft und Aussehen. Sie gehört eindeutig zu meinen Lieblingsrosen. Ihre Knospe zeigt ein kräftiges Orange. Während der Blüte verfärbt sie sich zunehmend rosa, sodass der Rosenstrauch während der Hauptblüte in vielen unterschiedlichen Farbnuancen schimmert. Sie ist bei uns ausgesprochen robust, kaum krankheitsanfällig und sehr blühfreudig. Wir können sie leider nicht zu ihrer vollen

Höhe erziehen, da der Wind ihr dann zu stark zusetzen würde. Sonst könnte sie ein üppiger Strauch von 1,50 bis zwei Meter Höhe werden. Ich habe jeweils nur eine Pflanze gesetzt, überlege mir aber, jeweils noch zwei Rosen derselben Sorte dazu zu pflanzen, um insgesamt mehr Volumen und noch mehr Blüten zu bekommen. Wenn die Rosen ihren Hauptblütenflor abgelegt haben, blüht im Willkommensweg besonders üppig ein weißer Phlox, den ich bereits mehrfach teilen konnte. Besonders gut eingelebt hat sich hier die weiße Herbstanemone *Anemone japonica* 'Honorine Jobert'. Diese Staude ist mein absoluter Herbstfavorit. Ich liebe es, wenn sich ihre zarten weißen Blütenschalen gegen den blauen Himmel erheben und sie sich sanft im Wind wiegen. Der an dieser Stelle gepflanzte weiße Rittersporn tut sich schwer. Ich habe ihn inzwischen mehrfach nachgepflanzt, aber Schnecken und Wühlmäuse machen ihm immer wieder den Garaus. Die *Euphorbia characias* ssp. *wulfenii* dagegen überrascht an dieser Stelle, da sie es doch trocken, mager und windgeschützt liebt. Das gesamte Beet ist eingebettet in üppig blühenden Frauenmantel, *Alchemilla mollis*, sodass der Willkommensweg den ganzen Sommer ein zauberhaftes Bild bietet. Ergeben sich irgendwo Lücken,

Die herrlich duftende Rose 'Charity' im blauen Band mit der *Salvia* 'Tänzerin'

Folgende Doppelseite: Der Willkommensweg im Blütenrausch, den die Rosen des englischen Rosenzüchters David Austin 'Abraham Darby' und 'Graham Thomas' hervorzaubern.

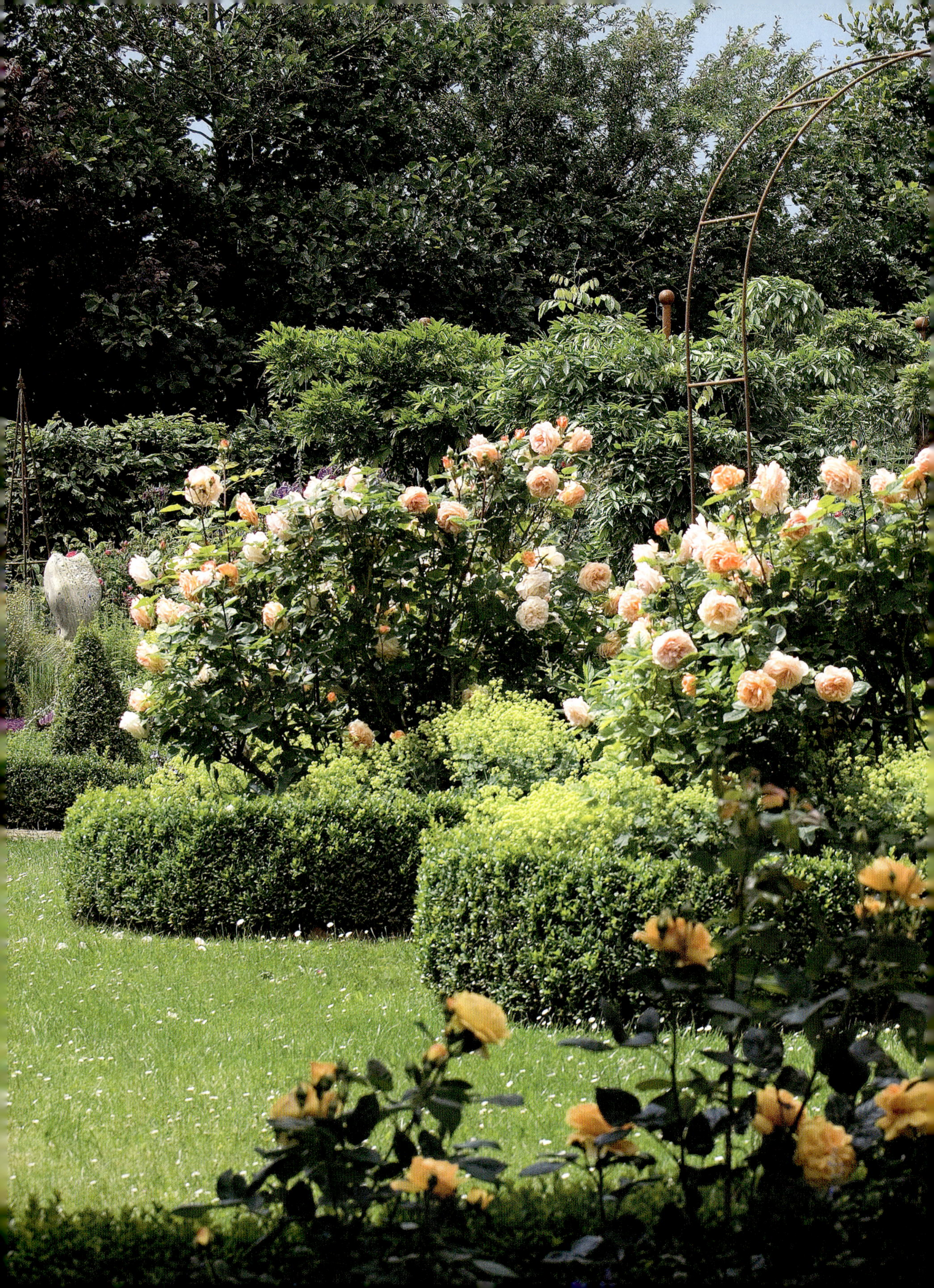

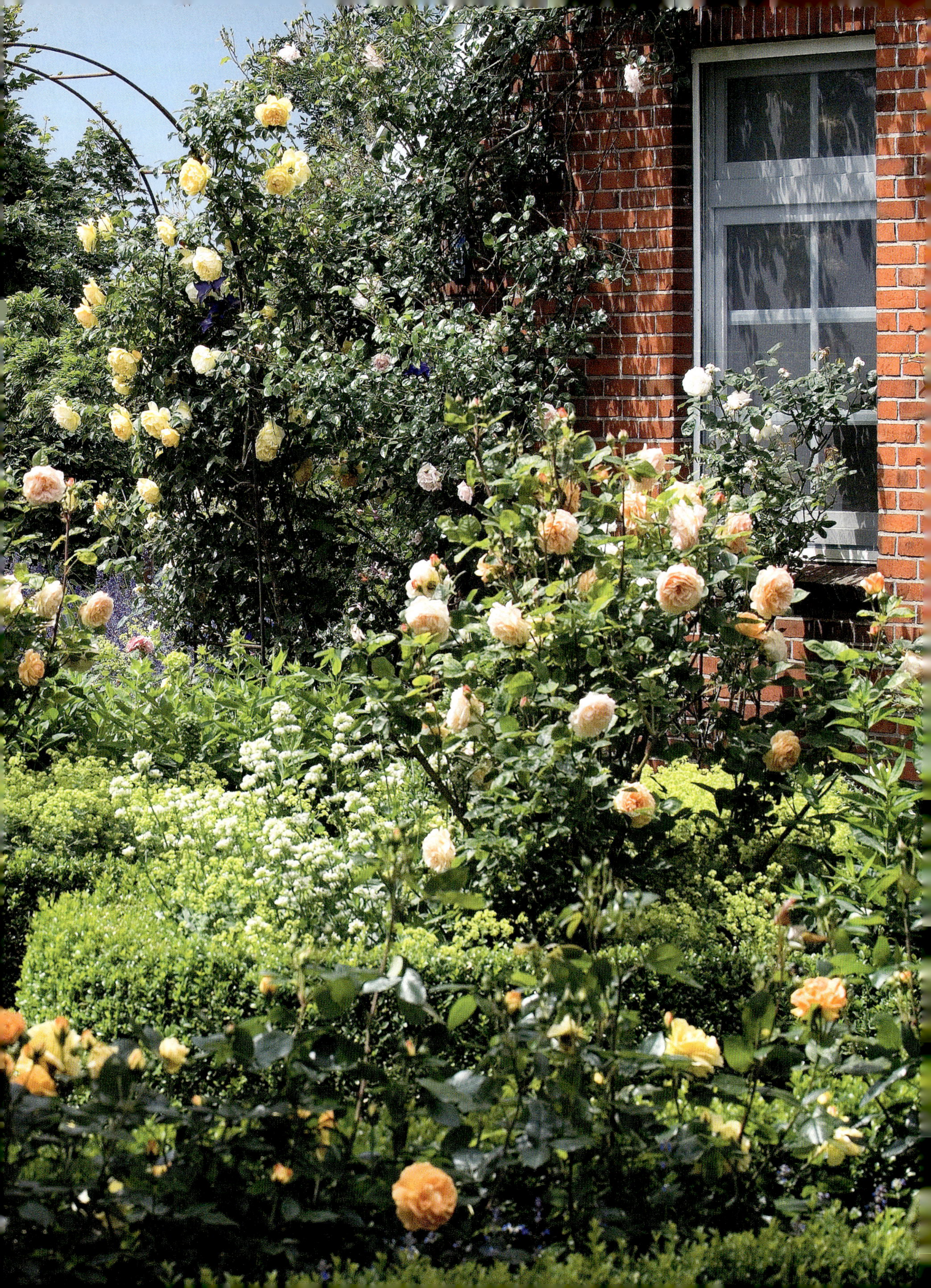

Stauden teilen

Stauden lassen sich einfach und leicht durch Teilung vermehren. Meistens grabe ich nicht mal die ganze Pflanze aus, sondern steche mit dem Spaten nur einen Teil ab, um ihn dann an anderer Stelle einzupflanzen oder zu verschenken. Manche Stauden sollten regelmäßig geteilt werden, um ihre Blühfreude zu erhalten. Hierzu zählen Rittersporn, Astern, Taglilien und Iris. Astern möchten lieber im Herbst als im Frühjahr geteilt werden.

Stutzen Sie im Frühjahr einige der Phloxstiele und der Asternzweige. Indem Sie die oberste Spitze herausschneiden, verlängern Sie die Blütezeit und geben der Staude zur Blütezeit ein fülligeres Aussehen. Rittersporn dankt mit einer zweiten Blüte, wenn Sie ihn unmittelbar nach der Blüte schneiden und kräftig düngen, eventuell sogar mit Flüssigdünger. Dieser kann von den Pflanzen sofort verarbeitet werden.

Stellt sich im Laufe des Sommers heraus, dass irgendwo eine unschöne Lücke entstanden ist, füllen Sie diese mit gekauften oder selbst gezogenen Einjährigen, wie etwa den genannten Kosmeen, Spinnenblumen, Fleißigen Lieschen oder anderen Einjährigen – ein einfacher und wirkungsvoller Trick, um die Staudenrabatte aufzufrischen.

fülle ich sie mit weißen, einjährigen Kosmeen, die der Bepflanzung noch einmal Leichtigkeit verleihen. Das Beet hat drei runde Ausbuchtungen erhalten und ist ebenfalls mit Buchsbaum eingefasst. Buchsbaumpyramiden, die den Eindruck des Weges perspektivisch noch verstärken und den Blick des Besuchers durch den zweiten Bogen quer durch den Garten über die Kräuterspirale hinweg bis zum Brunnenhäuschen leiten, geben dem Weg Struktur und Halt.

Eine meiner liebsten Rosen, die Englische Rose 'Abraham Darby' mit ihren herrlichen Farbnuancen in Apricot. Ihre Knospe leuchtet kräftig orange, ihre frische Blüte apricotfarben und ihre reife Blüte zartrosa, sodass sich der Rosenstrauch im wechselnden Farbspiel zeigt.

Im zweiten Schritt

Christophorusbeet

Der Garten ist der Spiegel der Seele

Folgende Doppelseite: Nun ist der Traum Wirklichkeit: der blühende Rosengang als Blickfang am Ende des ruhigen Christophorusbeetes.

Zweite Doppelseite: Der Zierlauch *Allium aflatunense* 'Purple Sensation', eine meiner Lieblingspflanzen, kommt vor den grünen Flächen des *Buxus sempervirens* wunderbar zur Geltung.

Rechts vom Küchensitzplatz entstand parallel zum Hausweg das Christophorusbeet. Im Frühjahr blühen in diesem Beet eine große Zahl *Allium christophii,* die dem Beet ihren Namen gaben. Es hat inzwischen die vierte Fassung, da immer wieder eine Überarbeitung notwendig war. Wir legten es zunächst, in Fortsetzung zum Willkommensweg, mit fünf halbrunden Ausformungen an, in denen jeweils eine purpurfarbene Hochstammrose stand. Es herrschten wie in dem sonnigen Hausbeet die Farben Pink, Tiefdunkelrot und Purpur vor. Aber die Proportionen stimmten nicht, das Beet war immer noch zu schmal, sodass wir die Form noch einmal veränderten, indem wir die Rundungen beseitigten und das Beet begradigten. Aber auch die Bepflanzung war nicht zu halten, da das Beet so nass war, dass alle Stauden einzugehen drohten. Es war darüber hinaus völlig von Ampfer durchsetzt. Ampfer gehört neben Giersch, Ackerwinde und Quecke zu den hartnäckigsten Unkräutern. Der Ampfer hat eine lange spitze, tief in den Boden reichende Pfahlwurzel, ähnlich der des Löwenzahns. Man kann nur versuchen, die Wurzel auszugraben, ohne dabei Reste im Boden zu belassen. Ich fürchte, er wird mich in diesem Beet gärtnerlebenslang begleiten.

Ich musste also an dieser Stelle noch einmal ganz von vorne anfangen, bevor ich mich mit etwas Neuem beschäftigen konnte. Während der vierten Phase habe ich das Beet dann bis auf die Hochstammrosen und die Buchsbaumeinfassung vollkommen ausgeräumt, so tief ich konnte umgegraben und Unmengen groben Sand sowie etwas Pferdemist eingearbeitet.

Das Beet habe ich anschließend den ganzen Winter über ruhen lassen. Ich hatte Zeit, meine Gedanken kreisen zu lassen und zu überlegen. Langsam wusste ich, was ich wollte: ein Beet nur mit runden Formen, das auch im Winter Struktur und Form behält, also auch in schlechter Jahreszeit Bestand hat. Buchsbaum hatte sich bei uns im Garten bewährt, sodass ich Buchsbaumkugeln als geschwungenes Band pflanzte. Im Sommer schmückt sich das Beet mit einer geschlossenen Decke der römischen Kamille *Chamaemelum nobile* 'Plenum'. Trotz des immer noch sehr nassen

Bodens gedeiht sie prächtig. Im Sommer ist sie inzwischen so üppig, dass sie die Buchsbaumkugeln fast unter sich begräbt und nur die kleinen weißen Blüten sichtbar sind. Streicht man während der Blütezeit mit der Hand hindurch, kann man den herben frischen Geruch der Kamille riechen. Die *Allium christophii* bieten besonders im Frühsommer einen herrlichen Anblick, wenn ihre riesigen Kugeln über dem Beet schweben, ihrem Namen alle Ehre machend. Schon wieder holen mich Kindheitserinnerungen ein. Meine Eltern, die eine Spedition betreiben, hatten an jedem Autoschlüssel einen Anhänger befestigt, auf dem der Heilige Christophorus abgebildet war. Er hatte für sie besondere Bedeutung, da er als der Schutzpatron der Reisenden gilt. Pflanzen rühren in uns Kindheitserinnerungen wach, die längst verschüttet geglaubt waren. Ich fühle dieses runde Medaillon noch schwer und kalt in meiner Hand und in mir macht sich das Gefühl des Beschütztseins breit. Christophorus trug das Jesuskind über einen reißenden Fluss. Währenddessen wurde die Last auf seinen Schultern immer schwerer und er fürchtete zu ertrinken. Da sprach das Jesuskind zu ihm: „Du trägst die Last der ganzen Welt auf deinen Schultern." Der Heilige wird daher immer mit einer Weltkugel

Die beiden Bilder zeigen die Entwicklung des Christophorusbeetes. Links das Beet nach der ersten grundlegenden Veränderung frisch mit den Buchskugeln bepflanzt; links ist der gerade angelegte Rosenwall unter den Linden zu sehen. Rechts: Das Christophorusbeet und die sonnigen Hausbeete sind inzwischen eingewachsen. Deutlich zu erkennen ist, dass der Rosengang dieser Gartensituation Höhe und Struktur und damit ein „Gesicht" verleiht.

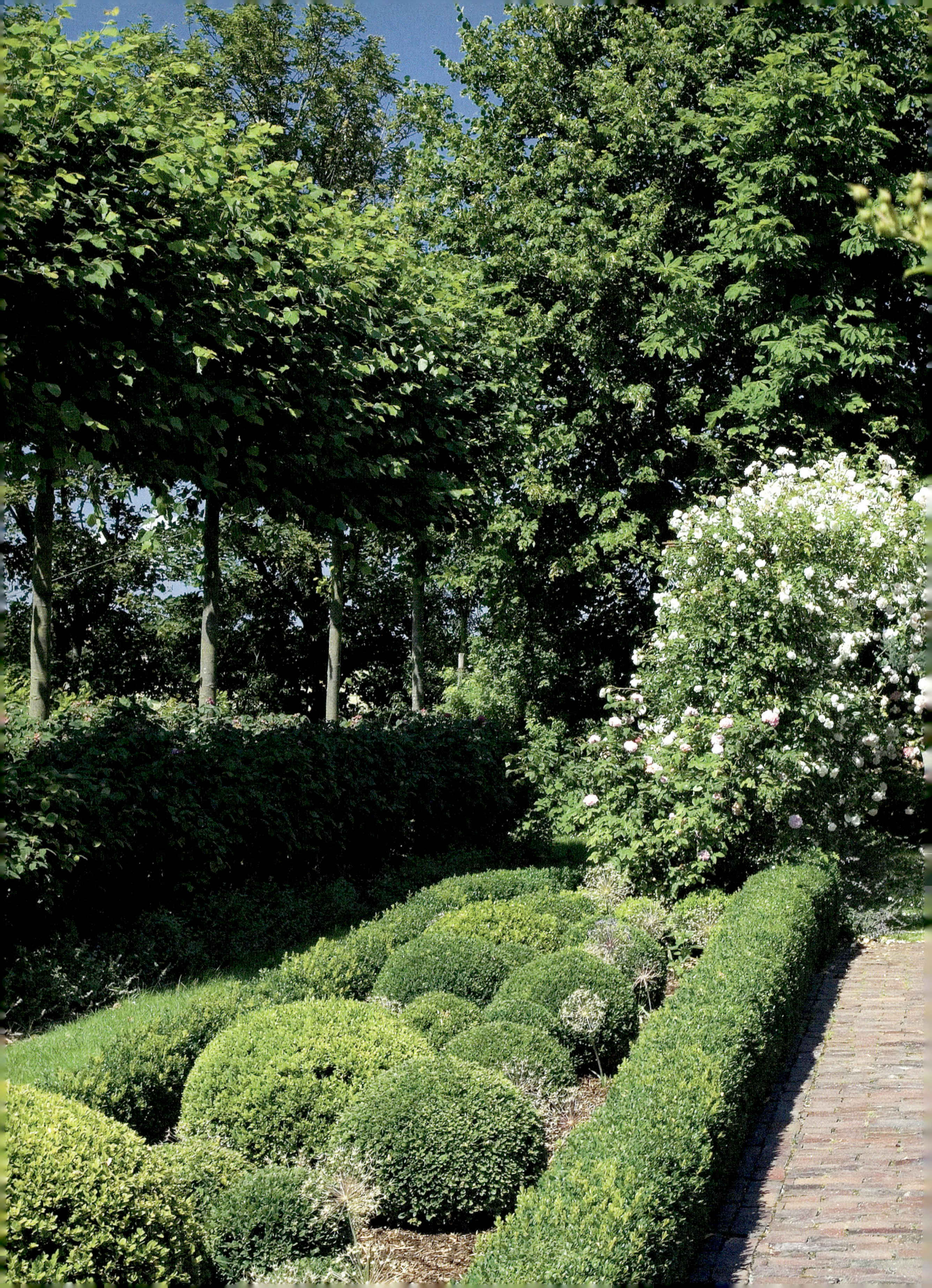

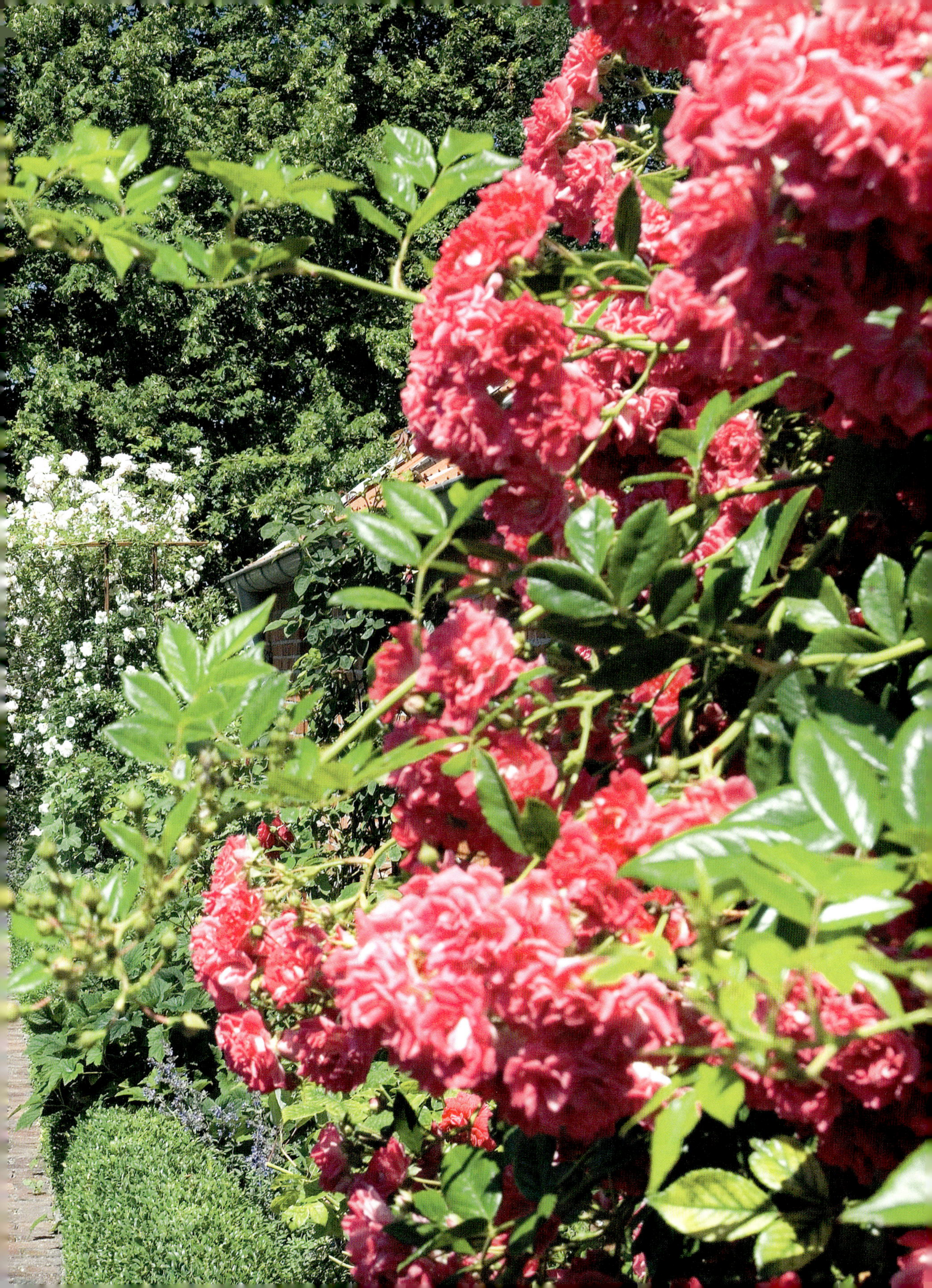

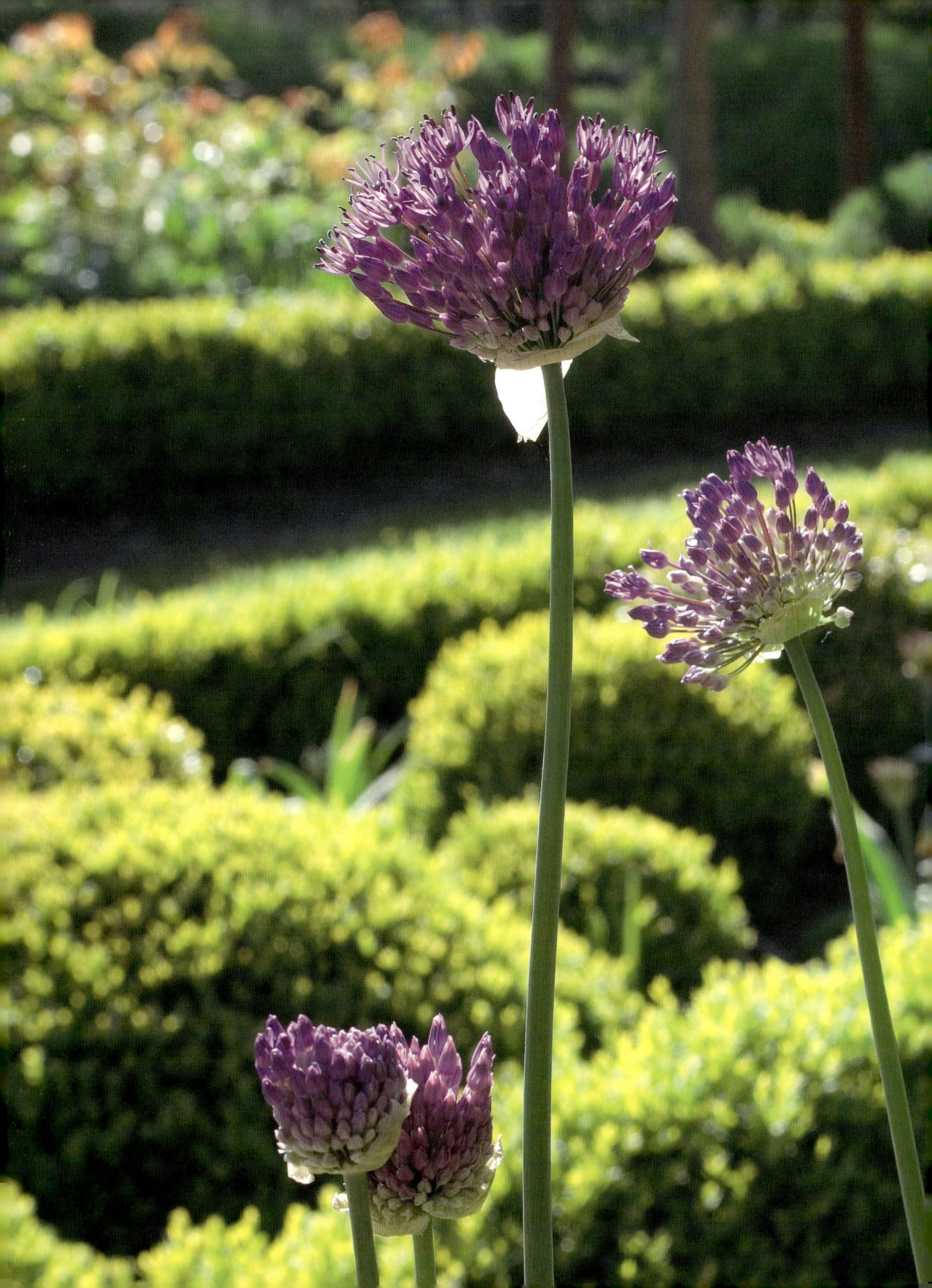

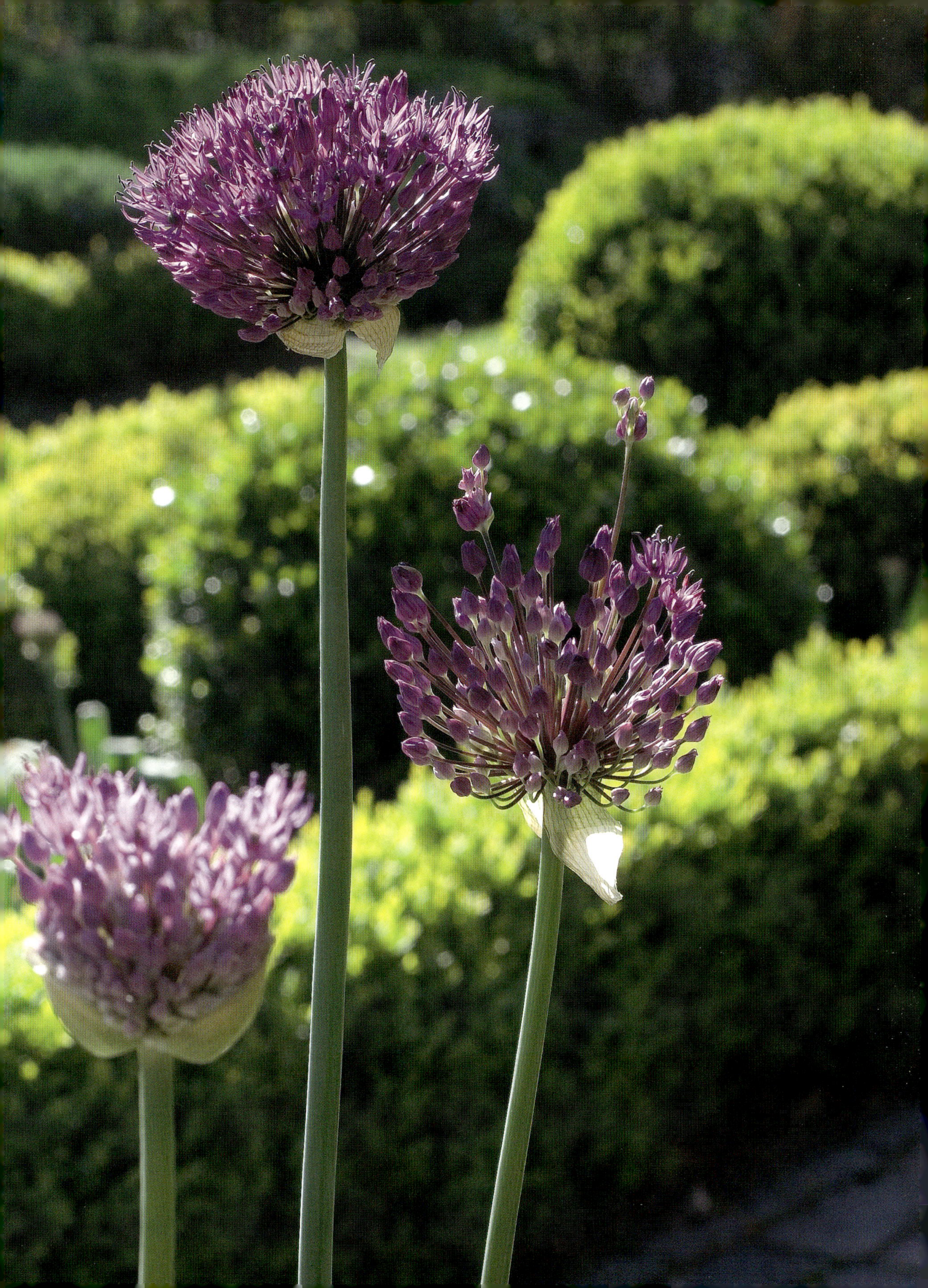

Hartnäckige Unkräuter

Es ist dringend notwendig, vor der Bepflanzung sämtliches Unkraut wie Giersch, Ackerwinde, Quecke, Hahnenklee, Distel und Brennnessel zu entfernen, da es immer wiederkehrt und jede Bepflanzung dauerhaft zunichte macht. Die genannten Unkräuter ausschließlich per Hand ohne chemische Mittel zu entfernen, ist fast nicht möglich. Ich habe keine Bedenken, vor der Neuanpflanzung ein chemisches Unkrautvernichtungsmittel zu benutzen, um eine Ausgangsbasis für eine Bepflanzung zu erhalten (natürlich nur, wenn es zugelassen und erlaubt ist, im Garten Herbizide anzuwenden). Die anschließende Wartezeit von etwa drei Wochen, genauere Angaben sind dem Produktzettel zu entnehmen, ist unbedingt einzuhalten, da sonst die neuen Pflanzen gefährdet werden. Wachsen nach der Bepflanzung die genannten Unkräuter nach, kann man sie durch Bestreichen der Blätter mit Unkrautvernichter gezielt beseitigen, ohne die benachbarten Pflanzen zu beschädigen. Dem Giersch ist durch chemische Mittel nur schwer beizukommen. Wächst er flächig, kann er durch langfristiges Aufbringen einer lichtundurchlässigen Mulchschicht, sei es Zeitung, schwarze Folie oder eine dicke Rindenmulchschicht, dauerhaft ausgerottet werden. Dieses besonders hartnäckige Unkraut mag es nicht, wenn es regelmäßig geschnitten wird, daher ist ihm auch beizukommen, wenn man die Fläche regelmäßig mäht. Hat der Giersch sich erst einmal in einer Staude eingenistet, bleibt entweder nur die Möglichkeit, ihn durch ständiges Entfernen der kleinen Wurzelknötchen in Schach zu halten oder die Staude auszugraben und ihre Wurzeln unter fließendem Wasser vollständig von Erde zu befreien, um so jedes noch so kleine Wurzelknötchen wegzuspülen. Anschließend kann die Staude wieder eingepflanzt werden. Ampfer und Hahnenfuß sind sogenannte Zeigerpflanzen. Sie geben einen Hinweis darauf, dass der Boden sehr feucht ist. Klee hingegen zeigt an, dass der Boden stark verdichtet ist. Die ersten Sommer hatten wir immer eine zauberhaft weiß blühende Kleewiese, die mich über Wochen über unseren schweren, dichten Boden hinweggetröstet hat. Ich konnte der Kleewiese immer einen Zauber abgewinnen und fast vermisse ich sie.

auf seinen Schultern tragend dargestellt. Ich bin mir nicht sicher, ob diese Geschichte Anlass der Namensgebung für die *Allium christophii* war. Für mich stehen sie jedenfalls als Symbol des Getragenseins und der Verbundenheit mit meinen Eltern. Die *Allium christophii* haben aber nicht nur durch ihren Namen eine ungeheure Symbolkraft. Sie sind in ihrer schöpferischen Gestaltung einfach unglaublich, denn sie machen sichtbar, wie unvorstellbar die Schöpfung selber ist. Jede Kugel besteht aus Hunderten einzelner Sterne, die auf wundersame Weise miteinander verbunden sind. Die Kugel erstrahlt in einer Schönheit, die uns den Atem anhalten lässt – eine faszinierende Pflanze.

In diesem Beet ist alles rund. Der Garten ist der Spiegel der Persönlichkeit des Gärtners. Ich war ratlos und zunächst ohne Plan, als ich die Bepflanzung dieses Beetes opfern und mich mit den Gegebenheiten des Ortes abfinden musste. Nachdem ich mich

Bodenverbesserung

Wir haben in unserem Garten schweren undurchdringlichen Kleiboden. Dieser sehr tonhaltige Boden wird in Ostfriesland zum Abdichten der Deiche genutzt, das zeigt bereits, wie undurchlässig er ist. Er ist zwar sehr fruchtbar, aber auch ein sogenannter Minutenboden. Er lässt sich nur kurzfristig bearbeiten, immer dann, wenn er nicht zu nass oder zu trocken ist. Ein solcher Boden muss aufgelockert werden. Ich tue dies mit grobem Sand und Pferdemist einschließlich des Strohs, den ich von einem befreundeten Pferdehalter einmal jährlich in einem Müllcontainer von etwa drei Kubikmetern geliefert bekomme. Diesen Misthaufen lasse ich dann ein Jahr liegen, bevor ich ihn verarbeite. Er dient mir ebenfalls zum Mulchen der Rosen im Winter. Der Boden hat sich im Laufe der Jahre durch diese Maßnahmen und durch regelmäßiges Mulchen mit Rindenmulch sowie durch wiederholte Sandgaben stark verbessert. Ich muss jedoch einräumen, dass ich durch den Mist vermehrt Quecken eingeschleppt habe, die sich besonders unter den Rosen sehr wohlfühlen und dort nahezu nicht mehr auszurotten sind. Es ist daher abzuwägen, ob man dieses Risiko wirklich eingehen will. Zur Strukturverbesserung des Bodens ist Kompost natürlich ebenfalls wunderbar geeignet.

aus dieser Ratlosigkeit befreien konnte, war ich offen für Neues und in der Lage, mir Gedanken über die Zukunft zu machen. In jedem Abschied liegt ein Anfang. Es gilt, nur den Anfang des Fadens zu finden. Meist fällt es schwer, den Zauber des Neuanfangs zu begreifen und sich ihm zu öffnen. Inspirierende Arbeit im Garten kann den Blick auf diesen Zauber lenken.

Das Christophorusbeet ist immer noch das arbeitsintensivste Beet des Gartens. Im Winter ist es feucht; Ampfer und Springkraut machen mir zwischen der Kamille nach wie vor zu schaffen. Vielleicht sollte ich nur das Buchsbaumkugelband stehen lassen und den Boden einfach mulchen. Diese Variante würde die klare Struktur des Beetes noch betonen und dem Betrachter einen grünen Ruhepol während der farbenfrohen Sommermonate gönnen. Ich werde die Kamille entfernen, da sie den Buchsbaum im Sommer erschlägt und so das ruhige Bild zerstört.

Nicht alles gelingt auf Anhieb. Das Wunderbare am Garten ist, dass er Fehler verzeiht und uns immer wieder eine neue Chance gibt.

Im dritten Schritt

*Und ginge morgen die Welt unter,
würde ich heute noch ein Apfelbäumchen pflanzen.*
Martin Luther

Hausbaum

Vor der Türe schläft der Baum,
durch den Garten zieht ein Traum
langsam schwimmt der Mondeskahn
und im Schlafe kräht der Hahn.
Detlev von Liliencron

Im dritten Schritt pflanzten wir den neuen Hausbaum und die Obstwiese. Der Garten selbst gab den Anstoß, uns weiter und intensiver mit ihm zu beschäftigen. Wir konnten es nicht länger leugnen, die meisten der alten Obstbäume waren gestorben und wir mussten sie fällen. Auch die Linde war tot, was mich besonders schmerzte, denn sie verkörperte Erinnerungen, von denen ich mich ungern trennen wollte. Wir entschlossen uns, unmittelbar in der Einfahrt einen neuen Hausbaum zu pflanzen. Der Walnussbaum, *Juglans regia,* erinnerte mich an den Baum meiner Jugend am alten Forsthaus in Detmold, der, wie ich schon erzählt habe, gefällt werden musste. Wir haben ihn als Zeichen der Hoffnung und der Zuversicht gepflanzt. Er wird unser Hausbaum werden und uns und unsere Gäste begrüßen. Es wird eine Generation dauern, bis er sich zu einem stattlichen Willkommensbaum entwickelt hat. Noch hat er lediglich einen Namen, es verbinden sich noch keine Erinnerungen oder zauberhaften Momente mit ihm. Der Baum, der Garten und wir werden gemeinsam wachsen. Er ist noch nicht stark genug, unseren Vögeln Schutz zu bieten oder sie in seinem Geäst ein Nest bauen zu lassen. Oft zweifelten wir daran, ob es richtig gewesen war, den Baum nicht gleich größer und mächtiger zu kaufen. Unsere Ungeduld gaukelte uns diesen Fehler vor. Wäre er bereits als großer Baum zu uns gekommen, hätten wir vermutlich keine Chance gehabt, eine gemeinsame Beziehung aufzubauen. So sorgen und kümmern wir uns um ihn. Reinhard achtet darauf, dass er immer ausreichend vor dem Wind geschützt ist. Die ersten Baumpfähle sind bereits verrottet, daher dachten wir, dass auch der Baum schon stark genug sei, dem Wind standzuhalten. Aber wir hatten uns geirrt, sodass wir dem Baum neue Eisenpfähle zur Seite stellten, um ihn zu stützen. Jedes Jahr erwarten wir voller Ungeduld seine Blätter. Der Wallnussbaum symbolisiert einerseits meinen Blick zurück in die Vergangenheit und andererseits den Blick in unsere gemeinsame Zukunft. Ich habe ihm die Füße mit Elfenblumen bepflanzt, sie geben ihm im Frühjahr etwas Leichtes, wenn er noch kahl ist und sich noch nicht entschließen kann, seine ersten Blätter zu zeigen. Er lässt sich immer viel Zeit, bis er sich das grüne Kleid zulegt. Er ist so rücksichtsvoll, den Kastanien ihren spektakulären Auftritt mit ihren weißen, prächtigen Blütenkerzen zu überlassen. Wir sind schon jetzt neugierig, wann er die ersten Früchte tragen wird und wie sie schmecken werden. Die englische Gärtnerin Rosemary Verey meint gar, dass in jeden Garten ein Walnussbaum gehöre, diesem Rat sind wir gerne gefolgt.

Unser neuer, noch sehr kleiner Hausbaum: ein Walnussbaum

Im dritten Schritt

„Lady in red"

Die Liebe ist wie eine Rose,
die Freude der gesamten Erde.
Die Liebe ist eine liebliche Rose,
das Entzücken der Welt.
Christina Georgina Rossetti

Der Froschkönig begrüßt die Gäste auf einer Granitstele direkt an der Haustür.

Unmittelbar neben dem Hauseingang hatte ich bereits während der ersten Phase das Hausbeet „Lady in red" angelegt. Die stark duftenden namenlosen, im Zehner-Bündel auf dem Wochenmarkt erworbenen dunkelroten Rosen gaben dem Beet seinen Namen. Sie sind gehalten und gesäumt von großen Buchskugeln, die ich aus meinem früheren Garten mitgebracht habe. Es ist eine langstielige Edelrose, deren Blattaustrieb im Frühjahr rot und deren Knospe zunächst fast schwarz ist. Sie öffnet sich zu einer samtroten offenen und stark duftenden Blüte – eine herrliche Schnittrose. Fast jede Woche schneide ich mir einige Blüten, um mich während meiner Abwesenheit vom Garten an ihnen zu erfreuen. Sie blüht alljährlich bis in den Winter. In nahezu jedem Jahr können wir an Heiligabend die letzte Rose schneiden. Direkt an die Hauswand haben wir in eine Feige gesetzt, da sie an dieser Stelle den bestgeschützten Platz am Hof hat. Ihr bleibt nichts anderes übrig, als zu gedeihen. An der Hausecke ermuntert sie zudem gleich im Frühjahr eine *Clematis* nicht aufzugeben. Sie wird ihr erzählt haben, dass der Salzwind zwar grausam sein kann, aber eigentlich wundervoll ist, da er nach Weite und Freiheit schmeckt, wenn er einen kitzelt. Der *Clematis* 'The President' habe ich eine weitere Kletterpflanze, die Trompetenblume *Campsis* x *tagliabuana* 'Mme. Galen', zur Seite gestellt. Ihre orangefarbene Blütenfülle ließ mich sie ebenfalls als Begleiter für die Feige und als warmen, leuchtenden Farbton zu den dunklen Rottönen auswählen.

Bereits im dritten Gartenjahr waren die Rosen und die Buchskugeln so groß geworden, dass ich gezwungen war, umzuplanen. Selbstbewusst forderte jede Pflanze in diesem Beet ihr Recht und sollte es auch bekommen. Die Kunst besteht darin, jedem seinen nötigen Freiraum und Platz zur weiteren Entwicklung zu gewähren und dennoch gleichzeitig Halt zu bieten, ohne einzuengen.

Jeder darf „stark" und „schwach" sein, ohne dass ständige Stärke unter Ausnutzung der Schwächen des Partners demonstriert wird. In einer glücklichen Beziehung bringt jeder die Schönheit des Anderen zum Leuchten, indem er alles Positive, Kreative fördert, Schwächen akzeptiert und für Dritte möglichst unsichtbar macht. Für die Beziehung der Pflanzen zueinander und für das Gelingen eines Staudenbeetes gelten die gleichen Grundsätze. Jede einzelne Pflanze soll durch die Kombination mit den anderen zu voller Schönheit erweckt werden, von Schwächen ablenken oder diese überdecken. Die nackten Füße der Rosen sind im neu angelegten Beet durch Purpurglöckchen und Euphorbien kaschiert. So wird hoffentlich keiner merken, wie kahl die Rosen ohne ihre Begleiter dastehen würden.

Bei der Umplanung hat sich die Gestalt, Form und Größe dieses Beetes verändert. Die Ideen und Vorstellungen für die Umgestaltung haben sich beim Miteinanderreden, im Gedankenaustausch, beim Messen mit Seil und Farbtopf, entwickelt. Die Grundidee hat mein Mann in einer kleinen Skizze festgehalten. Die meisten Ideen für die Formen in unserem Garten sind während gemeinsamer Gespräche – häufig während eines guten

Die namenlose rot blühende Kletterrose lehnt sich im Beet „Lady in red" an die Eisenpyramide.

Folgende Doppelseite: Die Kombination *Tulipa* 'Queen of Night' und *Euphorbia amygdaloides* 'Purpurea' lässt im späten Frühjahr das Beet in tiefem samtigen Rot erstrahlen.

Zweite Doppelseite: *Sedum spurium* 'Fuldaglut' nimmt wie ein Mittler die Farbe des Beetes „Lady in red" und der handgeformten Torfbrandsteine im Kindergarten auf.

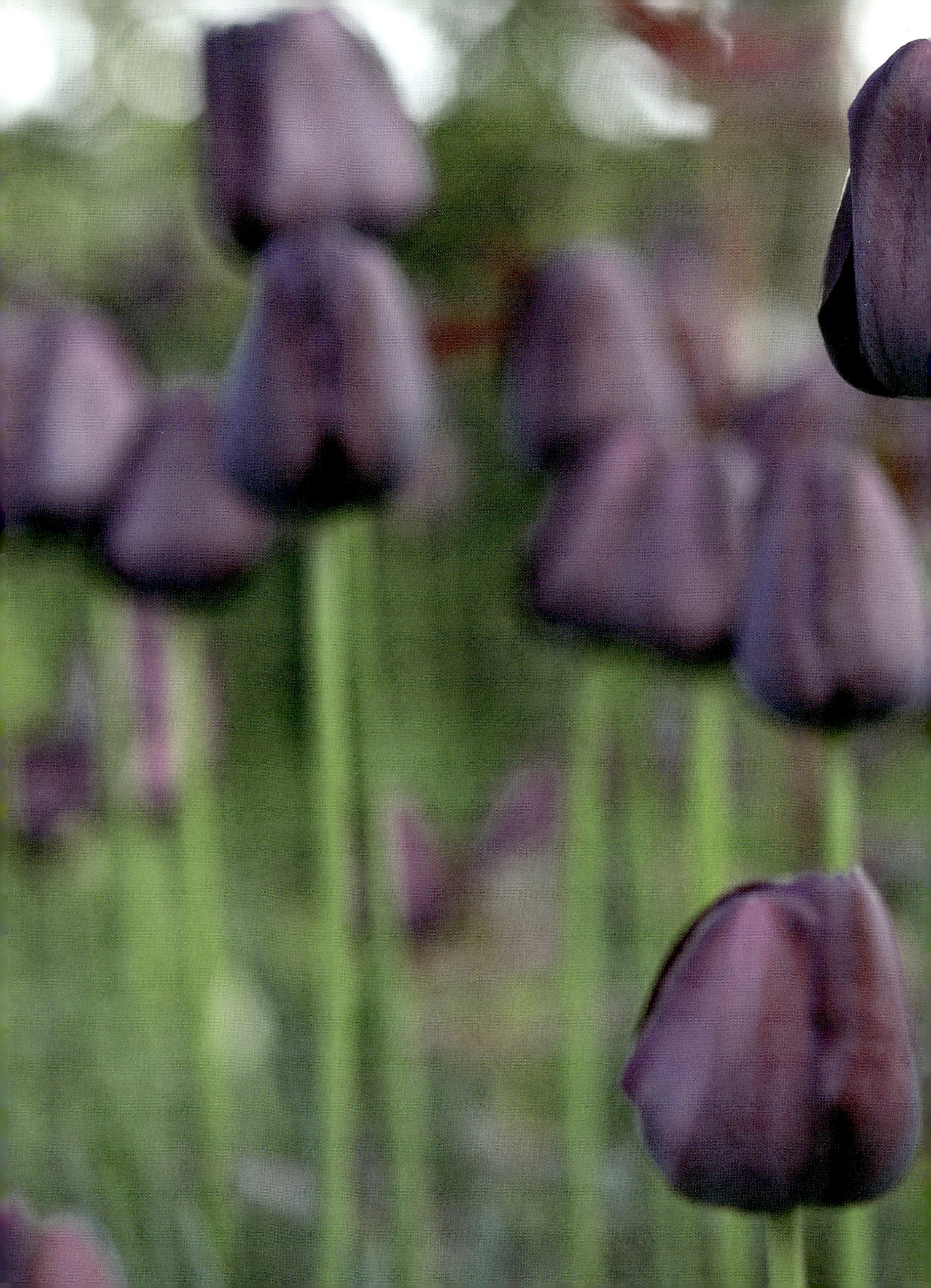

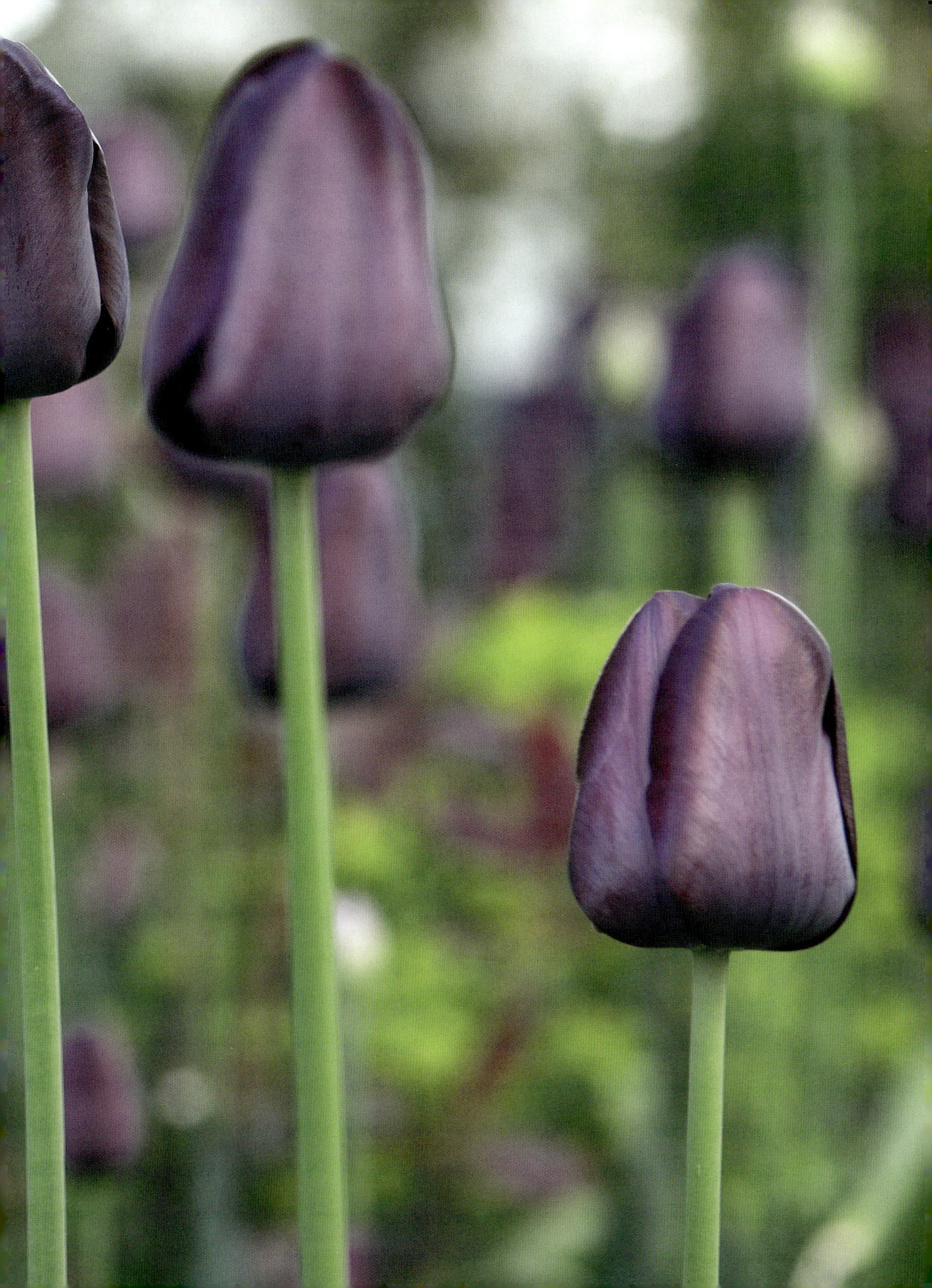

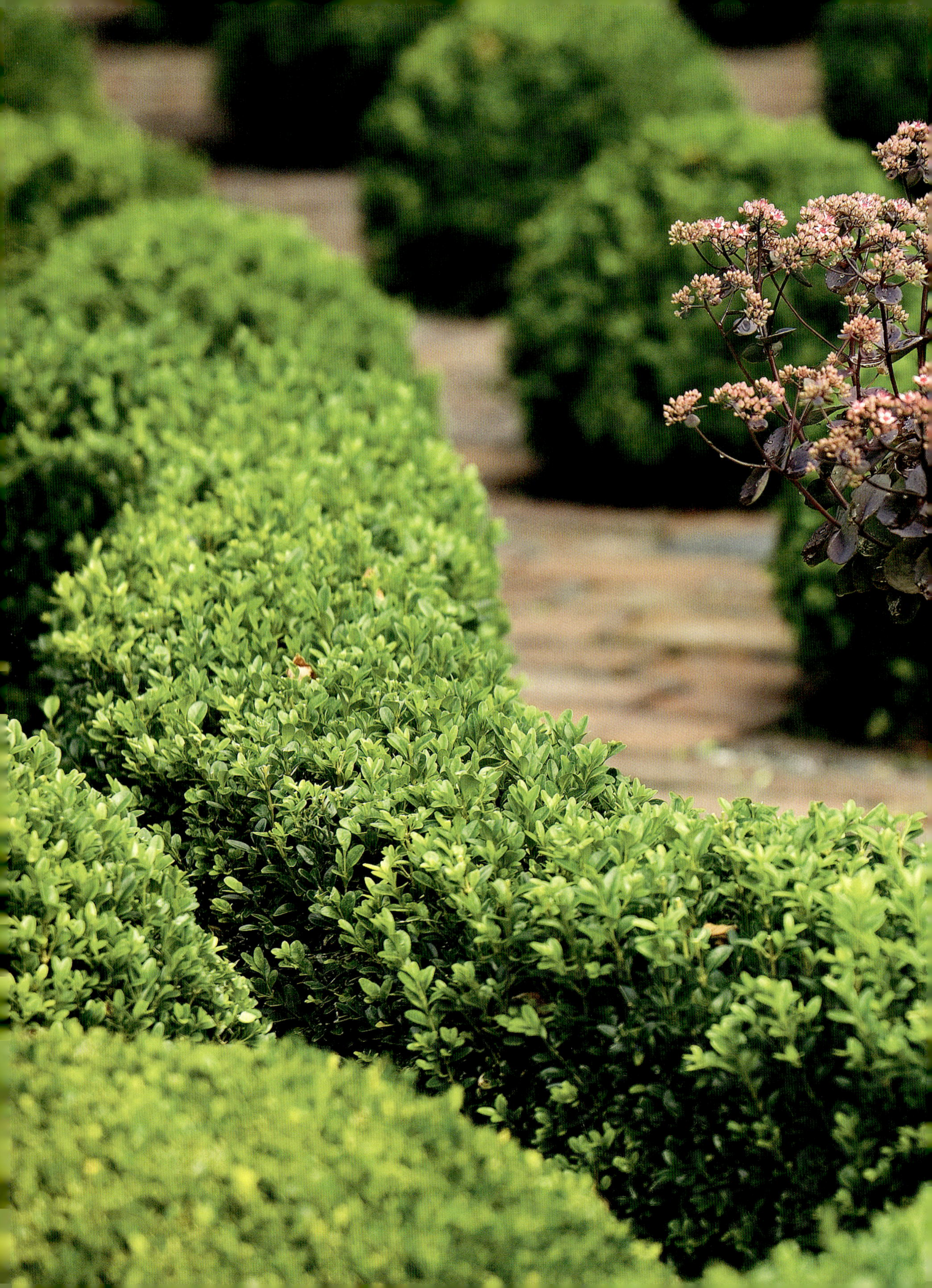

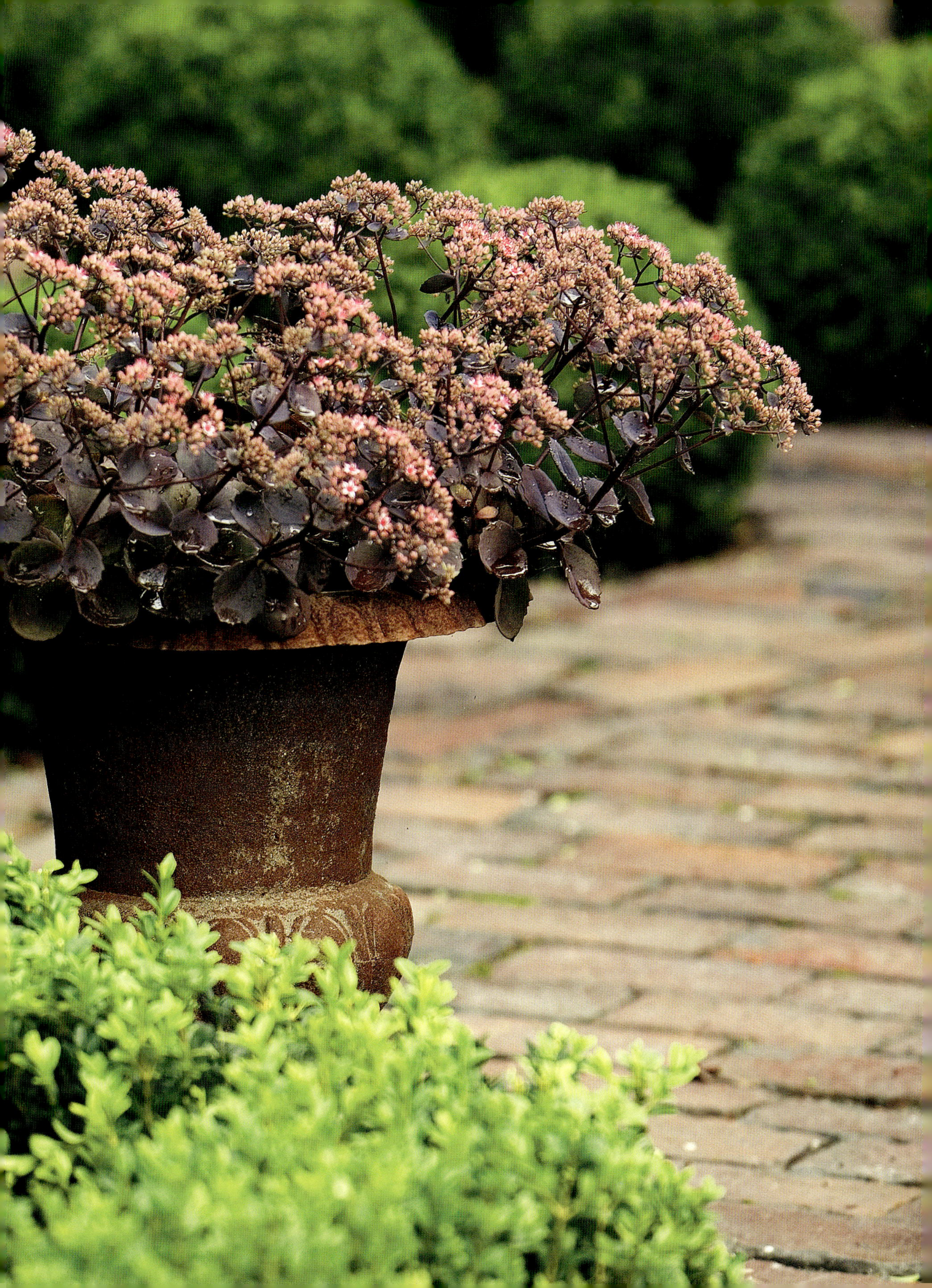

Im dritten Schritt

Sedum telephium 'Herbstfreude' gedeiht wunderbar im Topf und verleiht der kleinen Sitzecke am Beet „Lady in red" mit unserem Ersatzhund „Carlos" einen romantischen Rahmen.

Essens – entstanden und von meinem Mann auf Servietten, Bierdeckeln oder Tischsets entwickelt worden. Diese Scribble waren dann jeweils Grundlage für die Umsetzung.

Den Walnussbaum habe ich in die Planung des überarbeiteten Beetes miteinbezogen. Mir ist bewusst, dass diese Gestaltung nicht auf Dauer Bestand haben wird. Hat der Walnussbaum sich erst einmal ausgebreitet, werden die Rosen in seinem Schatten und seinem Wurzelgeflecht nicht mehr gedeihen. Vorsorglich habe ich daher die Veilchen, *Viola labradorica*, gepflanzt, damit sie sich bereits jetzt ausbreiten können. Veränderung wird hier in Zukunft notwendig sein. Ich bin offen dafür, denn an dieser Stelle des Gartens möchte ich mich ganz bewusst auf zukünftige Entwicklungen einlassen.

Nachdem die äußeren Formen mit Farbe auf die Pflastersteine gezeichnet waren, wurden zunächst die Pflastersteine mühsam entfernt und längs der Auffahrt gestapelt. Hierbei mussten wir feststellen, dass der Boden stärker verdichtet war, als wir angenommen hatten. Unter den Pflastersteinen befand sich eine dicke, fest verdichtete Schicht Schotter, die entfernt werden musste. Wir versuchten es mit der Spitzhacke, aber das Unterfangen war aussichtslos. Mit einem Minibagger konnten wir den Boden ausheben. Erst nachdem der Boden gründlich vorbereitet war, die Erde ausgetauscht, Mist und Sand angefahren waren, konnte ich mit dem Pflanzen beginnen. Zunächst setzte ich den Rahmen, also die Buchsbaumeinfassung. Dann folgten die Strukturpflanzen, in diesem Fall die bereits vorhandenen großen Buchsbaumkugeln aus dem ersten Beet, danach die Rosen und zum Schluss die Stauden. Das Beet „Lady in red" glänzt in purpurrotem Farbspiel. Rubinfarbene Sterndolden werden begleitet von Taglilien, Silberkerzen und anderen rotblumigen und rotlaubigen Pflanzen. Purpurglöckchen bilden neben den Veilchen den Teppich. Um das Frühjahr einzuleiten, setze ich jeden Herbst etwa 500 dunkelrote Tulpen der Sorte 'Queen of Night'. Die fast schwarze Tulpe geht im Frühling eine herrliche Verbindung mit der *Euphorbia amygdaloides* 'Purpurea' ein. Das zarte limonenfarbene Grüngelb der Euphorbien und das tiefdunkle Rot bieten in der frühen Morgensonne einen zauberhaften, leichten und beschwingten Anblick. Um dem Beet im Frühsommer einen weiteren Höhepunkt zu verleihen, setze ich im Herbst eine Vielzahl von *Allium*; vor allen Dingen die Sorte 'Purple Sensation'.

Am Rand des Beetes ist ein kleiner intimer Sitzplatz entstanden, eingerahmt von zwei mit fetten Hennen bepflanzten Terrakottatöpfen.

Das Topfwunder Sedum

Das *Sedum* hat sich als Topfpflanze wunderbar bewährt. Ich verwende hierzu sowohl die flach wachsenden Sorten als auch die aufrechten *Sedum* 'Matrona' und *Sedum* 'Red Emperor'. Das *Sedum* und der Hauswurz *Sempervivum* sind als Topfpflanzen völlig unkompliziert. Sie nehmen es nicht einmal übel, wenn sie nicht regelmäßig gegossen werden. Die flach wachsenden Teppichsorten zieren alte Käseformen und schmücken, da sie die Sonne lieben, die Fensterbänke auf der Südseite. Zwei kleine Terrakottatöpfe mit *Sedum hybridum* 'Immergrünchen' blühen unentwegt auf dem alten Tisch im Froschkönigsgarten. Alle Sorten bleiben auch im Herbst und Winter dekorativ. Die *Sedum* sind sehr anspruchslos und sollten nicht gedüngt werden, denn das macht ihre Stiele weich und biegsam, wodurch sie ihre Standfestigkeit verlieren.

Im dritten Schritt

Der Hauseingang und der Willkommensweg in winterlicher Ruhe vermitteln das Gefühl eines Wintermärchens.

Die dunkelrote Rose (unten) aus „Lady in red" blüht bis zum ersten Schnee; in jedem Jahr konnten wir an Heiligabend die letzte Blüte pflücken; inzwischen ein Ritual.

Unmittelbar hinter die Buchsbaumeinfassung hatte ich eine zweite Einfassung aus *Allium sphaerocephalon* gesetzt, um dem Beet einen noch stärkeren formalen Charakter zu verleihen. Die Umrandung war jedoch nicht gelungen. Die *Allium* haben zwar sehr üppig geblüht, waren aber so hoch, dass sie dem Wind nicht standhalten konnten. Ich habe sie ausgegraben, da darüber hinaus die Farbe dem Beet nicht bekam. Die Blütenköpfe zeigten nicht ein Dunkelrot, sondern eher ein totes, kaltes dumpfes Violett.

Es fällt mir meistens schwer, eine Pflanze, die nicht passt oder sich nicht richtig entwickelt, zu entfernen und wegzuwerfen. Ich brauche immer eine Weile, bis ich begriffen habe, dass ich mich trennen muss. Die englische Schriftstellerin und Gärtnerin Vita Sackville-West sagte: „Der wahre Gärtner muss brutal sein und voller Phantasie an die Zukunft denken". Manchmal lohnt es sich aber auch, in schwierige Verbindungen Kraft und Emotionen zu investieren und plötzlich stellt man fest, die Beziehung ist gerettet oder hat einen neuen Grund und Boden gefunden; das lehren uns die Pflanzen ebenfalls. Aber nicht jede Pflanze passt in unseren Garten, nicht jede Pflanze fühlt sich dort wohl, wo wir sie hingesetzt haben. Manchmal bleibt nur, sie an eine andere liebevolle Gärtnerin oder einen Gärtner zu verschenken, manchmal sucht sie sich selbst einen anderen Platz im Garten, an der es ihr bei uns gefällt. Ein andermal ist sie wie von Zauberhand verschwunden und wir trauern um sie und dann, nach einer ganzen Weile, ist sie plötzlich wieder da, in neuer Kraft, anderer Farbe und an anderem Standort. Die Pflanzen in unserem Garten spiegeln in vielerlei Hinsicht uns und unseren Umgang mit unserem Umfeld wider. Sie lehren uns, anzunehmen, was kommt – Abschied und Neubeginn.

Staudenvermehrung

Sowohl die *Euphorbien* als auch die *Heuchera* vermehren sich stark und können im kleinen Garten zur Plage werden. Gerade diese Eigenheiten schätze ich für meinen großen Garten, da ich so zu eigenem Nachwuchs komme. Alle Pflanzen zu kaufen, wäre unbezahlbar. Fühlt die Pflanze sich an ihrem Standort wohl, wird sie sich vermehren. Den Nachwuchs lasse ich an dem selbst gewählten Platz wachsen, bis der Sämling kräftig genug ist, um ausgepflanzt und an den Wunschstandort gebracht zu werden. Auf diese Art und Weise muss ich zwar viele kleine Sämlinge an Orten tolerieren, wo sie nicht hingehören, aber erstens ist dies nur vorübergehend und zweitens habe ich die Gewissheit, dass die winzigen Pflänzchen sich an dem von ihnen ausgesuchten Standort wohlfühlen und dort alles für ihre Entwicklung Notwendige vorfinden. Stehen die Sämlinge zu dicht, müssen sie allerdings vereinzelt werden. Diese können Sie in einzelne mit guter Komposterde gefüllte Töpfe pflanzen. Lassen Sie Ihrem Nachwuchs Zeit, sich in aller Ruhe zu entwickeln. Versorgen Sie ihn mit Wasser, eventuell Dünger und bewahren Sie ihn vor Unkräutern.

Auf diese Art und Weise habe ich *Euphorbia amygdaloides* 'Purpurea', *Heuchera americana* 'Palace Purple', Frauenmantel *(Alchemilla mollis, Alchemilla epipsila)*, Katzenminze *(Nepeta x faassenii)*, Spornblume *(Centranthus)*, Jakobsleiter *(Polemonium)*, Fenchel *(Foeniculum vulgare* 'Giant Bronze'*)*, Herbstanemonen *(Anemone japonica – Hybrida* 'Honorine Jobert'*)* und Baldrian *(Valeriana)* vermehrt.

Die Katzenminze schneide ich dort, wo sie sich versamen soll, im Frühsommer und Herbst nicht vollständig zurück. In den Fugen der Pflastersteine finden sich regelmäßig so viele Sämlinge, dass sie inzwischen den Wildrosenwall und den Rosenwall säumen. Es macht Spaß, die eigenen Nachkommen zu verarbeiten und spart außerdem Geld.

Im dritten Schritt

Buchsbaumplateau und Obstwiese

Spannenlanger Hansel, nudeldicke Deern,
gehen wir in den Garten, schütteln wir die Birn,
schüttelst du die großen, schüttel ich die klein',
wenn das Säcklein voll ist, gehen wir wieder heim.
Volkslied

Die Apfelblüte verspricht reiche Ernte.

Das Buchsbaumplateau überdeckt einen Schandfleck unseres Gartens, die Kläranlage. Wir sind nicht an die öffentliche Kanalisation angeschlossen und verfügen daher über eine eigene. Es dauerte lange, bis wir eine befriedigende Lösung für diese notwendige Anlage fanden. Die Kläranlage besteht aus drei runden Betondeckeln mit einem Durchmesser von je etwa 80 Zentimetern und zwei Lüftungsschächten. Sie muss jährlich gewartet werden, wobei die Betondeckel geöffnet werden und ein Schlauch in die Grube abgesenkt wird. Wir mussten also bei unseren Überlegungen berücksichtigen, dass der Zugang zur Kläranlage gewahrt bleibt.

Die Lösung zeigte sich erst, als wir uns von den vorgefundenen Formen frei machten und nicht mehr an ihnen festhielten. Aber das ist einfacher gesagt als getan. Der erste Versuch, die Kläranlage zu überdecken, war eine Installation aus drei Eisenpyramiden. Sie hatte jedoch leider keinen Bestand, da der Sturm sie trotz fester Verankerungen im Boden immer wieder umwehte, die Pyramiden dienen inzwischen an verschiedenen Orten des Gartens als Rankgerüste.

Unsere Gedanken hielten zunächst an den vorhandenen runden Formen fest. Erst ein Zurücktreten, ein Loslassen machte die Lösung möglich. Das Buchsbaumplateau hat außen eine quadratische Form mit einem innen liegenden Kreis erhalten, der mit Rindenmulch aufgefüllt ist. Im Mittelpunkt steht eine Eisenamphore, die mit einer Buchskugel und jahreszeitlich wechselnden Blumen bepflanzt wird. Unter dieser Abdeckung verbergen sich die drei Betondeckel der Kläranlage, die auf diese Weise problemlos gewartet werden kann. So gelang uns eine perfekte Tarnung.

Rund um den Teich standen alte Obstbäume; hier lag die Streuobstwiese. Alle alten Bäume, die wir erhalten konnten, pflegen und hegen wir, damit sie noch möglichst lange überleben. Uns glückte dies jedoch leider nur bei wenigen, darum haben wir eine neue Streuobstwiese angelegt. Ich wollte sie mit Osterglocken unterpflanzen, die ich vom benachbarten Bauern in großen Mengen geholt habe, aber es war zu nass, sie sind leider verfault. Die mühsame Arbeit bei kaltem, fingereinfrierendem Wetter war umsonst; nicht alles gelingt.

Im Anschluss an das Buchsbaumplateau befindet sich die neu angelegte Obstwiese. Vom Plateau führen in der Verlängerung des inneren Kreises Buchsbaumkugeln und in der Verlängerung des äußeren Quadrates die Obstbäume zu der Liebesbank als Endpunkt. Sie steht in einer Heckennische aus Buchen und ist berankt mit einem zartgelb blühenden Jelängerjelieber. Die *Lonicera* steht zu beiden Seiten der Bank und hat sich schon über ihr geschlossen. Begleitet wird es von dem Rambler 'White Wedding'. Die Bank steht in einem Halbkreis aus alten Torfbrandklinkern. Zu Füßen der Liebesbank liegen drei gravierte Sandsteinplatten, in denen unsere Initialen und die unserer Kinder verewigt sind. Dieser Platz verführt am frühen Abend zu einem Sundowner, um die letzten Sonnenstrahlen des Tages im Duft des Jelängerjelieber und der Rosen zu genießen.

Der Blick über das Buchsbaumplateau durch die Obstbäume bis zur Liebesbank, die abends im letzten Sonnenlicht zum Sundowner einlädt. Die Eisenamphore bepflanzt mit *Buxus sempervirens* 'Aurea' und im Sommer mit Spanischen Gänseblümchen ist zu jeder Jahreszeit ein Blickfang.

Im dritten Schritt

Blickwinkel

Lassen Sie mich die Vorgehensweise an einem anderen Beispiel deutlich machen:

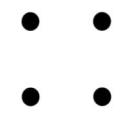

Wenn Sie die vorstehenden Punkte des Quadrates mit drei Strichen verbinden sollen, erscheint dies auf den ersten Blick nicht möglich. Wenn Sie sich jedoch nicht mehr auf das Quadrat konzentrieren und sich von der Form lösen, wird es möglich, über zwei außerhalb des Quadrats liegende Punkte drei Striche zu ziehen, die alle vier Punkte miteinander verbinden.

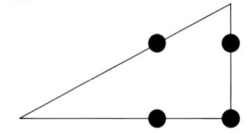

Schauen wir unseren Garten mit diesem weiten, nicht festgelegten Auge an, finden wir Überraschendes. Ebenso bin ich beim Buchsbaumplateau vorgegangen. Erst als ich den Kreis mit dem Quadrat zusammenbringen konnte, entstand die jetzige Form.

Rechts: Üppige Ernte unserer Obstwiese. Wir freuen uns mit den Kindern und Freunden auf den ersten Apfelkuchen des Gartenjahres.

Die neue Obstbaumwiese ist durch die symmetrische Anlage unter Einbeziehung des Buchsbaumplateaus gelungen. Diese klar strukturierte Gliederung zeigt zu jeder Jahreszeit ihre positive Wirkung.

Ich hoffe, wir haben die Obstbäume – alte Obstsorten, unter anderem die Äpfel *James Grieve* und *Prinz Albrecht von Preußen* –, die wir bei einer auf alte Sorten spezialisierten Obstbaumschule erworben haben, nicht zu dicht gepflanzt.

Alljährlich feiern wir mit den Kindern ein Apfelerntefest, inzwischen hat es einen festen Platz in unserem Jahresablauf. Es macht unendliches Vergnügen, gemeinsam die Früchte des Gartens zu ernten und zu verarbeiten.

Apfelgelee

4 kg kleine, unreife, ungeschälte Äpfel vierteln und mit Kerngehäuse in Wasser sehr weich garen. Die Äpfel mehrere Stunden im kalten Wasser stehen lassen, anschließend durch ein Tuch seihen und den Saft auffangen. Den Saft mit 2 kg Zucker, 1 Vanilleschote und 3 Esslöffeln Zitronensaft so lange kochen lassen, bis er am Löffel breit zieht und abtropft. Das Gelee wird besonders klar, wenn der Saft schnell einkocht. Das Gelee heiß in Gläser füllen und mit Twist-off-Deckeln verschließen.

Geflügellebermousse mit Äpfeln

150 g Hühnerleber putzen, säubern und in grobe Stücke zerteilen. 2 Schalotten, fein gewürfelt, in Öl glasig dünsten und 1 Boskopapfel in Stückchen geschnitten zufügen. Anschließend die Leberstückchen in die Pfanne geben und so lange garen, bis kein Blut mehr austritt. Die Mischung mit 3 Esslöffeln Calvados ablöschen und flambieren. Nach dem Erkalten pürieren und mit Salz und Pfeffer gewürzt für einige Stunden in den Kühlschrank stellen. Köstlich zu gedünsteten Apfelscheiben. Hierzu Äpfel schälen und mit dem Apfelausstecher entkernen. Den Apfel in dünne Ringer schneiden, in Butter sanft anbraten und eventuell mit einem trockenen Weißwein ablöschen. Ein frisches dunkles Vollkornbrot passt wunderbar dazu.

Schneller Apfelkuchen

Aus 4 ganzen Eiern, 200 g Zucker, 300–325 g Mehl, 1 Päckchen Backpulver, 1/2 Tasse Milch, 1 Handvoll Rosinen einen Rührteig herstellen. Der Teig ist leicht, locker und ziemlich dünnflüssig. Ein Backblech mit Backpapier auslegen, den Teig gleichmäßig verteilen und dicht mit dünnen Apfelspalten belegen. 20 Minuten bei 180 °C vorbacken. Zwischenzeitlich 1/4 Pfund Butter mit 150 g Zucker und etwas Zimt erhitzen und über den Teig geben. Anschließend noch einmal 10 Minuten backen.

Im dritten Schritt

Der Rosenwinkel

Oh, wer um alle Rosen wüsste, die rings in stillen Gärten stehn.
Oh, wer um alle wüsste, müsste
wie im Rausch durchs Leben gehen.
Christian Morgenstern

Links des Buchsbaumplateaus liegt der Rosenwinkel. In die hier vorhandene Wildhecke habe ich eine kleine Schneise geschnitten, in die ich drei Exemplare des Ramblers 'American Pillar' gepflanzt habe. Sie wachsen sehr üppig und erobern bereits die Bäume. Wir haben ihnen ein Holzgerüst gebaut, damit sie insgesamt mehr Halt haben und auch im unteren Bereich Blüten entwickeln können. Entstanden ist ein herrlicher, relativ windstiller Platz, der im Sommer zum Ausspannen und Lesen einlädt.

Hieran schließt sich das sogenannte Frühlingsbeet an, in dem ein alter Pflaumenbaum und zwei Mirabellenbäume stehen. Sie sind unterpflanzt mit Lungenkraut, Nieswurz, Schlüsselblumen, Traubenhyazinthen und Osterglocken. Hierher habe ich die Rosen 'Frühlingsgold' und 'Frühlingsduft' gesetzt, damit sie gemeinsam mit den Osterglocken den Frühling einläuten können. Dieses Beet liegt direkt im Blickwinkel vom Haus und ist im Frühling vom Küchenfenster aus zu sehen, sodass ich mich während des Kochens über den nahenden Frühling und die bevorstehende Gartensaison freuen kann und mich schon der Erwartung auf all die kommenden Gartenbilder hingebe und mich an der Lust auf Sonne und Frühling berausche.

Ein erstes herrliches Gartenbild zeigt sich unter der dahinterliegenden Wildsträucherhecke. Hier blüht ganz früh im Jahr das Scharbockskraut und bildet einen wunderschönen gelben ersten

Frühlingszwiebeln
Narzissen wollen rechtzeitig eingepflanzt werden, sonst kann es passieren, dass sie einfach verschwinden. Sie würden am liebsten schon im zeitigen Herbst in die Erde kommen. Das Setzen der Blumenzwiebeln stellt mich in jedem Jahr auf eine harte Geduldsprobe. Diese endlos vielen kleinen Zwiebeln, die in die Erde müssen, woher nur nehme ich die Geduld? Warum schaffe ich es nie, rechtzeitig zu sein? Warum frieren mir die Finger immer ab? Warum steht schon das Christkind vor der Tür, wenn ich die letzten Zwiebeln der Saison setze? Die Antwort ist wahrscheinlich ganz einfach: Weil ich beim Einkauf unter der bekannten Gärtnerkrankheit „nie genug zu haben" leide.

Frühlingsteppich. Es ist ein wunderbares, aber gefährliches Erbe meiner Vorgänger, denn es hat sich inzwischen auf den Wildrosenwall ausgebreitet und ich muss darauf achten, dass dieses Unkraut sich nicht überall im Garten festsetzt. Respekt vor dem Überbrachten und Ererbtem ist ebenso notwendig wie der Mut zur Veränderung.

Die zweite Welle blüht blau und rosa mit einfachem *Geranium* x *oxonianum* und *G.* x *magnificum* und einer Rose, deren Name mir unbekannt ist, da ich sie als Ableger geschenkt bekam; sie vermehrt sich an dieser Stelle stark durch Wurzelausläufer. Sie blüht zartrosa und hat einen ganz zarten, wunderschönen Duft. Vermutlich handelt es sich bei der Rose um eine *R.* 'Celeste'.

Der Rosenwinkel wird zur Hauptblüte des Ramblers 'American Pillar' zu meinem bevorzugten Rückzugsort.

Folgende Doppelseite: Ein fantastischer Blick durch die Blauregenbäumchen *Wisteria floribunda* und die Akeleien *Aquilegia caerulea* auf den Rosenwinkel

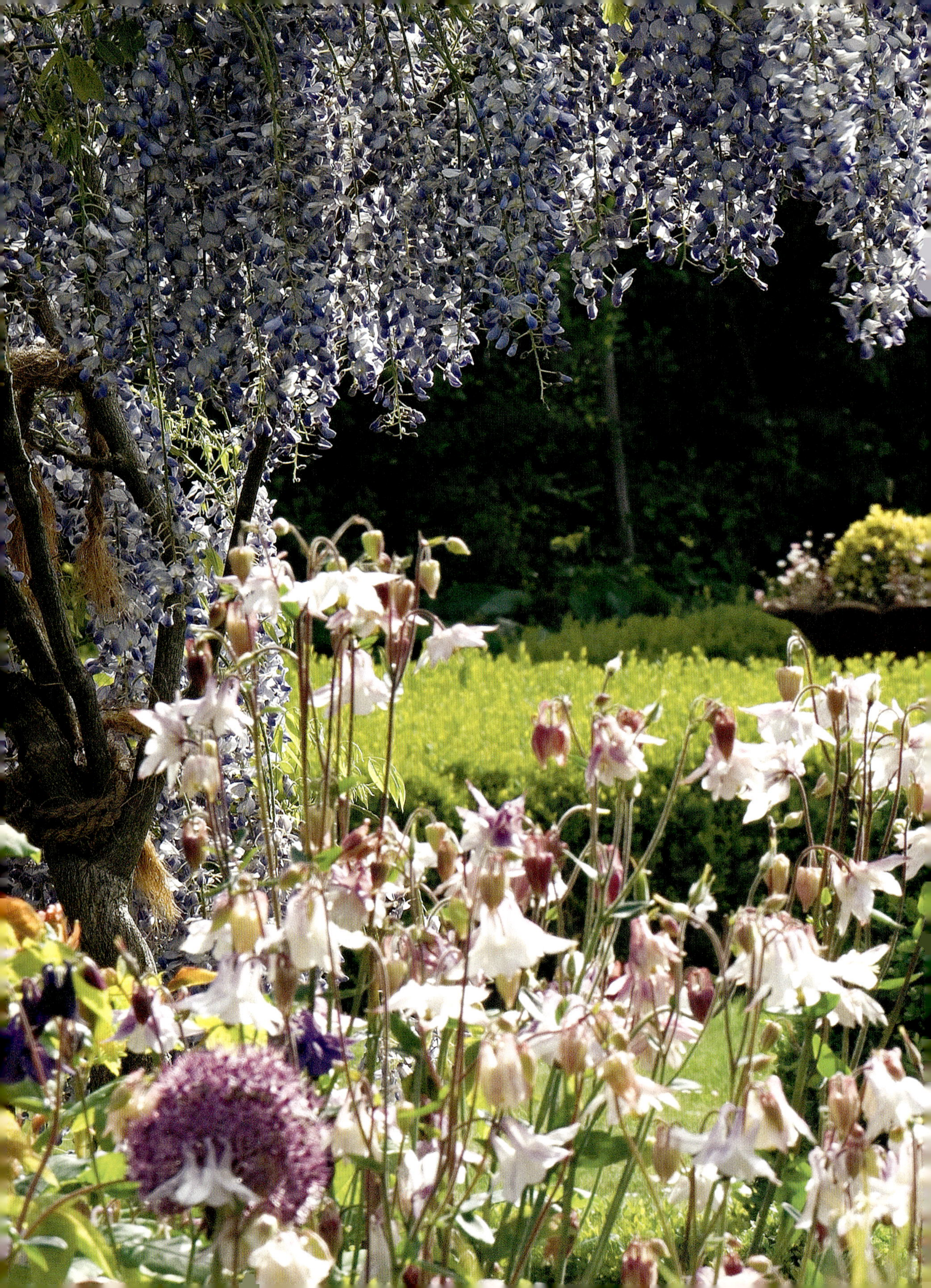

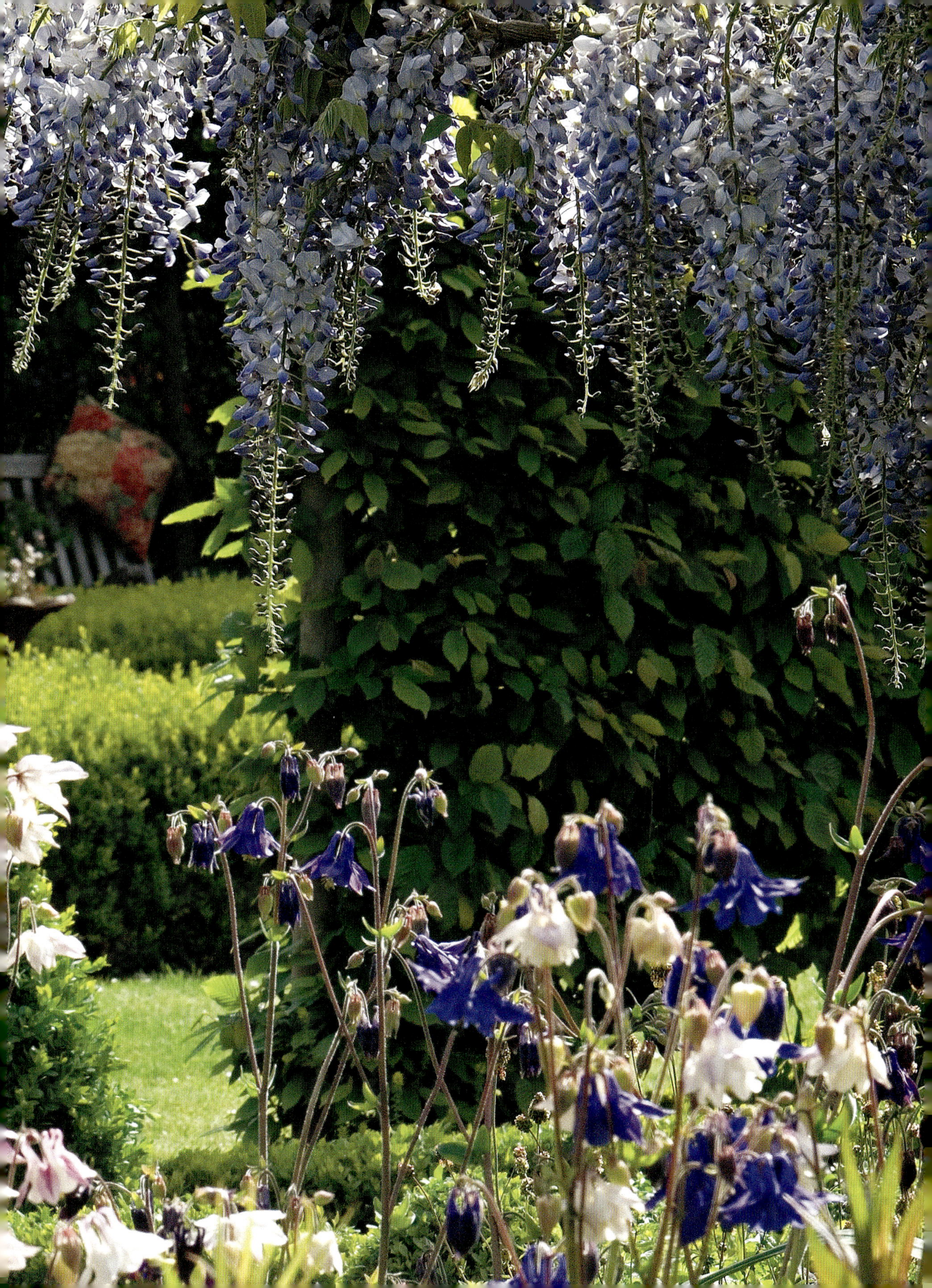

Im dritten Schritt

Die Kräuterschnecke

*Wie fruchtbar ist der kleinste Kreis,
wenn man ihn wohl zu pflegen weiß.*
Johann Wolfgang von Goethe

Die Schnittlauchblüte *Allium schoenoprasum* in der Kräuterschnecke sieht nicht nur gut aus, sondern schmeckt auch köstlich.

Die Kräuterschnecke (rechts) liegt eingebettet in der schimmernden Pflasterung und verspricht das ganze Jahr aromatische Kräuter für die Familienküche.

Den Platz der Kräuterschnecke nahm früher die prächtige Hauslinde ein. Dass sie gefällt werden musste, hat mir schwer zu schaffen gemacht. Bereits im Vorfeld ahnte ich, dass wir sie nicht würden retten können. Sie ist wie die anderen Bäume dem Wasser und der Bodenverdichtung zum Opfer gefallen. Da wir die Wurzel nicht entfernen konnten, ist aus der Not eine Tugend entstanden. Wir haben aus gesammelten Steinen eine Kräuterschnecke über den Stumpf der Linde gebaut, mit magerem Boden, insbesondere Sand aufgefüllt und mit den verschiedensten Kräutern bepflanzt. Der Erfolg gibt uns Recht. Die Kräuter wachsen prächtig und wir können Kümmel, Estragon, Schnittlauch, Knoblauch, Fenchel, verschiedene Sorten Thymian, Majoran und vor allen Dingen Salbei und Rosmarin ernten. Gleich bei der Anlage der Schnecke haben wir sie rundum mit einem Mulchweg und einem Zugang zum Küchensitzplatz versehen, um sie in die Gestaltung einzubinden und um sie trockenen Fußes erreichen zu können. Den Weg haben wir mit Buchsbaumkugeln gesäumt, um der Schnecke einen optischen Rahmen und Halt zu geben. Sie liegt gegenüber dem Kücheneingang und ist nicht nur hübsch anzusehen, sondern damit auch äußerst praktisch platziert. Selbst im Winter kann ich problemlos Kräuter ernten.

Inmitten der Kräuterschnecke thront eine Sandsteinskulptur, die dem Beet Höhe verleiht und im Frühjahr die Farben des blühenden Thymians und der graublättrigen Kräuter aufnimmt.

Küchenweisheit

Hierbei handelt es sich um ein altes ostfriesisches Rezept.

Franks Käske:
Legen Sie 500 g fetten Quark in die Mitte eines Küchenhandtuchs. Nun geben Sie 1 Esslöffel grobes Meersalz und 2 Esslöffel Kümmel oben drauf. Alles mit einer Gabel gut durcharbeiten. Die Enden des Handtuchs zusammenlegen und das Ganze mit Bohntjeband oder Metzgerband verschnüren. An einem fliegenfreien Ort aufhängen und über einem Spülstein oder einer Schüssel zwei Tage austropfen lassen. Der Käske ist dann ganz trocken und durch Salz und Kümmel sehr würzig.
Bohntjeband ist eine Art Paketband, an dem in Ostfriesland die sogenannten Updrögt Bohnen (eine besondere Bohnenart) zum Trocknen aufgefädelt werden.

Rosmarinbrot im Topf:
1 Päckchen Trockenhefe mit 500 g Mehl, 50 g flüssiger Butter, 1 Teelöffel Meersalz und 2–3 Teelöffeln fein gehackten Rosmarinnadeln mit dem Knethaken verrühren und langsam 200 ml lauwarmes Wasser beimengen. Wie gewohnt an einem warmen Ort mindestens 30 Minuten gehen lassen. Einen sauberen Blumentopf (12 cm Ø) einfetten und mit Alufolie auslegen. Den Teig, nachdem er noch einmal gründlich durchgeknetet wurde, in den Topf geben, wiederum mit Rosmarinnadeln bestreuen und im vorgeheizten Backofen bei 180 °C ca. 1 Stunde backen. Wenn Ihnen die Zeit hierfür fehlt, bietet sich die schnelle Variante an:
Einen fertigen Pizzateig mit frisch gehackten Rosmarinnadeln, Meersalz und gutem Olivenöl belegen und wie gewohnt backen. Eine einfache Köstlichkeit, die herrlich mit verschiedenen Pestosorten schmeckt. Aber dazu später mehr.

Im dritten Schritt

Das Karree

Eine Umfriedung des gesamten Gartens
ist für seine Atmosphäre der Abgeschiedenheit wichtig
und verleiht selbst einem großen Garten
eine Aura der Verschwiegenheit,
sodass sich beim Durchschreiten Ergriffenheit einstellt.
Julie Moir Messervy
Contemplative Gardens

Als wir den Hof kauften, standen entlang der gesamten Grundstücksgrenze Erlen, Ahornbäume, eine große Pappel und Holunderbüsche. Ein schwerer Herbststurm vernichtete in einer Nacht mehrere stattliche Ahornbäume. Wir waren sehr betroffen, da es doch dieser das Grundstück umgebende Grüngürtel, eben das Karree, gewesen war, das wesentlich zur Atmosphäre des Hofes beigetragen hatte. Schweren Herzens, trost- und mutlos, zersägten wir die umgestürzten Bäume und legten zunächst eine Totholzhecke an. Sie ist inzwischen ganz dicht und schlägt teilweise wieder aus. Insbesondere der Ahorn scheint sich nicht unterkriegen zu lassen und strebt nach neuem Leben. An die Außenseite der Hecke habe ich alle überflüssigen, üppig wuchernden Stauden gesetzt, um auch von dort ein freundliches Willkommen zu bieten.

Die Totholzhecke gibt uns Windschutz, Vögeln, Igeln und anderen Tieren bietet sie ein willkommenes Zuhause. Wir setzten zunächst Weidenruten, die uns Freunde gerne abtraten, um in relativ kurzer Zeit einen neuen Sichtschutz zu erreichen. Gleichzeitig pflanzten wir neue kleine Bäume und blühende Sträucher, die inzwischen wieder zu einer geschlossenen Hecke zusammengewachsen sind. Einen Zaun hat unser Grundstück nicht, aber die alte Bepflanzung und auch die neu angelegte Hecke stellen eine Begrenzung „unseres" Grundstücks dar. Haus und Garten sind so zum geschützten Rückzugsort geworden. Für die Naturgewalten und die Tiere bildet die Totholzhecke jedoch kein Hindernis. Gott sei Dank! Licht, Wind, Sonne, Regen, Igel, Mäuse, Bienen, Hummeln, Schmetterlinge, Vögel haben trotz Einfriedung Zugang zu unserem Garten. Dadurch bleibt er zu jeder Zeit lebendig und Teil der Schöpfung.

Zur Gartenseite gelegen ist die Bepflanzung des Karrees in Gelb angelegt, um in diesen dunkleren Bereich etwas Farbe und Leben hineinzubringen. Seltsamerweise blüht in diesem Teil des Gartens eine Fackellilie, *Kniphofia*. Eigentlich hat sie zu wenig Sonne und im Winter habe ich sie bisher schändlich vernachlässigt, denn sie benötigt Winterschutz, um zu überleben. Dennoch hat sie bisher jedes Jahr geblüht. Vielleicht braucht sie zur vollen Entfaltung die vernachlässigende Freiheit, ähnlich einem Jugendlichen in der Pubertät. Dem geht es auch am besten, wenn die Beachtung durch die Eltern nicht allzu groß, aber im Hintergrund für den Notfall immer jemand verfügbar ist. Es fällt uns nicht immer leicht, den Kindern ihren Weg zu lassen, ohne uns allzu sehr einzumischen. Hier lässt sich die Art und Weise des Gärtners wieder in unseren Alltag übertragen. Ein wenig Vernachlässigung und Nichtbeachtung tut dem Garten in Einzelbereichen wohl und gibt ihm den Charme des „Natürlichen". Den Menschen, die wir lieben, müssen wir ebenso Freiräume einräumen; wir müssen sie loslassen können. In keinem Fall dürfen wir, bildlich gesprochen, in ihrem Garten gärtnern. Dies gilt für die Kinder ebenso wie für den Partner. Lassen wir den Garten unserer Liebsten in Ruhe, werden sie uns

Der Blick schweift entlang des Karrees und der Buchenhecken über den Rasenweg in Richtung Teich; hier wird deutlich, welche enorme perspektivische Wirkung durch Hecken erzielt werden kann.

Im dritten Schritt

Mohnblüten leuchten wie Seidenpapier in der Sonne. Der Mohn hat sich im Rasen vor dem Oktoberbeet selbst ausgesät.

Die alten Tonkrüge (rechts) bilden den Endpunkt des Rasenweges vor dem Rosenwall. Im Hintergrund ist der Pavillon zu sehen.

vielleicht überraschen, was sie mit und aus ihrem Garten gemacht haben. Es ist Ausdruck des Respekts und der Wertschätzung, wenn wir jeden als seinen eigenen Gärtner im äußeren und inneren Garten arbeiten lassen.

Das zur Gartenseite gelegene Beet des Karrees hat, wie fast alle Beete, eine Randbepflanzung. Hier besteht sie aus selbst gezogenen, noch kleinen Buchsbaumkugeln, die sich mit Frauenmantel abwechseln. Meine Vorliebe für Beeteinfassungen aus einer Sorte geht sicherlich auf den Garten meiner Mutter zurück, die die gepflegten, stets geharkten weißen Sandwege mit verschiedenen Polsterpflanzen in langen geschwungenen Bändern einfasste. Ein Bild, das sich in meinem Gedächtnis festgesetzt hat und dem ich mit meinen geschlossenen Staudenbändern, die allerdings zwangloser in Wirkung und Form sind, entspreche. Fast scheint es mir, als hätten die Beeteinfassungen die Wirkungen der Tortenspitze und brächten erst so den Inhalt zum Strahlen.

Die durchgängige Randbepflanzung für einen Gartenbereich schafft ein in sich schlüssiges Bild, sozusagen die Klammer für diesen Raum. Gleichzeitig vermittelt das einheitliche Erscheinungsbild Perspektive und Weite.

Rasenkanten und Beeteinfassungen

Alle an den Rasen angrenzenden Beete haben eine Steinkante in unterschiedlicher Form erhalten. Teilweise haben wir, wie in Ostfriesland üblich, rote Pflastersteine als Zickzackmuster in die Erde eingelassen, teilweise haben wir eine Reihe Pflastersteine hochkant gesetzt und davor noch eine flache Reihe als Mähkante gelegt. Die Steinkanten ergeben ein hübsches Bild und sind zudem praktisch, da sie verhindern, dass der Rasen in die Beete wächst. Eine preiswerte hübsch anzuschauende, in dieser Gegend verbreitete Rasenkante sind eng aneinandergesetzte farbige Flaschen, sodass nur der Flaschenboden zu sehen ist. Diese Möglichkeit haben wir in unserem Garten allerdings noch nicht ausprobiert. Die Strenge der Steineinfassungen wird durch Pflanzenbänder, die sich teilweise sanft über die Steine legen, abgemildert. Neben den Buchsbaumeinfassungen habe ich als Beeteinfassungen Katzenminze *Nepeta* x *faassenii* 'Walkers Low' und *N.* x *faassenii* 'Six Hills Giant' ebenso wie Frauenmantel *Alchemilla mollis*, die Funkien *Hosta* 'Golden Tiara' und *Hosta sieboldiana* 'Elegans' als auch die *Bergenien* 'Eroica', 'Silberlicht', eine namenlose *Bergenie* und die ebenfalls namenlose *Pulmonaria* verwendet. In der Einfahrt habe ich die Herbstanemone 'Septembercharme' als durchgehendes, den Besucher willkommen heißendes Band gepflanzt. Die Bänder schaffen jeweils einen Abschluss zur Rasen- oder Pflasterfläche. Sie lassen sich leicht pflegen, da sie einheitliche Pflegeansprüche haben.

Im dritten Schritt

Das Oktoberbeet

Es ist mit der Liebe wie mit Pflanzen:
Wer Liebe ernten will, muss Liebe säen.
Jeremias Gotthelf

Das Brunnenhäuschen teilt die längsseitige Grundstücksgrenze in das Beet des Karrees und das Oktoberbeet. Im Brunnenhäuschen haben wir die Pumpe versteckt. Wir haben es aus alten Torfbrandklinkern mit einem Holzdach errichtet. Das Dach kann komplett abgehoben werden, um die Pumpe im Winter herausheben zu können.

Im Anschluss an das Karree ist in der dritten Phase das Oktoberbeet entstanden. Es sollte ein Garten der Wildnis werden. Ich habe dort verschiedene Wildrosen gepflanzt, die im zeitigen Frühjahr ein zauberhaftes, duftendes Bild bieten. Die *Rosa* 'Bourgogne' blüht im Frühling in Zartrosa. Sie bewahrt sich ihren spektakulären Auftritt jedoch bis zum Herbst auf. Dann hat sie leuchtend rote pendelförmige hängende Hagebutten und gilt als die Rose mit den schönsten Früchten. Die Hechtrose *Rosa glauca* liebe ich besonders wegen ihres graublauen Laubs, das mit den zartrosa Blüten eine perfekte Harmonie ergibt. Ihre roten Hagebutten nehmen im Herbst einen herrlichen kupfrigen Purpurton an. Die Hundsrose *Rosa canina* ist inzwischen so stark gewachsen, dass wir sie entfernt haben. Besonders schön und von mir wegen ihrer klarroten Blüte geliebt, ist die *Rosa moyesii* 'Geranium', die auch im Herbst zauberhaft mit ihren flaschenförmigen roten Hagebutten aussieht. Die erste in unserem Garten blühende Rose ist die zartweiße bis hellgelbe *Rosa pimpinellifolia* (Bibernellrose = Dünenrose), deren Blüten sich nach Honig duftend eine nach der anderen an den langen Zweigen öffnen. Im Frühling blühen zu den Wildrosen zahlreiche blaue Anemonen, *Scilla* und eine große Anzahl der wunderbar duftenden Dichternarzisse und verschiedene, frühe und späte Osterglocken und Vergissmeinnicht. Aus etwa zehn einst gekauften Pflanzen kann ich jedes Jahr so viele versamen, dass der Garten im Frühjahr von einem blauen Teppich überzogen ist. Alljährlich fahre ich im Frühjahr ungezählte Schubkarren verblühter Vergissmeinnicht ab. Ich verwende sie als Mulchmaterial im Karree und in der Einfahrt.

Das klare Blütenrot der Wildrose *R. moyesii* unterstreicht die graublaue Laubfarbe der Wildrose *R. glauca* im Oktoberbeet und schafft ein zauberhaftes Frühsommerbild. Scheint die Abendsonne durch ihre Blüten hindurch, wirken sie geradezu transparent.

Mulchmaterial
Einjährige Vergissmeinnicht, das Laub und die Blüten des Frauenmantels, der Katzenminze und des Beinwells eignen sich ebenso wie Rasenschnitt wunderbar als Mulchschicht zur Unkrautunterdrückung und Verbesserung der Bodenstruktur. So können Sie zwei Fliegen mit einer Klappe schlagen. Sie nutzen die Vorteile des Mulchens und säen damit gleichzeitig Neues aus. Soll der Samen aufgehen, müssen Sie jedoch rechtzeitig das Mulchmaterial entfernen, um Licht und Luft an die Samen zu lassen.

Die lachende Sonne zwinkert dem Besucher zu.

Aber der eigentliche Höhepunkt dieses Beetes wartet bis zum Ende des Gartenjahres, bis zum Oktober. In diesem Monat ist meine Tochter Marie-Sophie geboren. Dieses Beet habe ich angelegt, als sie für ein Jahr zum Schüleraustausch in Argentinien war. Während ihrer Abwesenheit hat mich dieses Urgefühl des Mutterseins eingeholt. Ich war nicht darauf vorbereitet, dass mich solche Emotionen noch einmal mit einer nahezu erwachsenen Tochter treffen könnten. Ich musste mich orientieren und fand wieder einmal im Garten Möglichkeiten, meinen Gefühlen Ausdruck und Gestalt zu verleihen. Die Kraft und der Mut meiner Tochter und meine Trauer waren Antriebsfeder für die Gestaltung des Oktoberbeetes. Es spiegelt die Kraft und die Zähigkeit im Aus- und Durchhalten wider. Im Oktober ist dieses Beet ein Blütenmeer roter und blau wogender Herbstastern auf starken unbeugsamen Stielen, die dem Beet ihren Stempel aufdrücken. Die Wildrosen unterstreichen dieses späte Herbstbild mit ihren unterschiedlichen herrlichen Hagebutten. Die Wildrosen und die neu angepflanzten Bäume sind im Oktoberbeet inzwischen so dominant geworden, dass den Herbstastern die Sonne fehlt. Sie gehen immer mehr zurück und lassen trotz Teilung in ihrer Blühfreude nach, da sie zu stark bedrängt werden und das Beet zunehmend verschattet. Ich werde sie an dieser Stelle vielleicht nicht retten können, da die Bäume hier wachsen sollen und zukünftig den Schattenbereich noch verstärken werden.
Mit diesem Beet verbinde ich das unglaubliche Naturschauspiel, das wir den ganzen Winter bis in den Frühling genießen können. Irgendwann im Oktober hören wir den ersten Schrei der Wildgänse, noch bevor wir sie sehen können; dann ziehen sie in majestätischer Formation über unsere Köpfe hinweg. Fast jeden Abend und jeden Morgen vollzieht sich dieses gigantische optische und akustische Schauspiel. Morgens fliegen die Gänse ihre

Futterplätze im Hinterland an und abends kehren sie in die Salzwiesen zum Schlaf zurück. Manchmal sind es nur ein paar wenige, manchmal sind es Hunderte von Gänsen, die laut schreiend über unsere Köpfe fliegen. Wegen dieses ersten Schreis der Gänse liebe ich die Herbstarbeit im Garten. Es berührt mich immer tief und in mir macht sich der Wunsch breit, „ich wär gern mitgeflogen". Und so schließt sich der Kreis. Manches Mal hätte ich mir gewünscht, ein Vogel zu sein und einfach zu meiner Tochter zu fliegen. Anfangs wollte ich es nicht glauben, dass die Gänse aus Sibirien und Spitzbergen kommen, um bei uns zu überwintern. Sie kommen zu Tausenden, Abertausenden und beziehen die hinter dem Deich liegenden Salzwiesen als Winterquartier. Die Landwirte sind von diesen Gästen nicht besonders begeistert, da sie sich an ihrem Wintergetreide gütlich halten. Ich dagegen begrüße sie in jedem Herbst mit der gleichen Willkommensfreude. Vielleicht rührt dieses Schauspiel aber auch deshalb so sehr an mein Herz, weil es mich in Kinderzeiten zurückträgt und mir das Lied ins Ohr flüstert: „Kommt ein Vogel geflogen, setzt sich nieder auf meinen Fuß, hat einen Zettel im Schnabel von der Mutter einen Gruß ...?" Der Garten ist der Spiegel der Seele.

Die flaschenförmigen Hagebutten der *Rosa moyesii* prägen neben den anderen Hagebutten der Wildrosen das Herbstbild im Oktoberbeet.

Im dritten Schritt

Hortensienbeet

Wer nahm das Rosa an? Wer wusste auch,
dass es sich sammelte in diesen Dolden?
Wie Dinge unter Gold, die sich entgolden,
entröten sie sich sanft, wie im Gebrauch.
Dass sie für solches Rosa nichts verlangen.
Bleibt es für sie und lächelt aus der Luft?
Rainer Maria Rilke

Die hinter dem Haus gelegene Grundstücksfläche ist durch eine bereits vorhanden gewesene Weißdornhecke und eine Baumreihe aus Buche, Kastanie, Eiche und Birke gegliedert. Wie alles auf dem Grundstück war auch dieser Streifen stark verwahrlost. Nachdem ich den Bereich von Unrat, Müll und Brennnesseln befreit hatte, ließ mich die Vorstellung, hier ein Hortensienbeet anzulegen, nicht mehr los. Der Platz schien mir aufgrund seiner schattigen Lage geradezu ideal. Dem Verlauf der vorhandenen Baumhecke folgend, legten wir zunächst die Form des neuen Beetes fest und bepflanzten diese Fläche fast ausschließlich mit Hortensien *Hydrangea macrophylla* gesäumt von *Bergenien* 'Eroica', 'Silberlicht' und einer namenlosen *Bergenie*. Sie geben mit ihren wundervollen Blättern dem Beet Halt und begrenzen es. Das Laub färbt sich im Herbst tief dunkelrot und ergibt eine perfekte Farbkomposition zu den verblühenden Hortensien. Herrlich morbid. An den äußeren Rundungen des Beetes findet sich jeweils die Strauchrose 'Fritz Nobis' und mitten zwischen den Hortensien die Rose 'Ballerina'. Ihre Blüten stehen in kleinen Blütendolden beieinander, ähnlich der einzelnen Hortensienblüte; sie schweben einer Ballerina gleich über dem Beet. Am Ende des Hortensienbeetes steht angelehnt an die Birke, übrigens die Einzige des Gartens, der Rambler 'Paul's Himalayans Musk'. Jeden Herbst und jedes Frühjahr ist ein Leitergang fällig, um die unbändig wachsenden Rosenzweige aufzubinden. Er hat die Baumspitze fast erreicht und ergießt sich von Jahr zu Jahr üppiger aus der Birke. Die blühende Ramblerrose gibt im Frühsommer ein unvergleichlich schönes Bild. Nahtlos gehen die Rosen 'Fritz Nobis' und der Rambler ineinander über und sind in überschwänglicher Fülle mit Rosenblüten übersät. Direkt neben der Birke stehen die ersten am Hof gepflanzten Rosen. Ich habe sie im Bündel zu zehn Stück namenlos auf dem Wochenmarkt gekauft. Sie blühen in einem zarten Rosa, fast ungefüllt und nahezu ohne Duft. Es könnte eine 'Bonica 82'® sein. Manches Jahr zeigt die Rose ihre Blüten noch im Januar. Für den Frühling habe ich weiß blühendes *Allium* und rosafarbenen Rosenkugelwaldmeister dazu gepflanzt. Für die ersten Blüten des Jahres sorgen, neben einem großen Horst Narzissen, gefüllte und ungefüllte Schneeglöckchen. Für den Frühling habe ich große Mengen Lungenkraut *Pulmonaria* und frühe, gelbe, kleinblütige Narzissen 'February Gold' sowie etwas später blühende großblumige Narzissen gesetzt. Zum Einzug habe ich von meiner Gartenfreundin Anke einen Ableger eines blau blühenden Lungenkrauts geschenkt bekommen, den ich zunächst in das sonnige Hausbeet gesetzt habe. Er ist so üppig gewachsen, dass ich ihn unentwegt teilen und mittlerweile das Hortensienbeet und den rückwärtigen Wildrosenwall damit fast füllen konnte. So erstrahlt das Hortensienbeet im Frühling in einem gelb-blauem Meer, dass, wenn es noch kalt ist, vom Schlafzimmerfenster betrachtet, verlockend den Morgen begrüßt. Gerade im Herbst und im Frühling ist es herrlich, Gartenbereiche vom Haus aus genießen zu können.

Die „Schöne" inmitten der blühenden Hortensien

Hydrangea macrophylla 'Blue Wave' (unten) im Hortensienbeet

Pflanzenbeschaffung

Die große Anzahl Bergenien habe ich im Räumungsverkauf eines holländischen Blumencenters preiswert erstanden. Beim Einsetzen stellte ich fest, dass ich die Pflanzen bereits teilen konnte, also hatte ich nicht nur jeweils eine, sondern gleich zwei oder drei Pflanzen. Zum jeweiligen Ende einer Saison kann man sehr häufig Sonderangebote finden. Beispielsweise habe ich so zum Ende der Primelzeit eine größere Anzahl von Etagenprimeln für den Teich erstanden. Es macht nichts, wenn die Blumen verblüht sind. Das ist mir in diesem Fall gleichgültig, denn es reicht mir, wenn sie im nächsten Jahr blühen. Grundsätzlich warne ich jedoch davor, billige Pflanzen im Baumarkt zu erstehen, sie haben nicht annähernd die Qualität von Gärtnereipflanzen.

Wo bekommt man überhaupt in großer Menge unter Schonung des Geldbeutels Pflanzen her? Gartenfreunde geben immer gerne Ableger und Samen ab. Und auch das habe ich schon getan: Die Augen bei der Abfuhr von Grünabfall offen halten, so haben die blauen Wieseniris und eine Pfingstrose ihren Weg in meinen Garten gefunden. Sehen Sie in einem Garten eine besondere „Schöne", die Sie gerne hätten, schellen und fragen Sie, fast immer freut man sich über das entgegengebrachte Interesse und ist gerne bereit, Samen oder einen Sämling abzugeben. Viele Pflanzen sind auf diese Weise in meinen Garten eingezogen, sodass ich häufig keine genaue botanische Bezeichnung angeben kann. Hortensien lassen sich durch Absenken vermehren, das heißt ich biege einen Zweig herunter und bedecke ihn mit Erde. Es entsteht ein eigenständiger Ableger, der, wenn er kräftig genug ist, von der Mutterpflanze getrennt und an anderer Stelle eingepflanzt werden kann. Lungenkraut *Pulmonaria* vermehrt sich stark und kann im kleinen Garten leicht zu starkwüchsig sein. Für meinen großen Garten ist mir dies gerade recht. Ich teile die Pflanzen immer wieder, indem ich sie ausgrabe und dann mit den Händen auseinanderziehe; ich bin jedes Mal überrascht, aus wie vielen einzelnen kleinen Pflänzchen die Mutterpflanze besteht. Auf diese Art und Weise habe ich eine Vielzahl an Lungenkrautpflanzen bekommen und konnte nicht nur den Hortensiengarten damit füllen, sondern auch dem Wildrosenwall diese Frühlingsboten zu Füßen legen. Ich mag das Lungenkraut sehr. Das Rosafarbene sorgt in manchen Jahren bereits im Januar für die ersten Blüten. Ich bevorzuge jedoch grundsätzlich eher das blau Blühende, da die marmorierten Blätter eine wunderschöne Blattschmuckstaude sind. Ich schneide das Lungenkraut nach der Blüte vollständig bis auf den Boden zurück, da das Blatt nach der Blüte unansehnlich wird und zu Mehltau neigt. Die Pflanze treibt nach dem Schnitt wunderbar neu aus und erfreut dann mit ihren schön gezeichneten Blättern.

Bergenia-Hybride 'Silberlicht' und *Pulmonaria* geben dem Hortensienbeet auch im Frühling Farbe.

Im vierten Schritt

*Gott hat uns das Erinnerungsvermögen geschenkt,
damit es für uns Rosen im Dezember gibt.*
James Matthew Barrie

Im vierten Schritt

Im vierten Schritt erfuhr der Garten seine nachhaltigste Veränderung. Als wir den Hof übernahmen, gliederte eine Reihe alter Ahornbäume, die wir im Zuge der ersten Gestaltungsphase in den neu eingesäten Rasen integriert hatten, die Gartenfläche. Hierdurch war eine herrlich großzügige, fast parkähnliche Anlage entstanden, die durch die alten Bäume strukturiert wurde. Sie strahlte Weite und Ruhe aus. Wir hätten sie wahrscheinlich nicht wesentlich verändert, wenn nicht plötzlich all die wunderschön gewachsenen Ahornbäume und die mächtige Hauslinde ihre Blätter verloren hätten. Aber nicht nur die Bäume innerhalb des Gartens ließen die Blätter hängen, sondern auch die Bäume des Karrees. Wir holten Gartenbaumexperten, die das Baumsterben begutachteten. Von allen hörten wir, die Bäume seien nicht zu retten; sie stünden mit den Füßen im Wasser, was auf eine Bodenverdichtung durch die Baumaßnahme mit dem schweren Baugerät zurückzuführen sei. Uns blieb nichts anderes übrig, als sie zu fällen. Was nun? Ähnlich stattliche Bäume wieder anzupflanzen, konnten wir uns nicht leisten, darüber hinaus stand zu befürchten, dass sie nicht anwachsen würden, da sich die Bodenverdichtung nicht verändert hatte und innerhalb eines erträglichen Kostenrahmens auch nicht zu verändern war. In unserer Ratlosigkeit beauftragten wir einen renommierten Gartenarchitekten mit der Planung und Gestaltung unseres Gartens. Bereits nach kurzer Zeit hatten wir seinen Plan vorliegen, der jedoch nicht unseren Vorstellungen entsprach. Der Plan sah lediglich neben der Weißdornhecke zwei mit Buchsbaum umrandete Quadrate vor, ohne auf unser dringendstes Problem, die vorhandenen Baumstümpfe, einzugehen. Wir beschlossen, es selbst zu versuchen. Ich begann noch intensiver als zuvor, mich mit Gartengestaltung zu beschäftigen. Ich las unzählige Gartenbücher und Zeitschriften und wir besuchten Gärten, um Anregungen zu finden. Schnell wurde uns klar, dass wir einerseits die uns umgebende Landschaft in den Garten einbeziehen und Typisches der Umgebung integrieren wollten und andererseits einen Garten mit unterschiedlichen Räumen und Stimmungen nach englischem Vorbild und Strukturen eines bäuerlichen Hausgartens schaffen wollten. In meinem Kopf entstand eine ganze Wunschliste, die immer länger wurde. Nachdem wir uns so intensiv mit dem Garten auseinandergesetzt hatten, konnten wir uns darauf einlassen, dass der Verlust der

Bäume uns nicht nur etwas genommen, sondern uns auch geschenkt hatte. Wir konnten plötzlich den Blick auf den Deich und in die weite ostfriesische Landschaft genießen, der uns bisher durch die vorhandenen Bäume verwehrt gewesen war. Wir beschlossen, einen Teil der Grundstücksgrenze nicht erneut zu bepflanzen, sondern im Gegenteil eine breite Sichtachse zu schlagen, um so die Weite der Landschaft in den Garten einzubeziehen und ihm dadurch ebenfalls Raum und Weite zu geben. Ohne den Eingriff der Natur hätten wir vielleicht nicht den Mut gefunden, die vorhandenen alten Bäume zu schlagen, um das Grundstück nach außen zu öffnen. Nun können wir den Sommer über die weidenden Schafe auf dem Deich und im Winter zauberhafte Sonnenuntergänge bewundern. Die weidenden Schafe hatten immer mein Herz angerührt, begrüßen sie mich doch bei meiner Ankunft und rufen Bilder von großen ziehenden Schafherden meiner Kindheit in mir hervor. Der Vater und auch der spätere Ehemann meines langjährigen Kindermädchens waren Schäfer und wir besuchten oft deren Schafherden. So hatte sich bereits ein bis dahin unbekannter Wunsch erfüllt. Wir begannen gemeinsam, uns auf die Suche zu machen, wie wir die gestorbenen Ahornbäume inmitten des Gartens ersetzen könnten.

Während der nun folgenden Umgestaltungsphase erhielt der Garten seine, ihn bis heute am stärksten prägenden Gestaltungselemente.

Die weidenden Schafe auf dem Deich lassen den Garten größer erscheinen und beziehen die Weite der ostfriesischen Landschaft in den Garten ein.

Im vierten Schritt

Rosenwall unter den Linden

Erste Rosen erwachen,
und ihr Duften ist zag
wie ein leisleises Lachen;
flüchtig mit schwalbenflachen
Flügeln streift es den Tag;
Rainer Maria Rilke

Die herrlichste Rose unseres Gartens: die 'Rose de Resht'. Wir haben sie in großer Anzahl für den Rosenwall unter den Linden verwandt. Während ihrer Blütezeit versetzt sie uns mit dem Lavendel in einen nicht zu beschreibenden Duftrausch.

Einen Sommer lang gingen wir in unserer näheren Umgebung auf Entdeckungsreisen, um festzustellen, welche Art von Baumbepflanzung für unsere Art von Gulfhof von jeher gebräuchlich ist. Vor vielen alten Gulfhöfen fanden wir Lindenspaliere, die parallel zur Längsachse des Hauses gepflanzt waren. Es soll die Feuchtigkeit vom Haus fernhalten und ihm Schutz vor Stürmen bieten. So entstand die Idee des Lindenspaliers. Es entsprach damit unserer Vorgabe, die charakteristischen Merkmale unserer Umgebung aufzunehmen, und erfüllte unseren Wunsch nach Struktur schaffenden Gestaltungselementen. Die Wallhecken in der Umgebung von Aurich stehen, wie es der Name schon sagt, zum Schutz der Bäume vor nassen Füßen auf Wällen. Was lag näher, als beides miteinander zu verbinden und die Linden auf einen Wall zu pflanzen. Also machten wir uns auf die Suche nach Linden, die einerseits wasser- und windverträglich sind und sich andererseits in Form ziehen lassen. Schließlich fanden wir Winterlinden, *Tillia cordata*. Wir wollten unsere Linden nicht nur zum Schutz vor dem Wasser auf den Wall pflanzen, sondern auch, weil wir die Wurzeln der abgestorbenen Bäume nicht ohne schweres Maschinengerät hätten entfernen können. Die Folge wären unangemessen hohe Kosten und eine weitere Bodenverdichtung gewesen. Also haben wir die Baumwurzeln im Boden belassen und einen Wall, in weiten Teilen der alten Bepflanzung folgend, aufgefüllt und mit Winterlinden bepflanzt. Wir ließen den Linden zunächst ein Jahr Zeit sich einzugewöhnen, spannten dann in drei Etagen starke Bambusstangen zwischen die Bäume und zogen so das Spalier. Wir wählten den Abstand der ersten Bambusstange zum Erdwall so hoch, dass uns der Blick auf den Deich nicht versperrt wird. Das Spalier ist zu jeder Jahreszeit das Grundgerüst unseres Gartens. Es prägt den Garten, gibt ihm eine vertikale Struktur, bildet im Sommer eine grüne Wand und zeigt im Winter eine klare Formensprache. Ohne Frage ist das Lindenspalier das entscheidende Merkmal unseres Gartens.

Der große Wall mit einer Länge von 35 Metern sollte zusätzlich bepflanzt werden. Eigentlich war es klar, dass es ein Rosenwall werden sollte. Ich wälzte Bücher und Rosenkataloge und schließlich entschieden wir uns für die 'Rose de Resht'. Eine

Die ausgeprägten Strukturelemente des Lindenspaliers und der Buchenhecken sind im Frühsommer besonders gut sichtbar.

Lindenspalier
Nachdem die Linden ein Jahr eingewachsen waren, machten wir uns daran, sie zu formen und ihnen die typische Struktur des ostfriesischen Lindenspaliers zu verleihen. Zugegeben, das Einflechten und Schneiden der Linden erledigten wir nicht selbst. Es sind einige der wenigen Arbeiten, die wir von einem Profi durchführen lassen. In drei Etagen wurden nun also die langen Bambusstangen angelegt und anschließend die langen und weichen Triebe daran festgebunden. Alle übrigen Triebe werden bis auf die Basis entfernt. Mittlerweile lassen wir die Linden zweimal im Jahr schneiden, einmal im zeitigen Frühjahr und das zweite Mal im Spätsommer. Dadurch erreichen wir, dass die Struktur des Lindenspaliers im Winter besser sichtbar ist.

Im vierten Schritt

Ein Blütenmeer der 'Rose de Resht' auf dem Rosenwall unter den Linden

robuste, unvergleichlich gut duftende Rose in einem kaum zu beschreibendem Farbton. 250 Rosen und 90 Lavendelpflanzen habe ich bestellt; ich fühlte mich ungeheuer verschwenderisch und als sie gepflanzt waren, war ich so unglaublich stolz und so voller Erwartung auf das nächste Frühjahr, dass ich es kaum zu beschreiben vermag.

Die Rose hat all unsere Erwartungen erfüllt. Sie blüht üppig und verströmt einen betörenden, geradezu sinnlichen Duft. Die Blüte des Rosenwalls ist der Höhepunkt jedes Gartenjahres. Ihre Hauptblüte zeigt sie im Juni, dann blüht sie nicht mehr so verschwenderisch bis in den November. Wir haben die Entscheidung für die 'Rose de Resht' und die Art und Weise der Gestaltung noch keinen Tag bereut. Wir empfinden sie als perfekt. Unser Garten hatte mit einem Schlag Struktur und Gesicht bekommen.

Wir sind nicht sicher, ob die Rosen und die Linden dauerhaft miteinander harmonieren werden, da der Schattenwurf der Linden mit zunehmendem Alter der Bäume stärker werden wird. Aber wir hoffen, dass die Rosen bis dahin kräftig genug sind, um sich gegenüber den Linden zu behaupten.

Rosenpflege

Alle zwei bis drei Jahre versorge ich im Herbst die Rosen mit abgelagertem Pferdemist und im Frühjahr mit organischem Rosendünger. Eine weitere Rosendüngergabe erhalten die Rosen nach der ersten Hauptblüte im Juni. Verblühtes entferne ich bei der Rose 'Rose de Resht' aus Zeitmangel nicht regelmäßig; dies tut der zweiten Blüte jedoch keinen Abbruch. Die Hecke schneide ich im Frühjahr mit der Heckenschere stark zurück, wobei ich die Form des Walls aufnehme. Alle zwei bis drei Jahre schneide ich die Hecke im Frühjahr per Hand, um alle abgestorbenen und verletzten Äste herausschneiden zu können. Es entsteht eine Unmenge an Rosenschnitt, den ich an den offiziellen Tagen verbrenne. Ich liebe es, Feuer zu machen und gegen Abend am Feuer zu sitzen und ein Glas Wein zu trinken.

Für den richtigen Schnitt der einzelnen Rosen gibt es zahllose Anleitungen, die mich ständig verwirrt und verunsichert haben. Inzwischen habe ich mir ein Schema, in Anlehnung an den Clematisschnitt, zugelegt.

1. Gruppe Blüte im Frühling und Vorsommer: **Diese Rosen werden nicht geschnitten.**

Diese Rosen blühen, wie die frühen Clematis, am vorjährigen Holz und werden daher nicht geschnitten. Ist die Rose zu groß geworden, wird sie am besten nach der Blüte beschnitten. In diese Gruppe gehören die Ramblerrosen, die Wildrosen einschließlich aller frühjahrsblühenden Rosen, wie beispielsweise: R. 'Frühlingsgold', R. 'Maigold', R. 'Fritz Nobis' und R. 'Golden Wings'. In diese Gruppe gehören nicht die Rugosa-Rosen (Kartoffelrosen).

2. Gruppe (einmal blühende Strauchrosen): **Diese Rosen werden nach der Blüte im Sommer und Frühherbst geschnitten**

Auch diese Rosen blühen am vorjährigen Holz und würden die meisten Blüten verlieren, würde man sie im Frühjahr schneiden. Ich schneide sie daher direkt nach der Blüte, indem ich die Triebe, die höher gewachsen sind als die Triebe, an denen die Rose geblüht hat, bis zur Höhe der abgeblühten Blüten abschneide. Dabei kommt es nicht darauf an, darauf zu achten, direkt oberhalb eines Auges zu schneiden oder verbleibende Augen zu zählen. Wichtig ist vielmehr, dass der Strauch anschließend einen guten Gesamteindruck macht. Im Laufe des Sommers wachsen erneut vegetative Triebe, die sogenannten Angelruten, nach, die im Frühherbst noch mal auf dieselbe Art zurückgeschnitten werden. Diesen Schnitt wende ich bei allen einmal blühenden alten Strauchrosen an, beispielsweise R. 'Charles de Mills', R. 'Ferdinand Pichard', R. 'Königin von Dänemark', R. 'Tuscany Superb', R. gallica 'Officinalis'.

3. Gruppe öfter blühende Strauchrosen: **Sie werden im Frühjahr und nach der ersten Blüte geschnitten.**

Diese Rosen erhalten einen kräftigen Frühjahrsschnitt. Ich schneide alle guten Triebe auf dieselbe Länge zurück, um so zu erreichen, dass alle gleich gut versorgt werden. Die Empfehlungen zur Schnitthöhe variieren stark. Ich schneide sie in etwa auf die Vorjahreshöhe zurück, nur die Rugosa-Rosen kürze ich am Rosenwall mit der elektrischen Heckenschere um etwa zwei Drittel.

Nach der ersten Hauptblüte schneide ich nicht nur das Verblühte heraus, sondern schneide bis zum nächsten gut entwickelten Blatt zurück, beziehungsweise achte ich auch hier wieder darauf, dass alle starken Triebe etwa die gleiche Länge erhalten. Manche der zu dieser Gruppe gehörenden Rosen, wie die R. 'Abraham Darby'® schneide ich im Spätherbst noch mal um ein Drittel zurück, um Schäden durch Stürme zu vermeiden. Zu dieser Gruppe gehören bei mir R. 'Westerland'®; R. 'Schneewittchen'; R. 'Lichtkönigin Lucia'®; R. 'Graham Thomas'.

Diese Methode berücksichtigt nicht die Feinheiten und Besonderheiten der einzelnen Rosenarten, ist aber für mich genau richtig und hat bisher zu guten Erfolgen geführt.

Nach dem ersten Blattaustrieb im Frühjahr spritze ich die Rosen vorbeugend gegen Pilzkrankheiten mit jährlich wechselndem Produkt. Dem Phlox, der Indianernessel und den Stockrosen lasse ich ebenfalls eine kleine Spritzkur zukommen. Soweit sich die Notwendigkeit ergibt, spritze ich ein zweites Mal. Gegen Blattläuse und andere saugende Insekten spritze ich in der Regel nicht, da ich die Erfahrung gemacht habe, dass sie nach kurzer Zeit wieder verschwinden.

Im vierten Schritt

Der Rosengang

Es ging aber die Sage von dem schönen schlafenden Dornröschen,
denn so ward die Königstochter genannt, als dass von Zeit zu
Zeit Königssöhne kamen und durch die Hecke ins Schloss dringen wollten. Nun waren
gerade die hundert Jahre verflossen, und der Tag war
gekommen, wo Dornröschen wieder erwachen sollte. Als der Königssohn sich der
Hecke näherte, waren es lauter große schöne Blumen.
Gebr. Grimm

Folgende Doppelseite: Dornröschenatmosphäre im Rosengang durch die üppig blühende 'New Dawn'

Seit meinem Geburtstag hat sich am Ende des Christophorusbeetes ein weiterer Traum erfüllt: ein Rosengang, entworfen, gezeichnet und gebaut von Reinhard. Er ist aus Bewehrungseisen konstruiert und nimmt die Proportionen des Hauses und des Rosenwalls unter den Linden auf und setzt sie fort. Der Rosengang hat dem Garten eine weitere Vertikale gegeben und bietet dem Auge Perspektive. Er endet am Hortensienbeet.

Die Entscheidung, wie ich den Rosengang gestalten sollte, zog sich den ganzen Winter über hin. Fragen über Fragen drängten sich auf. Welche Rosen sind für einen Rosengang in dieser Größenordnung geeignet? Welche Farbe harmoniert mit den 'Rose de Resht' auf dem Rosenwall unter den Linden, ohne ihnen Konkurrenz zu machen? Oder wie wäre es mit einem Goldregentunnel? Es gab so viele Ideen. Welche Rose hält dem Wind stand? Soll ich eine Clematis dazusetzen, und wenn Ja, welche? Sollte ich alles in einer Sorte bepflanzen? Oder sollte ich mich an den unzähligen Möglichkeiten, die dieses wunderschön konstruierte Metallgebilde mir bot, erfreuen? Die Füße dieses neuen Beetes, wie sollten sie aussehen? Pflegeleicht? Frauenmantel? Katzenminze? Lavendel? In Massen oder gemischt?

Gartenbilder über Gartenbilder vermischten sich in meinem Kopf. Dann wurde mir mit einem Schlag klar, dass die Kunst in der Beschränkung liegen wird, entsprechend der Weisheit: „Weniger ist mehr." Ich beschloss daher, mich in der Auswahl der Pflanzen zu zügeln und mich einzig und allein auf das Wesentliche zu konzentrieren.

Ich wälzte und studierte Rosenbücher, um herauszufinden, welche Rosen am besten geeignet wären. Schließlich habe ich mich entschieden, die Rose 'New Dawn' zu pflanzen, mit Ausnahme

Rosenschnitt bei gezogenen Rosen
Die Rose 'New Dawn' im Rosengang haben wir zunächst in Serpentinen um die Eisensäulen geführt, um die Rose anzuregen, überall Blütenknospen zu bilden. Wir haben auch die vegetativen Triebe mit eingebunden, um die notwendige Höhe und ein möglichst geschlossenes Dach zu erhalten. Inzwischen sind die Rosen eingewachsen und ich beschneide sie wie die Gruppe zwei, die einmal blühenden Strauchrosen. Sobald die Rose mit beziehungsweise nach der ersten Blüte ihre langen neuen Triebe bildet, entferne ich alle und lasse nur das Grundgerüst stehen. Genauso verfahre ich während des ganzen Sommers und im Herbst noch einmal, um die Struktur des Rosenganges aufrechtzuerhalten und für eine neue reiche Blüte zu sorgen.

der ersten Spaliere. Diese tragen die Rose 'Albéric Barbier'. Die 'New Dawn' bietet viele Vorteile. Sie ist wüchsig genug, um das Rankgerüst zu erobern, robust genug, den Salzwinden zu trotzen, und bescheiden genug, um der 'Rose de Resht' mit ihrer Farbe nicht zu nahezutreten. Und sie hat noch eine wundervolle Eigenschaft: Sie putzt sich selbst und sie verwandelt den Rasenweg unter dem Laubengang in einen Blütenteppich.
Der Rosengang ist nun mit der Kletterrose 'New Dawn' sowie im Eingangsbereich mit der Rose 'Albéric Barbier' bepflanzt.

Rosen, so weit das Auge reicht. Auf der rechten Seite wird der Blick durch den Rosengang und links vom blühenden Rosenwall unter den Linden durch den Eibengarten in die weite Landschaft geleitet.

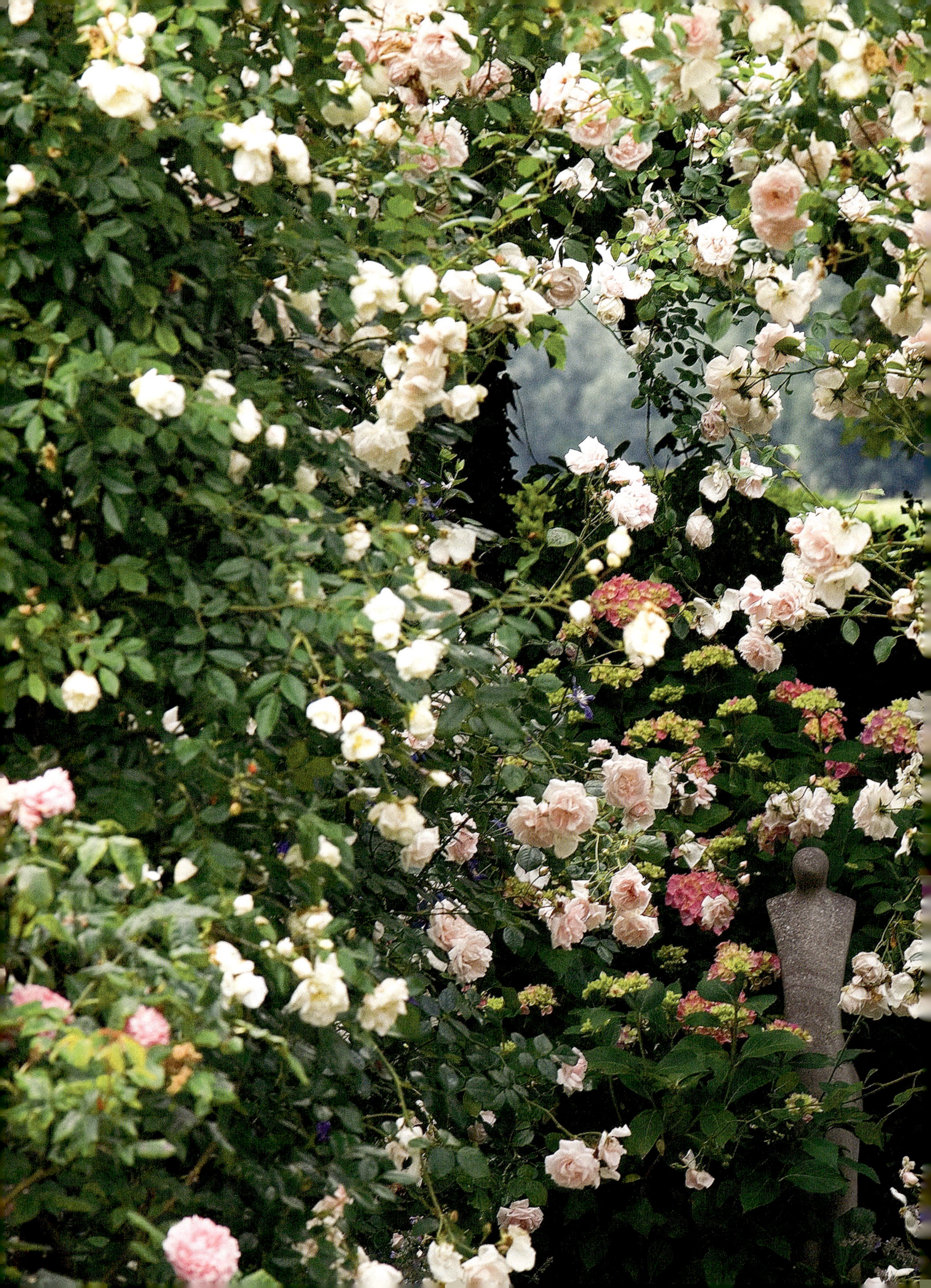

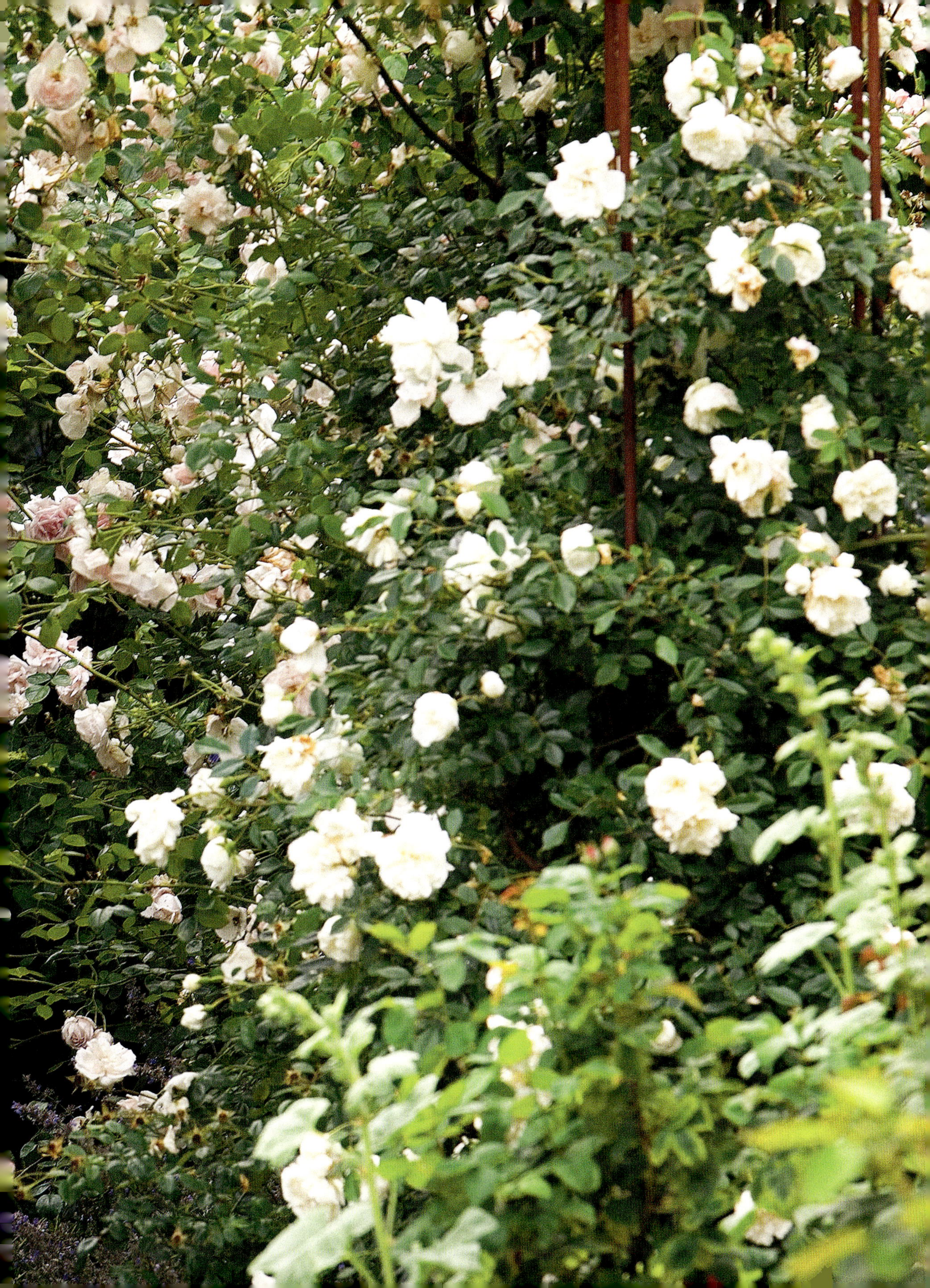

Praktisches aus Eisen

Die Bewehrungsstäbe aus Eisen werden eigentlich zur Herstellung von Betonbauteilen, zum Beispiel Betondecken, verwendet. Der Rosengang besteht auf jeder Seite aus sechs Säulen von etwa 30 mal 30 Zentimetern und 230 Zentimeter Höhe, die in einem gleichmäßigen Abstand von zirka 100 Zentimetern gesetzt sind. Durch die Verbindung der Säulen mit Quer- und Längseisen ist das Dach entstanden. Vier Säulen bilden jeweils ein Quadrat, das noch durch ein Kreuz ausgesteift ist. Der Rosengang wirkt durch die Eisenkonstruktion sehr filigran und leicht und ist dennoch stabil genug, die Last der Rosen zu tragen.

Im Garten sind mehrere Eisenbögen vorhanden, die Reinhard ebenso wie den Rosengang hat anfertigen lassen. Die Rosenbögen sehen quasi wie eine gebogene Leiter aus. Dies hat den Vorteil, dass man Stärke und Breite des Bogens den Gegebenheiten im Garten anpassen kann. Da sie ganz einfach gefertigt sind, sind diese Bögen nicht kostspieliger als Gekaufte, wenn nicht gar preiswerter. An einigen Stellen haben wir auch Bewehrungseisen selbst gebogen, um einen Bogen anzudeuten oder eine Rose aufzufangen. Wir suchen uns einen passenden, kräftigen Baum und biegen das Eisen um dessen Stamm.

Die Staudenstützen haben wir uns ebenfalls aus Eisenstäben in verschiedenen Höhen biegen lassen. Als Stützen für die Bäume, insbesondere die Wisterienbäumchen und Rosenbäume, hat sich Reinhard dicke Eisenstangen mit einem Durchmesser von 3,5 bis 4,8 Zentimetern anfertigen lassen und diese mit einer Kugel als Endpunkt versehen. Es hatte sich herausgestellt, dass die gekauften, sehr hübschen Eisenstäbe bei uns nicht stabil genug waren und im Wind umknickten. Sie warten im Moment noch auf einen anderen Verwendungszweck.

Als wir den Hof übernahmen, fand ich auf dem Grundstück mehrere Eisenbögen in Form eines Halbkreises. Es stellte sich heraus, dass es sich um Zubehör einer alten Egge handelte. Ich habe diese Eisenbögen nachbauen lassen. Sie ergeben jetzt in Verbindung mit den alten Bögen einen zauberhaft geschwungenen Beetabschluss im Karree, wobei ich Bogen an Bogen gereiht mit der Spitze in die Erde gesteckt habe. Auf diese Weise ist eine preiswerte und dekorative Beeteinfassung entstanden.

Staudenschnitt im Sommer

Ich erzähle Ihnen gewiss nichts Neues, wenn ich beschreibe, dass ich sowohl die Katzenminze als auch den Frauenmantel und den wenigen in meinem Garten vorhandenen Rittersporn und die Lupinen nach der ersten Blüte beschneide, um zu erreichen, dass sie später im Jahr noch einmal blühen. Bei diesen Mengen ist das Schneiden sehr arbeitsaufwendig und vor allen Dingen strapaziert es stark die Handmuskulatur. Ich bin daher dazu übergegangen, die Pflanzenbänder entweder mit der kleinen Akkuheckenschere oder dem Rasenkantenschneider zu kürzen. Wenn möglich, setze ich für diese Arbeiten auch die elektrische Heckenschere ein, insbesondere bei starken Pflanzenstielen, wie beispielsweise bei den *Euphorbien*, den Astern und den *Ligularien*. Haben Sie die Möglichkeit den Rasenmäher einzusetzen, ist das noch einfacher.

Die Rose 'New Dawn' war genau die richtige Wahl. Während der Hauptblüte fühle ich mich in das Dornröschenschloss versetzt.

Am Ende des Rosenganges habe ich zu beiden Seiten die besonders früh blühende *Clematis* 'Early Sensation' als Vorfrühlingsboten dazu gepflanzt. Die weiteren Elemente haben mit der blauen *Clematis* 'Arabella' und mit der *Clematis* 'Romantica' neben der Rose einen weiteren Kletterer erhalten. Ich habe mir tatsächlich Beschränkung auferlegt und die Beete rechts und links ausschließlich mit Katzenminze *Nepeta* 'Walkers Low' bepflanzt. Diese Entscheidung war genau richtig. Allein dieses blaue Band ist im Sommer ein herrlicher Anblick. Bei jedem Hindurchschreiten verzaubert der zarte Rosenduft und das tausendfache Summen der Hummeln in der Katzenminze. Genauso hatte ich mir den Rosenbogen gewünscht. Am Ende des Rosenganges steht, halb in den Hortensien verborgen, die „Schöne", eine Skulptur aus einem weichen Sandstein, die den Endpunkt dieses beeindruckenden Gartenblickes bildet.

Der Rosengang mit den Eisenstützen aus der Ferne betrachtet mit dem dahinter verborgenen, verwunschenen Froschkönigsgarten

Die Rose 'New Dawn' (unten) durchwoben von Katzenminze prägt den Rosengang.

Im fünften Schritt

Man geht nie zweimal in denselben Garten.
Chinesisches Sprichwort

Im fünften Schritt

Im fünften Schritt entstand das Herzstück der heutigen Gartenanlage. Nachdem im letzten Schritt große bauliche Veränderungen in unserem Garten erfolgt waren, ließen mich meine Gartenträume dennoch nicht in Ruhe. Der Wunsch nach einem Buchsbaum umsäumten üppigen Blumengarten schwirrte immer noch durch meinen Kopf. Ich wollte an die Kindheitserinnerung des Bauerngartens meiner Großmutter anknüpfen. Angespornt durch die Gestaltungserfolge des vorangegangenen Gartenjahrs fertigte Reinhard wieder einmal seine Skizzen auf ein Stück Papier. Als er die erste Skizze an diesem Januartag fertig hatte, wussten wir beide, so soll es irgendwann werden. Eigentlich wollten wir uns mit der Realisierung Zeit lassen, weil ich fürchtete, die Arbeit nicht bewältigen zu können. Aber die Ungeduld und die Vorfreude stellten alle Bedenken in den Schatten. Hierzu mussten wir die Fläche zunächst vermessen und alle Strukturen aus der Handskizze übertragen. Wir hatten zuvor schon viele Ideen verworfen. Von diesem Entwurf waren wir beide so begeistert und überzeugt, dass wir es nicht abwarten konnten, ihn so bald als möglich umzusetzen. Da die Schneezeichnung nun schon einmal fertiggestellt war und deutlich machte, wie gut Reinhard die Proportionen getroffen und welch wunderbare Strukturen er geschaffen hatte, mussten wir sie auch dauerhaft festhalten. Es wäre zu schade gewesen, wenn dieser Plan verloren gegangen wäre. Also machte Reinhard sich in der Kälte an die Arbeit und grub die Spuren in den schneenassen Rasen. Damit waren sie festgehalten. So ist an diesem einen Tag in einem großen Entwurf das Lavendelbeet, das Esszimmer, das blaue Band, das Auge und das Sonnenauf- und Sonnenuntergangsbeet entstanden.

Nachdem nun der Plan feststand, hatte ich den ganzen Winter Zeit und Muße, mir über die Realisierung dieses Projekts Gedanken zu machen. Von vornherein stand fest, dass der mittlere, größte Teil des Entwurfs ein blauer Garten werden sollte, das Beet in den Sonnenfarben (bisher als Staudenbeet im Rasen liegend) integriert und die vorhandenen Lavendelpflanzen verarbeitet werden sollten. Pflanzpläne entstanden, wurden verworfen und durch Neue ersetzt, bis schließlich der endgültige Plan vorlag.

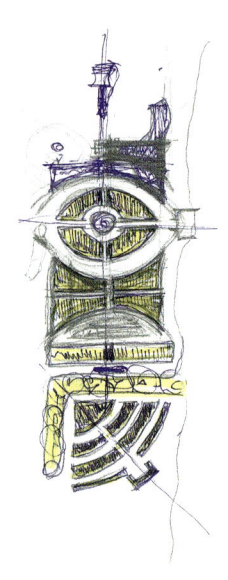

Die ersten Ideen meines Mannes als Scribble für den mittleren Gartenbereich; sie entstanden während eines guten Essens.

Die Strukturen des Lavendelbeetes, Esszimmers und des blauen Bandes haben wir bei schneenassem Wetter in den Rasen gezeichnet und so dauerhaft festgehalten. Auf diese Weise werden die Strukturen gut sichtbar und lassen sich noch einmal auf ihre Proportionen überprüfen.

Im fünften Schritt

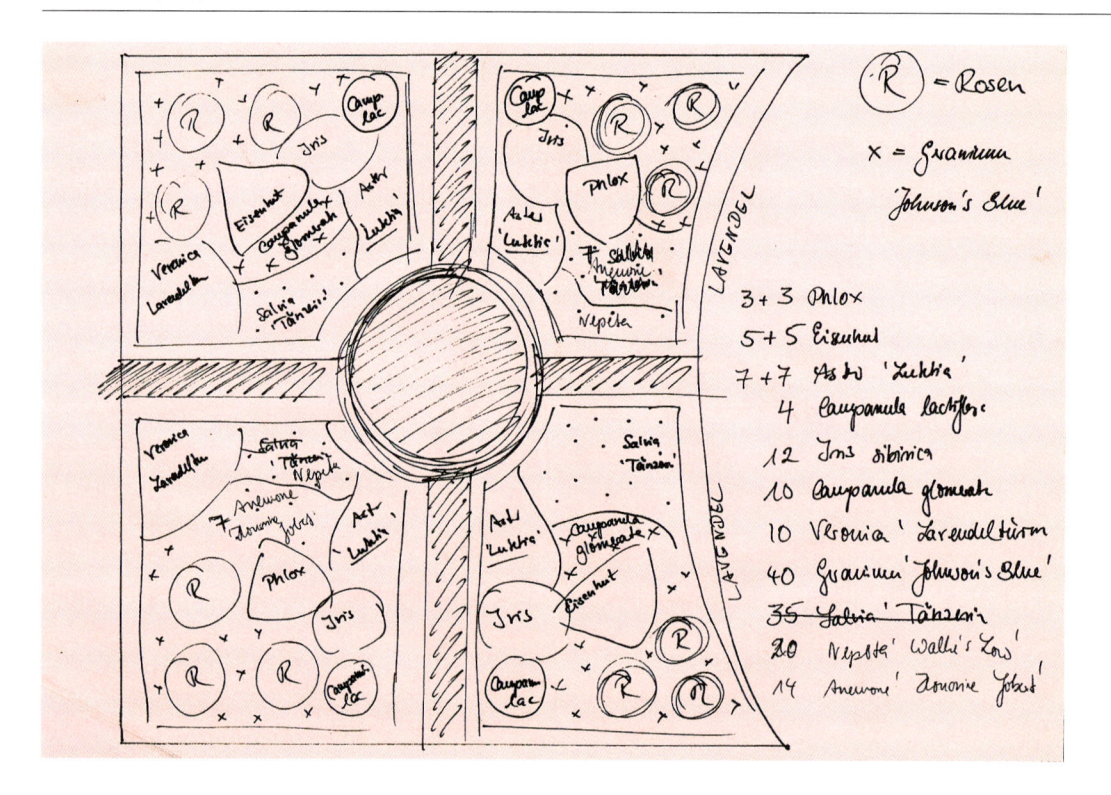

Gartenpläne

Habe ich neue Ideen im Kopf, versuche ich, sie zunächst im Garten zu visualisieren. Hierzu haben wir zwei Eimer bereitstehen. Der eine enthält Zollstöcke, einfache, mit langen Schnüren umwickelte Holzstäbe und einen Pflasterhammer, der andere Sand. Mit den Schnüren können gerade Linien gespannt und zukünftige Begrenzungen sichtbar gemacht werden. Die kleinen Holzpflöcke legen die Abstände fest. Mit dem Sand streuen wir die Strukturen des zukünftigen Beetes ab. Große Bambusstäbe geben die Vertikale vor und erleichtern so die Vorstellung der Größenverhältnisse von zukünftigen Pflanzen und Strukturen.

Wenn eben möglich, sollten Sie vor Beginn Ihrer Planung einen Gartenplan erstellen, in dem alle vorhandenen Gehölze, Höhen und sonstige Gegebenheiten eingezeichnet sind. Ich weiß, ich habe leicht reden, ich habe einen Architekten an der Hand, der mir einen Gartenplan gezeichnet hat. Aber folgendermaßen kann auch der Laie vorgehen: Nutzen Sie die Entfernung zweier Fixpunkte, um einen dritten Punkt festzulegen. Alle Vermessungen basieren auf Dreiecken, die aneinandergereiht Ihren vorhandenen Gartenplan ergeben. Schaffen Sie Dreiecke zwischen vorhandenen Elementen, seien es die Hausecken oder vorhandene Bäume. Messen Sie diese Entfernungen und nehmen Sie diese in Ihre Skizze auf. Auf diese Weise können Sie Ihr Gartengelände und Ihre Planung auf einen Millimeterplan übertragen, der Sie in den Zeiten der Entwicklung begleiten wird. So haben Sie auch die Möglichkeit, Ihre Ideen zunächst in den Plan aufzunehmen, um zu schauen, ob die Proportionen richtig sind. Wobei, ich muss gestehen, ich schaue immer erst vor Ort; nehme Maßband und einen Eimer Sand, eventuell noch Bambusstäbe für die Vertikalen, dann wird meine Idee im Kopf oder Reinhards Skizze eher realistisch dargestellt und die Entscheidung fällt leichter. Die Visualisierung alleine aus dem Plan heraus fällt mir schwerer.

Bei dem Blick von oben auf das Esszimmer und das blaue Band sind die Strukturen auch heute noch gut sichtbar. Der erste Pflanzplan als Arbeitsgrundlage für die Anlage des Gartenteils „Das blaue Band" ist links abgebildet.

Folgende Doppelseite: Zeichnung des Gartens mit allen Anlagen

Im fünften Schritt

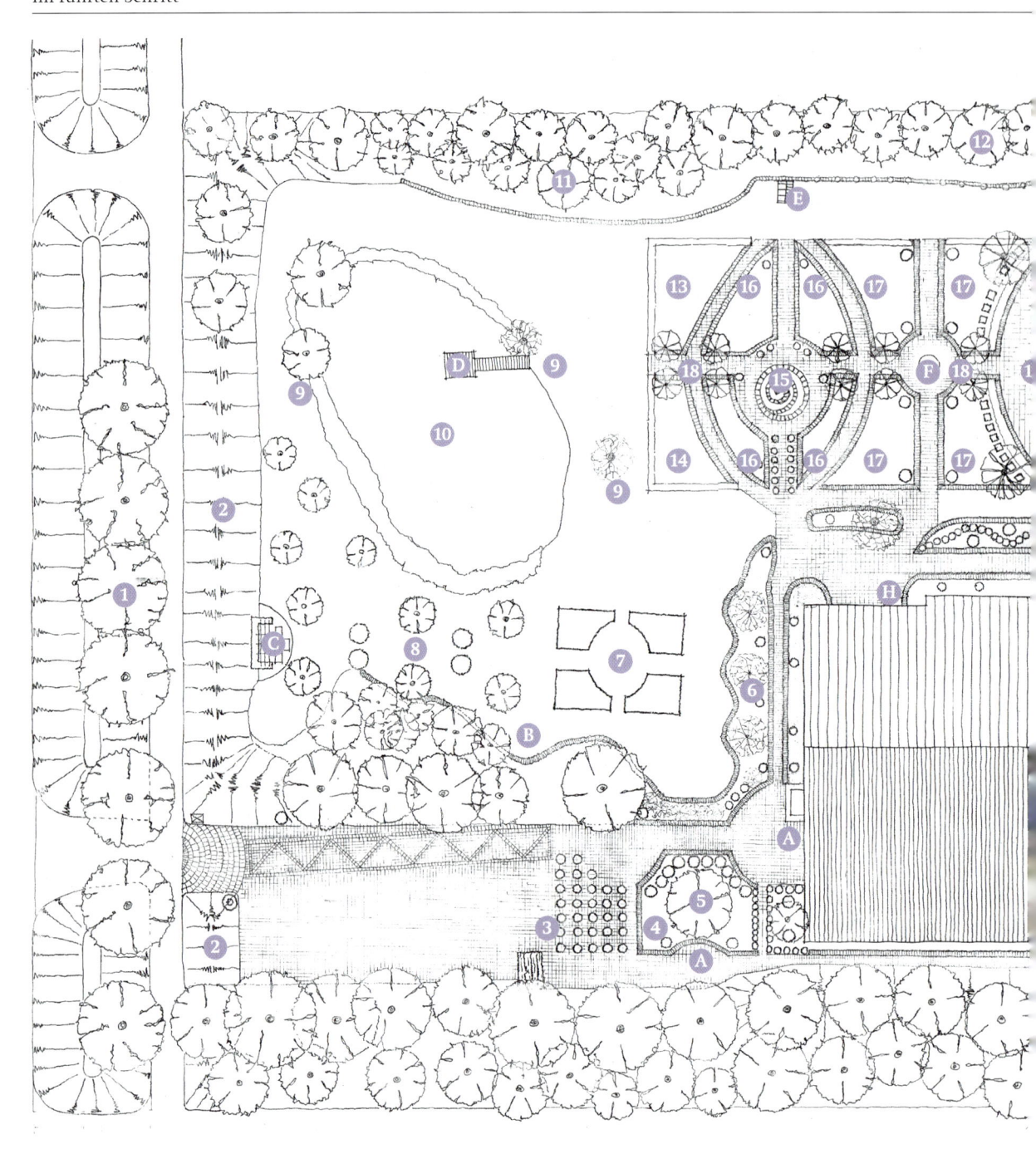

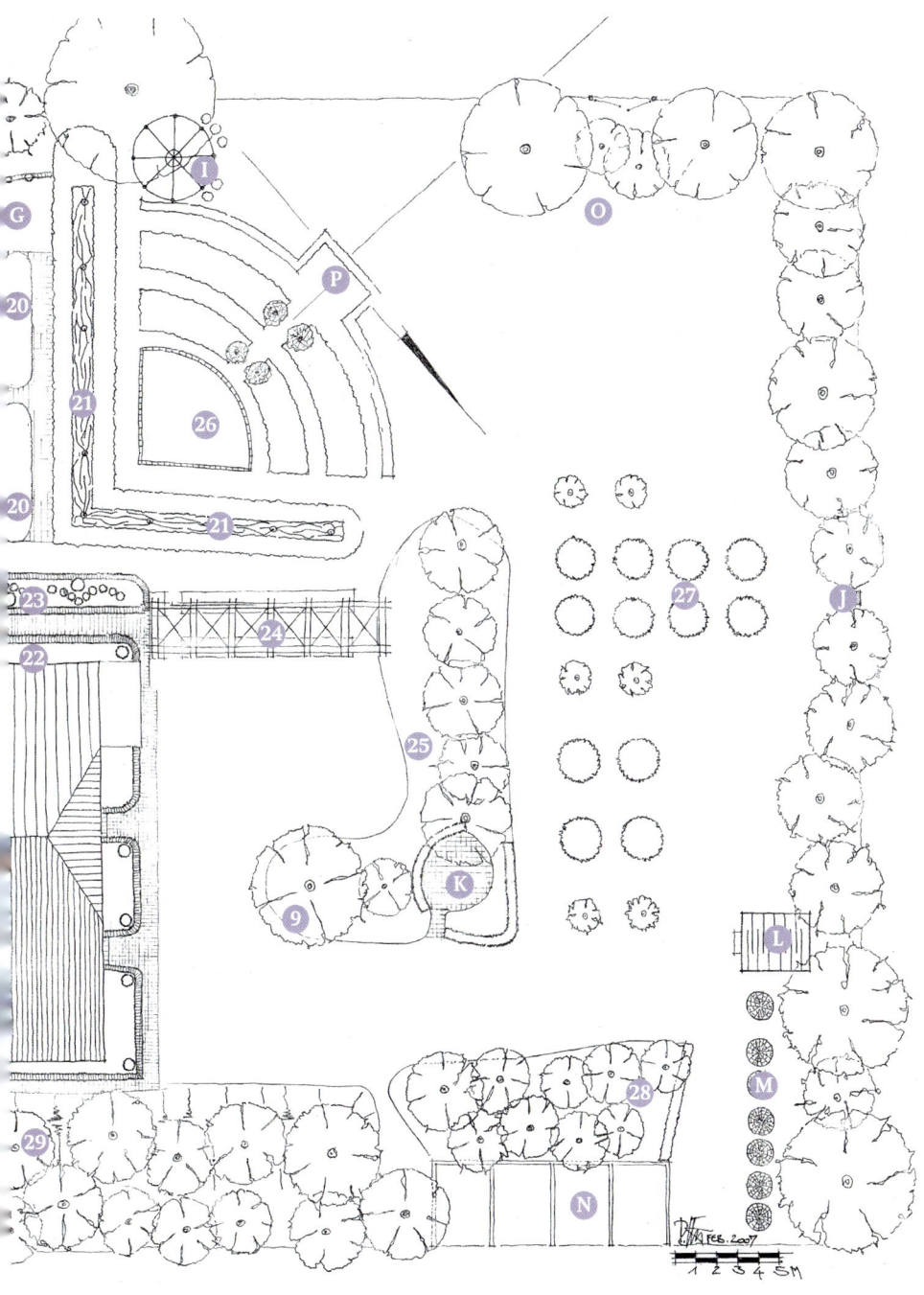

1 Kastanien
2 Rosenwall zur Straße
3 „Kindergarten"
4 „Lady in Red"
5 Hausbaum
6 Willkommensweg
7 Buchsbaumplateau
8 Obstbaumwiese
9 Ramblerrosen in alten Obstbäumen
10 „Döpke" Teich
11 Oktobergarten
12 Karree
13 Sonnenuntergangsbeet
14 Sonnenaufgangsbeet
15 Kräuterschnecke
16 Das Auge
17 Das blaue Band
18 Wisterienallee
19 Esszimmer
20 Lavendelbeete
21 Rosenwall unter den Linden
22 Sonnige Hauswand
23 Christophorusbeet
24 Rosengang
25 Hortensienbeet
26 Froschkönigsgarten
27 Eibengarten
28 Sternenwald
29 Rhododendrenwall

A. Sitzbänke
B. Deckchairs im Rosenwinkel
C. Liebesbank
D. Steg
E. Brunnenhäuschen
F. Brunnen
G. Alte Tonkrüge
H. Küchensitzplatz
I. Pavillon
J. Bank mit Blick in die „geliehene Landschaft"
K. Goetheplatz
L. Häuschen
M. Holzkegel
N. Kompost
O. Eichenbank
P. Sitzplatz „Froschkönig"

Im fünften Schritt

Das Lavendelbeet

Schade um die vielen Düfte, die ungerochen bleiben.
Karl Foerster

Die Lavendelblüte lockt Schmetterlinge in großer Zahl an.

Den Saum des Rosenwalls unter den Linden hatte ich zunächst mit Lavendel bepflanzt.
Bereits nach einem Jahr musste ich feststellen, dass die Rose 'Rose de Resht' so stark gewachsen war, dass sie den Lavendel niederdrückte. Gleich zu Beginn des Frühjahrs zeigte der Lavendel eingefallene Stellen. Parallel zum Rosenwall ist nun im zweiten Anlauf ein breites Lavendelbeet entstanden; auf einem Hügel gelegen, damit das Wasser ihm nicht zu viel anhaben kann. Die Idee mit dem Hügel habe ich den ostfriesischen Gemüsegärten abgeschaut, in denen das Gemüse zum Schutz vor dem starken Wasser auf Hügelbeeten angebaut wird. Nicht alle Pläne gelingen auf Anhieb. Es ist wichtig, für Veränderung offen zu bleiben, sich diesen kritischen Blick zu bewahren, um nicht nur dem Vorhandenen verhaftet zu sein und damit die Zukunft möglicherweise zu verpassen. Besinnung auf das, was immer schon da war, ist gut und richtig, aber nur mit der Einschränkung, es ins Jetzt und in die Zukunft zu integrieren. Alles Vergangene unterliegt dem ständig prüfenden Blick der Entwicklung, der Gegenwart und der Zukunft. Das will nicht nur im Garten, sondern auch im persönlichen und beruflichen Leben geübt sein. Nicht die kurzfristige Perspektive überzeugt, sondern sie muss auch mittel- und langfristig Bestand haben. Ich finde es wichtig, sich darum zu bemü-

Lavendelträume
Zur Vorbereitung des Lavendelbeetes habe ich große Mengen Sand in die vorgesehenen Pflanzflächen eingebracht, da der Lavendel einen mageren Boden bevorzugt. Mist habe ich aus diesem Grunde nicht eingearbeitet, sondern nur wenige Hornspäne. Es sind bewusst kleine Hügelbeete entstanden, da der Lavendel stauende Nässe nicht mag. Mit diesem kleinen Trick können wir auch in unserem winterstaunassen Garten den Lavendel zur üppigen Blüte bringen.
Damit seine Form dauerhaft erhalten bleibt, schneide ich das Lavendelbeet nach der Blüte mit der elektrischen Heckenschere in Form. Im Frühjahr erhält der Lavendel dann noch mal den letzten Schliff, bevor er seine Blüten ansetzt. Ich dünge ihn, ebenso wie die Pflanzen der Kräuterspirale, nur wenig, da er es eher spartanisch liebt.

hen, einen offenen kritischen Blick zu bewahren und Motivation und Kraft für Veränderungen aufzubringen, wenn es notwendig ist. Die Natur lehrt mich bei jedem Gang durch den Garten, den Blick für das Machbare, das Eingestehen und Annehmen von Fehlern und die Bereitschaft, aus den Fehlern zu lernen. Der Garten ist ein wunderbarer, geduldiger Lehrmeister. Nachdem ich den Fehler gemacht hatte, den Lavendel bereits im Herbst auszugraben, es aber nicht mehr rechtzeitig geschafft hatte, ihn einzupflanzen, lag der Lavendel den ganzen Winter ungeschützt in der Nässe und Kälte. Ich habe ihn daher im Frühjahr stark, bis in das alte Holz hinein, zurückgeschnitten, bevor ich ihn dann endlich eingepflanzt habe. Der Lavendel hat mir die Behandlung nicht übel genommen, im Gegenteil, er blüht seitdem üppig und als geschlossenes Band. Ich war überrascht, wie widerstandsfähig er sich gezeigt hat.

Sommer im „Blauen Band": Die Katzenminze *Nepeta* 'Walker's Low' gibt den Ton an.

Im fünften Schritt

Das Esszimmer

*Willst du vergnügt sein, lade dir Freunde ein,
willst du glücklich sein, umgib dich mit Blumen.*
Japanisches Sprichwort

Folgende Seite: Die frisch geräucherten Lachsforellen kühlen vor dem Essen noch einen Moment aus – eine Köstlichkeit!

Folgende Doppelseite: Durch die Blauregenallee fällt der Blick über den Brunnen bis zum großen Esstisch. Die *Wisteria floribunda* werden ergänzt durch die orange leuchtenden Hochblätter der *Euphorbia griffithii* 'Fireglow'. Die Vision, die ich während der Planung in meinem Kopf hatte, ist von der Wirklichkeit weit übertroffen worden.

Zwischen Lavendelbeet und dem blauen Band ist das Esszimmer in der Form eines Halbmondes, umgeben von duftendem und einladendem Lavendel, entstanden. Die Duftkomposition aus den Rosen 'Rose de Resht' und dem Lavendel ähnelt einem fein abgestimmten Parfüm. In diesen Duft kann man geradezu eintauchen, nimmt man am Esstisch Platz.

Zunächst entstand lediglich eine Rasenfläche, die wir erst zwei Jahre später pflastern ließen. Ein langer, selbst entworfener und von unserem Freund Dirk gebauter großer Tisch und Bänke laden uns, unsere Töchter und unsere Gäste ein, umgeben vom Lavendel- und Rosenduft, Platz zu nehmen.

Wir lieben es, unseren Garten und unser Gartenglück mit Freunden und Gartenfreunden zu teilen. Der Garten dient mir oft als Verbindungsglied, als Vehikel, um ins Gespräch zu kommen, nicht zum Small Talk, sondern zum offenen verbindenden Gespräch. Der Gärtner gibt mit der Öffnung seines Gartens einen Teil seines Innenlebens preis. Dies ermöglicht auch dem Gesprächspartner von sich und seinem Leben das mitzuteilen, was ihm wichtig ist. Viele wunderbare Gespräche sind an diesem großen Tisch schon geführt worden. Inzwischen ist der Essplatz für einige unserer Freunde ein immer wiederkehrender Treffpunkt zum Gespräch während des alljährlichen Gartenfestes. Unvergessen ist auch Elaines Hochzeit, als fast die ganze Familie an diesem großen Tisch Platz fand. Die bewegendsten Gespräche ergaben sich hier jedoch, als uns die inzwischen in aller Welt lebenden, aus Norden vertriebenen Juden und deren Nachfahren in unserem Garten besuchten. Die Luft schwirrte in einem Stimmengewirr aus vielen unterschiedlichen Sprachen, es flossen Tränen, nicht nur um die Verstorbenen, sondern auch um den Verlust der Heimat, der manchem der Gäste in unserem Garten so deutlich wurde. Diese Begegnungen sind fest mit den Bildern dieses Gartenteils verbunden.

Von hier hat man einen atemberaubenden Blick durch die Blauregenallee hinweg über den Sandsteinbrunnen durch den

Buchenbogen über den Steg und den Teich bis zur weiß blühenden Ramblerrose 'Félicité et Perpétue' im alten Apfelbaum am Teich.

Dieser lange, große Tisch lädt im Verlauf der Jahreszeiten zum gemeinsamen Essen ein. Im Sommer frühstücken wir hier häufig, da der Platz zur Sonntagmorgenfrühstückszeit in der Sonne liegt. Neben den Spargel- und Wildessen sind in der Familie und im Freundeskreis die Fischessen besonders beliebt, wenn wir zu frisch geräuchertem Fisch mit neuen Kartoffeln von unserem Nachbarbauern und Maibutter einladen.

Die Lavendelbeete rahmen das Esszimmer ein, sodass man dem Duft ganz nah ist. In Verbindung mit der 'Rose de Resht' wird man fast „trunken" davon.

Im fünften Schritt

Warm geräucherter Fisch

Erst in Ostfriesland habe ich die Tradition des Fischräucherns kennengelernt. Nachdem unser Freund Dirk alljährlich zum Gartenfest mehrere Lachse frisch geräuchert hatte, wollte ich es doch gerne selbst ausprobieren, nachdem ich eine Räuchertonne geschenkt bekommen hatte. Es ist ein Erlebnis, frischen Fisch, nachdem man ihn eingelegt hat, goldbraun und herrlich duftend aus dem Rauch zu nehmen und ihn frisch zu essen. Eine einfache, bodenständige Köstlichkeit. Der Fisch, Lachs, Forelle, Lachsforelle, Makrele oder Aal, wird nach dem Ausnehmen und Säubern in eine Salzlake gelegt. Hierzu wird etwa 80–90 g Salz in einem Liter Wasser aufgelöst. Nach Geschmack können Kräuter und 1 Esslöffel Honig zugefügt werden. Die Fische benötigen so viel Lake, dass sie vollständig bedeckt sind. Nachdem die Fische etwa zwölf Stunden in der Beize gelegen haben, wird der Räucherofen mit Buchenholz auf etwa 80–90 °C vorgeheizt. Er sollte eine konstante Temperatur erreicht haben, bevor die Fische in den Ofen gehängt werden, wo sie bei möglichst gleich bleibender Temperatur zunächst zirka 30–40 Minuten je nach Größe verbleiben. Anschließend wird im Räucherofen bei ca. 60 °C für Rauchentwicklung gesorgt. Spezielle Buchenspäne, die man kaufen kann, werden hierzu über die Glut gestreut. Nach etwa einer weiteren Stunde können Sie goldgelbe, frisch geräucherte Fische aus dem Ofen holen.

Diese Köstlichkeit ist mit einem kommerziell geräucherten Fisch nicht zu vergleichen.

In unserem Freundeskreis sind daneben meine Spargelspaghetti mit grünem Spargel- oder Bärlauchpesto als Vorspeise oder kleiner Imbiss im Pavillon besonders beliebt.

Spargelspaghetti

Pro Person ca. 200 g weißen Spargel schräg in etwa drei Zentimeter breite Stückchen schneiden; wenn es schnell gehen soll, verwende ich häufig Spargelspitzen, die man nicht schälen muss. Die Spaghetti, Art und Menge nach Wunsch, wobei ich dünne Spaghetti, Nr. 3 oder 5, für dieses Gericht bevorzuge, wie üblich in reichlich Salzwasser al dente kochen. In der Zwischenzeit die Spargelstückchen in Olivenöl sanft mit Salz und Zucker anbraten, mit Spaghettiwasser ablöschen und anschließend unter die abgegossenen Spaghetti mischen. Vor dem Servieren mit einem Schuss besten Olivenöls und frischem Pfeffer würzen. Würziger und herzhafter werden diese Spaghetti, wenn man als Beilage ein Pesto reicht.

Grünes Spargelpesto

1 Bund grünen Spargel wie gewohnt putzen und in kochendem Salzwasser blanchieren; anschließend (nicht zwingend) in Eiswasser abkühlen lassen. So behält der Spargel seine frische, grüne Farbe. Nach dem Abkühlen mit einer Handvoll gerösteter Pinienkerne, 1 Knoblauchzehe, 1 Prise Meersalz und zirka 50 g frisch geriebenem Parmesan und etwa 200 ml kalt gepresstem Olivenöl mit dem Schneidstab zu einem cremigen Pesto verarbeiten; Parmesan und Öl kann in der Menge variieren.

Bärlauchpesto

In derselben Verfahrensweise können Sie Bärlauchpesto herstellen. Sie benötigen dazu etwa 100 g Bärlauchblätter ohne Blüten, diese eignen sich wunderbar zur Dekoration. Beim Bärlauchpesto verzichte ich auf die Knoblauchzehe, da der Bärlauch einen eigenen dem Knoblauch ähnlichen Geschmack hat. Gleichermaßen können Sie ein klassisches Pesto zubereiten, wenn Sie statt des Bärlauchs Basilikum verwenden, dann aber, je nach Geschmack, mehr Knoblauch hinzufügen.

Weitere Klassiker im Esszimmer sind **Spaghetti mit dicken Bohnen und Bohnenpesto**
Die Zubereitung erfolgt in gleicher Weise wie oben. Ich verwende frische dicke Bohnen, blanchiere sie, nachdem ich sie aus ihrer dickfleischigen Hülse befreit habe, und lasse sie ebenfalls in Eiswasser abkühlen. Sind die Bohnen abgekühlt, pule ich sie noch einmal aus ihrer feinen Haut und brate sie sanft in Olivenöl an, bevor ich sie mit den Spaghetti mische. Das Pesto stelle ich aus den ausgepulten dicken Bohnen her, wobei die Menge des Parmesans eher geringer ist, da die Bohnen eigenes Bindemittel und genügend Festigkeit haben.
Sämtliche vorgestellten Pestos können Sie im Kühlschrank im geschlossenen Glas für einige Tage aufbewahren.
Der große Tisch und die Atmosphäre verführen zu jeder Jahreszeit. Eingepackt in einen warmen Mantel haben wir neben wärmenden Feuern in den Feuerkörben bereits im Februar zu heißem dampfenden Sanddorngrog auch schon winterliche Rosenkohlspaghetti gegessen.

Rosenkohlspaghetti

Auch dieses Rezept basiert auf demselben Grundgedanken wie die sommerlichen Varianten. Der Rosenkohl, für 4 Personen insgesamt ca. 250 g, wird nach dem Putzen geviertelt und in einer Mischung aus 50 g fein gewürfeltem Bacon und einer klein geschnittenen Zwiebel in Butterfett sanft angebraten. Den Rosenkohl anbräunen lassen, dann erst erlangt er seine zarte Süße. Mit Gemüse- oder Hühnerbrühe und 1/4 l Sahne wird die Mischung abgelöscht. Nachdem sie ca. 10 Minuten sanft geköchelt hat (Achtung: der Rosenkohl muss noch bissfest sein) wird die Rosenkohlmischung mit den fertigen Nudeln vermischt. Reinhard liebt diese Spaghetti sehr, sodass dieses Rezept in unserer Winterküche einen festen Platz hat.

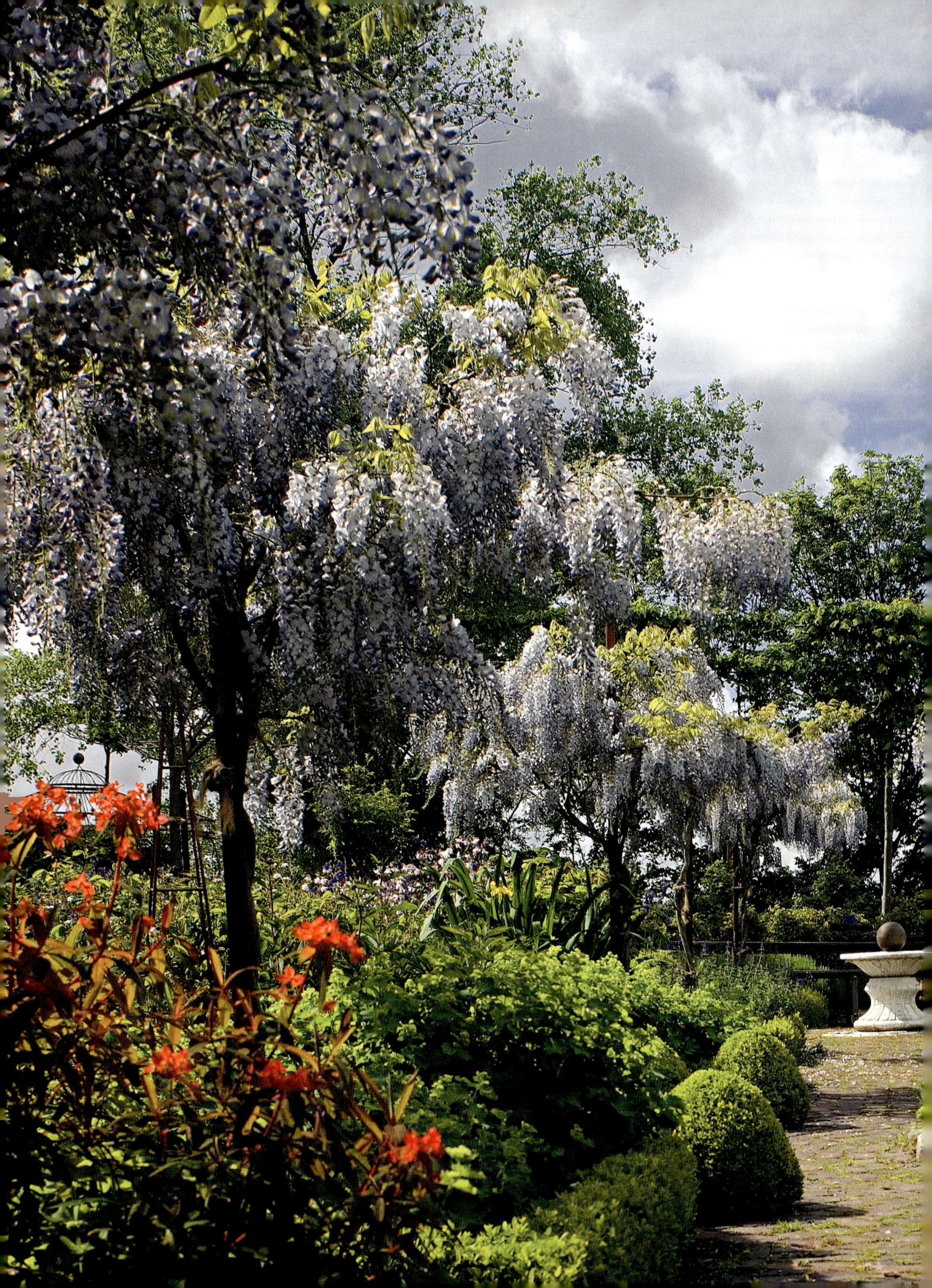

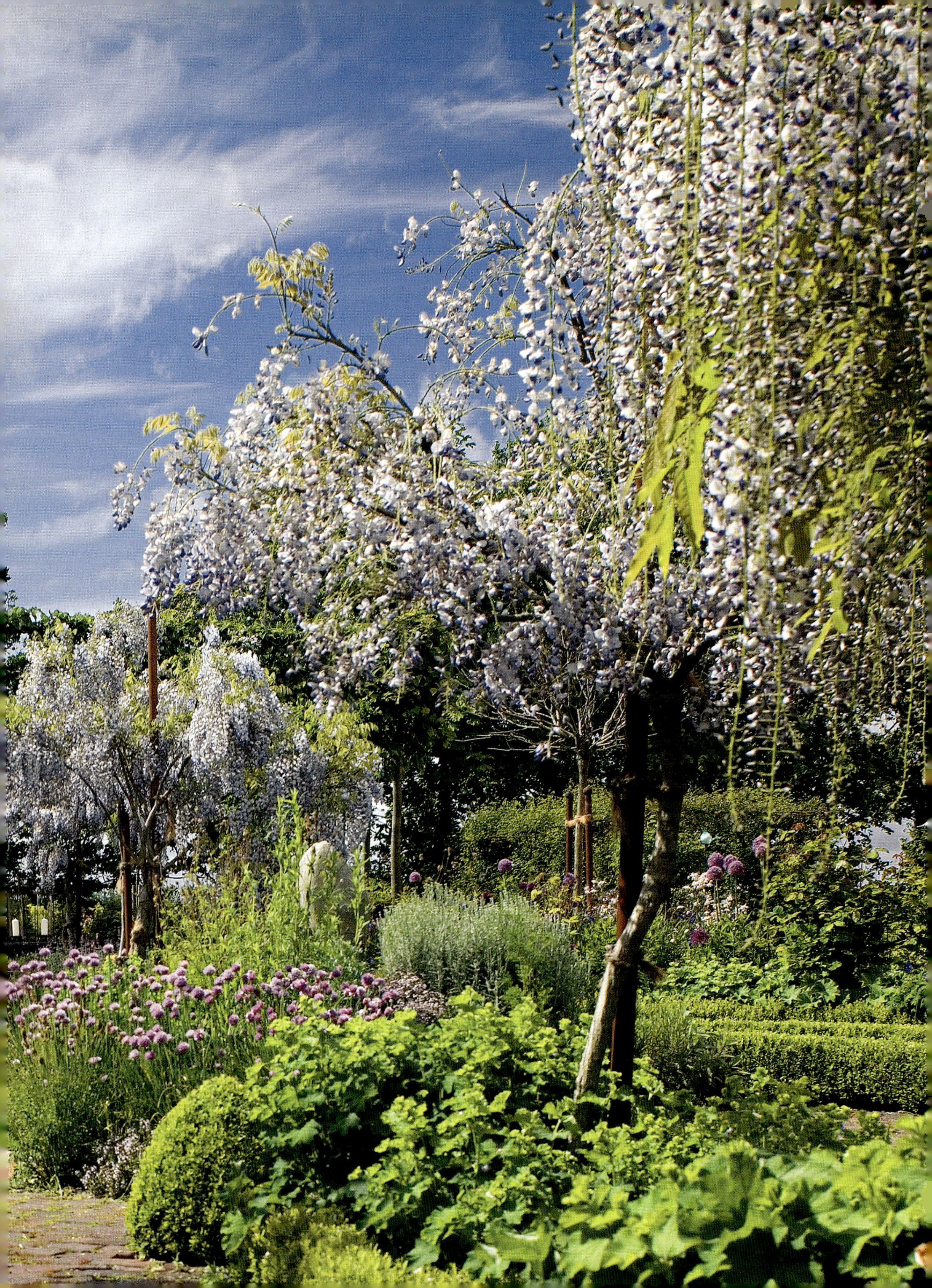

Im fünften Schritt

Das blaue Band

Frühling lässt sein blaues Band wieder flattern durch die Lüfte;
Süße wohlbekannte Düfte
streifen ahnungsvoll das Land.
Veilchen träumen schon,
wollen bald kommen.
Horch, von fern ein leiser Harfenton!
Frühling, ja du bist's!
Dich hab ich vernommen!
Eduard Mörike

Verbena bonariensis zaubert wunderschöne Herbststimmungen und scheint über den Beeten des „blauen Bandes" zu schweben.

Im „blauen Band" sollte der Traum von blauem Rittersporn, blauem Phlox und anderen blauen Pflanzen eingerahmt von Buchsbaumhecken in der Art eines Bauerngartens verwirklicht werden. Die Beete sind wie geschaffen für üppige Rosen, Anemonen, Salvien, blaue Iris und viele andere Stauden. Inspiration für den blauen Garten sind meine Kindheitserinnerungen an den Altar zur Fronleichnamsprozession. Direkt vor dem Haus meiner Großmutter war eine Station der Prozession. Jedes Jahr wurde ein wunderschöner Altar errichtet. Den Tisch zierte eine weiße Leinentischdecke bestickt mit Hohlsaum und Weißstickerei. Auf dem Tisch prangten Vasen, überquellend mit Pfingstrosen, Rittersporn und anderen Gartenblumen. Das Gigantischste war jedoch der Fußboden. Direkt vor den Altar wurden unmittelbar vor dem Eintreffen des Priesters frisch gepflückte Blüten gestreut wie zu einer Hochzeit. Ich war als Kind jedes Jahr tief davon beeindruckt. Am Morgen durfte ich die Blüten im Garten meiner Großmutter pflücken; dieses Bild hat sich fest in mein Gedächtnis eingeprägt. Meine Kindheit war, wie sicherlich die meiner ganzen Generation, noch sehr stark von Traditionen geprägt, die sich Jahr für Jahr wiederholten und für uns als selbstverständlich hingenommen wurden; sie gehörten einfach dazu. Der Umgang ist heute in vielen Dingen anders geworden. Die Kinder wachsen weniger in Traditionen eingebunden auf und genießen wesentlich größere Freiheiten. Gehen ihnen dadurch möglicherweise solch kleine, dennoch prägende Erinnerungen verloren? Aber nein, sie haben andere, eigene Erinnerungen, und das ist richtig und gut so.

Nachdem ich den Winter über Zeit gehabt hatte, Pflanzpläne zu erarbeiten und meine Träume hineinzuflechten, stand ich im Frühjahr vor der Frage, wie ich die Umsetzung schaffen sollte. Der Boden war so nass und schwer, dass ich unmöglich die ganze Fläche umgraben konnte. Ein Nachbar ist dankenswerter Weise kurzfristig eingesprungen und hat mit seiner Motorhacke die Beete umgegraben. Anschließend habe ich Schubkarre für Schubkarre Sand und Mist in die Beete gefahren. Abgelagerter Mist war leider nicht mehr ganz so reichlich vorhanden. Die großen Mengen Sand und der Mist lockerten den stark verdichteten Boden auf und gaben dem Mikrokosmos eine Chance, lebendig zu werden und einen fruchtbaren Boden zu schaffen.

Ich muss gestehen, dass ich bei der Realisierung dieses Projektes meine Kräfte überschätzt hatte. Bevor ich überhaupt mit dem Pflanzen beginnen konnte, hatte ich bereits das Gefühl, völlig ausgepowert zu sein. Alles hatte ich selbst erledigt und nur mit großer mentaler Anstrengung konnte ich mich motivieren, weiter zu arbeiten. Ich hatte mir einfach zu viel vorgenommen und fühlte mich zeitweise völlig überfordert und von der anstehen-

Das Blau der Wisterien korrespondiert mit dem Lila der *Allium aflatunense* 'Purple Sensation' und erhält durch das frische Rot des Rosenaustriebes einen schönen Kontrast.

den Aufgabe erschlagen. Beinahe wäre die Realisierung zu diesem Zeitpunkt stecken geblieben und gescheitert. Letztlich hat die Vorfreude auf das blühende, fertige Werk mir neue Kraft gegeben. Diese Erfahrung möchte ich an Sie weitergeben. Es ist wichtig, sich nicht zu viel auf einmal vorzunehmen, da das Vorhaben sonst leicht zu einem nicht zu überwindenden Hindernis werden kann, das die Kräfte erschöpft und den Willen lahmlegt. Es besteht dann leicht die Gefahr, an den selbst gestellten Aufgaben zu verzweifeln und dieses Scheitern auf die eigene Persönlichkeit zu übertragen. Es ist daher einerseits notwendig, nicht zu viel und zu schnell zu wollen und andererseits auch zuzulassen, dass die selbst gesteckten Ziele nicht zwingend erreicht werden müssen, um nicht die eigene Wertschätzung zu verlieren. Grundsätzlich sollte die Pflege des Gartens noch Raum lassen, ihn zu genießen. Steht man unter dem permanenten Druck, irgendwelche Arbeiten im Garten erledigen zu müssen, geht ein Stück Freiheit verloren. Andererseits weiß ich natürlich, dass ein Garten ständig Bedürfnisse und Ansprüche hat, die befriedigt werden wollen. Es gilt, das richtige Maß zu finden. Dieses ist ebenso wenig von außen festzulegen wie der persönliche Garten, sondern hängt von den Wünschen und Bedürfnissen eines jeden Einzelnen ab. Das Gärtnern birgt zweifelsohne die Gefahr in sich, nie Zeit zu haben, weil im Garten immer gerade irgendetwas dringend erledigt werden muss. Ich denke, das ist eine gefährliche Entwicklung, die dazu führt, Gefangener der Zeit zu sein, nie im Hier und Jetzt zu leben, und uns der Zeit immerzu nachlaufen lässt. Bevor Sie neue Ideen umsetzen, ist es daher unerlässlich, sich darüber Gedanken zu machen, wie viel Arbeit, Zeit und Geld Sie in den Garten investieren wollen. Dazu ist es notwendig, auch zu überlegen, welche regelmäßigen Arbeiten zukünftig anfallen, wie viel Zeit sie erfordern, ob Sie hierzu Hilfe benötigen und wie viel Zeit Sie selbst im Garten arbeitend zubringen wollen. Tun Sie dies nicht, erschöpfen sich die Kräfte schnell und die Freude am Garten verliert sich. Wie oft werde ich um den Garten beneidet. Erzähle ich dann von den Stunden, die ich im Garten arbeitend verbringe, ernte ich fast immer Unverständnis. Der Garten hält uns einfach in Atem. Diese grundsätzlichen Überlegungen sollten auch mit der engsten Familie abgestimmt werden, da auch diese davon betroffen ist. Während ich diese Zeilen schreibe, höre ich meine Familie schon aufschreien, da ich mich an diesen Ratschlag natürlich nicht gehalten habe und ihrer Meinung nach ständig im Garten bin.

Glücklicherweise konnte der vor meinem geistigen Auge sichtbare Garten mich so weit beflügeln, dass ich in der Lage war, den Plan umzusetzen. Entstanden ist eine lang durchgehende Achse vom Eingang des Esszimmers bis zum Ende des neuen Gartens, betont durch einen Buchenbogen. Dieser Weg ist gesäumt von acht herrlichen Blauregenbäumchen, *Wisteria floribunda*, die den Grundstock für unsere Blauregenallee bilden. Die Querachse ist durch acht Buchsbaumkugeln betont, sodass der Garten auch im Winter eine deutlich ablesbare Struktur hat, die noch durch Buchsbaumwürfel und Lavendel im Halbkreis zum Esszimmer betont wird.

Der Frühling nimmt nicht das Farbthema des Sommers auf und begrüßt das neue Gartenjahr mit Hunderten von reinweißen Tulpen der Sorte *Tulipa fosteriana*-Hybride 'Purissima', unterpflanzt mit blauen *Scilla siberica*, Vergissmeinnicht und Traubenhyazinthen. Das Meer weißer Tulpen ist ein herrlicher Anblick und lässt das Herz vor Freude höher schlagen. Im Anschluss läuten die *Wisterien* und *Allium* 'Purple Sensation' neben der Katzenminze und zahllose Akeleien die blaue Saison ein.

Den Wegcharakter der Blauregenallee habe ich noch stärker betont, indem ich zu beiden Seiten entlang des Weges Katzenminze *Nepeta* 'Walkers Low' gepflanzt habe. Der Duft des Blauregens umfängt den Betrachter auf dem Spaziergang im Mai/Juni durch diesen Gartenteil. Gleichzeitig mit den *Wisterien* blühen neben der Katzenminze zahllose *Allium* 'Purple Sensation', die das Farbthema noch verstärken. Im Hintergrund sind zu dieser Zeit die *Euphorbia griffithii* 'Fireglow' zu sehen, die einen herrlichen Kontrast bilden. Diese Zeit stellt einen der Höhepunkte unseres Gartenjahres dar. Ich hätte kaum davon zu träumen gewagt, dass sich das Bild, das ich im Kopf hatte, so realisieren ließe.

Die Wisterienblüte wird nahtlos durch die Rosenblüte abgelöst und zieht dem Garten ein neues farbiges Kleid über. Die Bepflanzung der gegenüberliegenden Beete wiederholt sich jeweils in Farbe und Zusammensetzung der Pflanzen, in Anlehnung an sogenannte Spiegelbeete. Zwei der Beete nehmen die Farben des Rosenwalls Purpurrot und Blau wieder auf, die beiden anderen Beete sorgen in den Farben Gelb/Weiß in Verbindung mit blau für

Im Frühjahr wird das „blaue Band" mit weißen Tulpen, blauen *Scilla siberica*, Traubenhyazinthen und, wie hier abgebildet, Vergissmeinnicht geschmückt.

Tulpen setzen

Tulpen- und Alliumzwiebeln und eventuell noch weitere Frühlingsblüher mische ich jeweils für ein Beet in einem großen Eimer. Ich werfe dann die Zwiebeln breit gestreut ins Beet und pflanze sie anschließend an diesen Stellen in entsprechender Tiefe ein. Die Alliumzwiebeln lasse ich nach der Blüte im Boden und setze nur jeden Herbst neue Zwiebeln hinzu.

Die Tulpen entferne ich nach der Blüte, da, in Massen gepflanzt, ihr verwelkendes Laub das nachfolgende Gartenbild stören würde. Ich kaufe jeden Herbst neue Zwiebeln, um so dem gefürchteten Tulpenfeuer, der Botrytis tulipae, vorzubeugen, da der winternasse, schwere Boden dieses Risiko birgt. Wenn ich es eben schaffe, bekommt jede Tulpenzwiebel eine Handvoll Sand als Grundlage und eine Mulchschicht aus grobkörnigem Sand während des Winters. Darüber hinaus achte ich darauf, nicht zu stickstoffbetont zu düngen, um auch so dieser gefürchteten Krankheit keinen Vorschub zu leisten. Bisher habe ich Glück gehabt, obwohl ich schon mehrere Jahre hintereinander an derselben Stelle Tulpen gepflanzt habe.

Leuchtkraft und Helligkeit. In jedes Beet habe ich mehrere Strauchrosen als Leitpflanzen gesetzt, die gemeinsam mit der 'Rose de Resht' diesen Gartenteil im Juni bestimmen. Blüht dann das Lavendelband rechtzeitig, erreicht der Garten seinen nächsten Höhepunkt. Dann dominieren die Farben Rot und Blau und das Auge kann sich nicht sattsehen und die Nase nicht sattriechen. Meine liebste Rose im blauen Band ist die Strauchrose 'Ferdinand Pichard', die mit ihren gestreiften Blüten zauberhafte Akzente setzt. Als Begleitpflanzen habe ich überwiegend blaublühende Stauden ausgewählt. Ich hatte immer von einem Ritterspornbeet geträumt, habe aber im blauen Band die Vernunft walten lassen und auf diese Lieblingspflanze verzichtet. *Delphinium* ist nicht sehr standfest und bedarf für jeden Stiel eine Stütze. Diese Zuwendung kann ich ihm leider nicht bieten. Aber ich wollte es auch nicht, da der Wind hier im Salzwindgarten so kräftig ist, dass es nicht meinem Traumbild von einem Ritterspornbeet entsprochen hätte, wenn die Blumenstiele sich nicht sanft hätten bewegen können, sondern stramm wie Soldaten im Beet gestanden hätten. Eisenhut, *Aconitum,* Früh- und Spätblühender, trägt das intensive Blau in meinen Garten. Das war eine glückliche Wahl. Er fühlt sich in dem schweren Boden wohl und hält dem Wind stand. Die Rosenblüte wird abgelöst von einer überschwänglichen Phloxblüte, die begleitet wird von den hohen und majestätisch anmutenden Ehrenpreis. Astern, die zum zweiten Mal blühende Katzenminze und das einjährige Eisenkraut begleiten das blaue Band in den Herbst und erhalten Unterstützung durch die weiß blühenden Herbstanemonen. Zu dieser Zeit habe ich bereits den Lavendel geschnitten, der dann als zartgraues Polster das Farbthema unterstreicht.

Wir wollten diesen Bereich vom übrigen Garten stärker optisch abgrenzen, um seine Struktur noch deutlicher zu machen und ihm einen eigenständigen Charakter zu verleihen. Durch die Pflanzung der Buchenhecke und des Buchenbogens ist im Zusammenspiel mit den Hochstammbäumchen ein in sich geschlossener Gartenraum entstanden, ohne dass er tatsächlich nach allen Seiten abgeschlossen ist. Nach drei Jahren haben wir diesen Bereich noch einmal nachgebessert, indem wir die Seiten, die zum Karree liegen, ebenfalls mit einer Buchenhecke abgeschlossen haben. Gleichzeitig wollten wir damit den dahinter liegenden Rasenweg längs des Karrees stärker betonen. Jeder Gartenteil benötigt Vertikalen. Wir fanden, dass die Blauregenbäumchen dieser Aufgabe alleine nicht gerecht werden konnten und pflanzten deshalb je rechts und links neben dem Essplatz einen Trompetenbaum, *Catalpa bignonioides*.

Die Wege im blauen Band beließen wir zunächst als Rasenwege, um nicht sogleich überall braune Erde zu haben. Nachdem der

Frühlingsgefühle – das „blaue Band" im Tulpenrausch: *Tulipa fosteriana*-Hybride 'Purissima'

Im fünften Schritt

Anemone japonica-Hybride 'Honorine Jobert' blüht unermüdlich im blauen Band, im Willkommensweg und im Froschkönigsgarten und besticht im Spätsommer durch ihre herrlichen klarweißen Blütenschalen.

Buchsbaum und die Bepflanzung einschließlich der Einjährigen üppig genug geworden war, konnten wir die Rasenwege entfernen (hauptsächlich aus Gründen der Arbeitserleichterung) und unsere überall im Garten vorhandenen Mulchwege aufnehmen. Inzwischen sind die Wege mit wunderschön farbig schimmernden alten Tonbrandziegeln gepflastert.

Ich wünschte mir schon immer einen Brunnen für den Garten, daher war ich glücklich, als meine Tochter Ann-Paulin in der Schule einen Brunnen gestaltete, dem sie den Namen „Der Rosenwächter" gab. Vier Stelen gefertigt aus Ytonsteinen, gekrönt von farbigen Kugeln über die das Wasser hinwegfließt, sollten die Rosen im Garten bewachen. Der Brunnen hatte in dieser Form leider keinen dauerhaften Bestand, da die Styroporkugeln und die dünnen Stelen der Witterung nicht standhielten. Als Nachfolger hat ein vorgefertigter Brunnen Einzug in die Mitte des blauen Bandes gehalten, dem wir jedoch eine handgefertigte Kupferkugel aufgesetzt haben, in Erinnerung an Ann-Paulins Brunnen. Letztendlich wünschen wir uns für diesen Platz einen alten Sandsteinbrunnen, den wir sicher irgendwann finden werden.

Bodenvorbereitung und Erste-Hilfe-Maßnahmen

Alle neuen Beete werden vor dem Pflanzen mit reichlich Hornspänen und Bodenaktivator versorgt, da die Mulchdecke Stickstoff frisst. Die vorbereiteten Beete werden darüber hinaus mit Algenkalk und getrocknetem Rinderdung versorgt. Eine weitere Düngung nehme ich dann im Pflanzjahr mit Ausnahme der Rosen nicht vor.

In die Pflanzlöcher der Rosen gebe ich zunächst Lavagestein, anschließend Sand, abgelagerten Pferdemist und vorhandenen Boden, versetzt mit organischem Rosendünger. In diese Mischung pflanze ich dann meine Rosen. Ebenso bin ich bei den Blauregenbäumchen vorgegangen. Die Lava soll dafür Sorge tragen, dass die Pflanzen nicht im Wasser stehen, sondern genügend Abzugsmöglichkeit vorhanden ist. Im Herbst werden auch die Füße der neu gepflanzten Rosen mit dem abgelagerten Pferdemist eingepackt. Den Hochstammrosen wird ein Kaffeejutesack zum Schutz gegen die Kälte im späten Dezember übergestülpt. Die frisch gepflanzten Stauden beschneide ich unabhängig von ihrer Winterattraktivität im ersten Pflanzjahr nicht, damit sie im Winter für ihren frischen Austrieb noch ein wenig Schutz haben. Frisch bepflanzte und neu angelegte Beete sehen oft noch sehr kahl und unzulänglich aus, man kann dann mit entsprechenden Einjährigen sehr wirkungsvoll und preiswert für Abhilfe sorgen. Im blauen Band habe ich im ersten und zweiten Jahr mit Schleifenblume und der Jungfer im Grünen gleich herrliche blühende Gartenbilder geschaffen. Eine kleine Menge Samen der Schleifenblume habe ich zu Beginn meiner Gartenzeit geschenkt bekommen und ernte sie seitdem regelmäßig, indem ich die verblühten Pflanzen ausziehe und den Winter in einem mit Zeitungspapier ausgelegten Spankorb (aus dem Supermarkt) aufbewahre. Im Frühjahr kann ich die reifen Samen, die nun auf dem Zeitungspapier liegen, sofort wieder verwenden. In gleicher Weise gehe ich mit Jungfer im Grünen, Fingerhut, Akelei, Stockrose (hier ernte ich jedoch nur die Samenhülsen), Ringelblume und Mohn um. Bei Fingerhut, Akelei und Vergissmeinnicht schüttele ich die abgeschnittenen Stängel jedoch gleich an den Stellen, wo ich sie ausgesät haben möchte, und verwahre nur einen geringen Teil der Samenernte für das nächste Frühjahr. Ebenso verfahre ich mit dem Samen des Rohrkolbens und der Sumpfdotterblume. Der Erfolg ist jedoch nur dann garantiert, wenn der Samen tatsächlich reif ist.

Alle neu angelegten Beete mulche ich sofort nach dem Bepflanzen mit Rindenmulch, der per Lkw geliefert wird. Den neu gepflanzten Stauden macht das Mulchen nichts aus, sofern der Mulch einen geringen Abstand zu ihnen einhält. Das Aussamen der Einjährigen funktioniert trotz des Mulchens, allerdings nur dann, wenn der Samen nach dem Rindenmulch ausgesät wird.

Im fünften Schritt

Das Auge

*Wenn das Leben keine Vision hat,
nach der man sich sehnt,
die man verwirklichen möchte,
dann gibt es kein Motiv,
sich anzustrengen.*
Erich Fromm

Die Artischocke hat es bei uns in Ostfriesland trotz Wind und Regen bis zur Blüte geschafft; der Anblick erfreut jedes Mal mein Herz.

Das „Auge" ist in einem Atemzug mit dem „blauen Band" entstanden. Vier einzelne Beete in Form eines Auges umschließen die Kräuterspirale, die die Pupille darstellt und damit als vorhandenes Element in die Gestaltung integriert werden konnte.

Das Auge als Symbol für das „Sehende" und „Wahrnehmende" ist hierdurch in unserem Garten sichtbar geworden. Das „Auge" nimmt das Thema dieses Buches auf und lädt ein, das Unsichtbare zu erfassen und näher hinzuschauen. Es soll dazu anregen, nicht nur mit dem äußeren Auge zu schauen, sondern auch wahrzunehmen, was sich vor dem inneren Auge abspielt und sich auf die Fragen einzulassen. Was sehe ich vor meinem inneren Auge? Welchen Garten habe ich vor Augen? Ist das der Garten, den ich realisieren möchte? Jeder sieht etwas anderes. Doch indem Sie diesen Bildern nachgehen, finden Sie vielleicht einerseits die Antwort darauf, was in Ihrem Leben wirklich für Sie wichtig ist und welchen Garten Sie sich schon immer gewünscht haben. Mit der Bepflanzung des „Auges" wollte ich den heilenden Aspekt des Gartens und der Gartenarbeit in den Vordergrund rücken und betonen. Ich habe das Auge daher ausschließlich mit heilenden Kräutern und Blumen bepflanzt. Hier finden sich Malve, die Apothekerrose, Johanniskraut, Weinraute, Schafgarbe, Fingerhut, Pfingstrose, Lungenkraut, Indianernessel, Purpur-Sonnenhut, Frauenmantel und viele andere Heilpflanzen, die Sie in der Pflanzliste wiederfinden. Mit wenigen Ausnahmen dominieren die Farben Weiß und Gelb. Durch die Farbwahl wollte ich einerseits einen ruhigen Übergang zwischen dem blauen Band und den Sonnenbeeten schaffen und zugleich nicht durch Farbe die Aussage „des Auges" erschlagen.

Das doppelte Auge, das Äußere und das Innere, das Sehende und dadurch Heilende soll durch dieses Beet dargestellt werden.

Die Beete des „Auges" sind ebenfalls mit Buchsbaumhecken eingefasst. Auch beim Buchsbaum werden Kindheitserinnerungen wach. An Palmsonntag wurden Palmstöcke mit Buchsbaum und Bändern geschmückt und symbolisierten so die Palmwedel, die die Anhänger Jesu zum Einzug in Jerusalem benutzten. Buchsbaum als Willkommensgruß, das hat noch heute Gültigkeit. An ungezählten Haustüren finden wir einen gewundenen Buchskranz, ebenso in der Adventszeit oder zur Hochzeit als geflochtene Girlanden. Sowohl im Münsterland als auch in Ostfriesland ist es Brauch, dem Brautpaar eine große Girlande zu binden. Ursprünglich wurde sie aus Buchsbaum gewunden, heute, mangels großer Mengen Buchsbaum, zumeist aus Fichte. Es ist Aufgabe der Nachbarn dem Brautpaar einen „Bogen" zu bringen. Der Bogen symbolisiert den Übergang, ähnlich einem Tor, von einer Welt zur anderen. Der Buchsbaum symbolisiert das Willkommen in der neuen Zeit. Schreitet das Brautpaar nach der Trauung durch den Bogen, ist es im neuen Leben angekommen.

Bei der Bepflanzung des Auges habe ich einen schwerwiegenden Fehler begangen, als ich die Walderdbeere *Fragaria vesca* mit in die

Beim Blick von oben ist die Form des Auges mit der darin liegenden Kräuterschnecke gut zu erkennen.

Im fünften Schritt

Die Bergminze, *Calamintha nepeta* ssp. *nepeta*, hat ihren Standort im „Auge".

Beete setzte, ohne mir bewusst zu sein, welchem Expansionsdrang diese Pflanze unterliegt. Sie haben so ziemlich jede Staude mit ihren Wurzeln umgarnt und durchzogen. Ich weiß nicht, wie ich sie je wieder loswerden kann. Bereits mit erheblichem Zeitaufwand habe ich versucht, der Plage Herr zu werden, aber ich fürchte, es ist mir nicht gelungen. Zwei Schubkarren Walderdbeerpflanzen hätte ich bereits gut und gerne an meinen Erzfeind, ich habe da jemanden im Kopf, abgeben können. Diesen Rachegelüsten habe ich nicht nachgegeben, sondern die Ableger an den Grundstücksrand gefahren und dort verteilt. Dort dürfen sie sich ungehindert ausbreiten.

Die Bepflanzung entspricht zum jetzigen Zeitpunkt nicht mehr exakt diesem Plan. Den Baldrian habe ich an dieser Stelle ebenso entfernt wie den kleinen Wiesenknopf, da beide sich zu stark ausbreiteten. Ich habe sie durch weitere Taglilien, Fenchel, Dill und Johanniskraut ersetzt.

Im Vordergrund *Paeonia lactiflora* 'Sarah Bernhardt', sie zaubern den Frühsommer in eines der Beete des „Auges". Im Hintergrund blüht die Apothekerrose *Rosa gallica* 'Officinalis' umrankt von dem Frauenmantel *Alchemilla mollis*.

Im fünften Schritt

Sonnenauf- und Sonnenuntergangsbeet

Lernen wir nicht hinzu, so wird unsere nächste Welt
nicht anders sein als diese, sie bietet die gleichen Beschränkungen,
und es gilt, die gleiche bleischwere Last zu überwinden.
Richard Bach

Orangefarbene Kaiserkrone *Fritillaria* im Sonnenaufgangsbeet

Ein Sonnenauf- und Sonnenuntergangsbeet musste einen Platz im Salzwindgarten finden. Die Sonne zeigt sich in Ostfriesland überwältigend. Das Blau des Himmels ist hier blauer als anderswo, die Farben der Luft des ostfriesischen Himmels sind etwas ganz Eigenes, Unverwechselbares. Sie ist prickelnd wie Champagner. Vor allen Dingen die Sonnenauf- und untergänge im Winter strahlen eine Schönheit aus, lassen die Schöpfung erahnen, die mit Worten nicht wiederzugeben ist. Ein Beet als Hommage an dieses Naturwunder, angeregt durch die englische Schriftstellerin Vita Sackville-West. Die Idee dieses Beetes hat letztlich bis zu seiner nunmehrigen Fassung drei Phasen durchlaufen. Zunächst hatte ich ein kleines Beet vorgesehen, direkt gegenüber dem Oktoberbeet. Nachdem das Ursprungsbeet seiner Größe nach zunächst eher einem Hundegrab glich, wie meine Gartenfreundin Karin feststellte, musste ich meinen Plan überdenken. Im nachfolgenden Herbst erhielt das Beet eine neue größere Form. Wie ein geschwungenes Band lag es nun im Rasen.

Der Ursprungsidee entsprechend sollte dieses Beet die Farben des Sonnenunterganges wiedergeben. Die Rose 'Westerland'® durfte bleiben. In der Staudengärtnerei Anja Maubach fand ich alle übrigen Pflanzen in den Farben des Sonnenunterganges wie Taglilien, Mohn, Euphorbien, rotblättriger Fenchel, Nelkenwurz und als Krönung *Ligularia* 'Desdemona' und *Ligularia* 'Othello'. Unterpflanzt hatte ich die zweite Fassung bereits mit der zartgelb blühenden, rotlaubigen, fedrigen *Euphorbia cyparissias* 'Rubra'. Auch die zweite Fassung des Beetes war in seiner Struktur nicht gelungen; es glich immer noch einem Hundebeet, hatte keine vernünftigen Proportionen und lag dauergewellt ohne jeden Bezug einfach im Rasen. Glücklicherweise ließ Reinhards Entwurf dem Hundegrab keinen Platz, sodass ich einen Grund hatte, es zu entfernen.

Die Planung des blauen Bandes und des Auges brachten es mit sich, dass nunmehr ein neuer Platz für das Sonnenauf- und Sonnenuntergangsbeet geschaffen war. Damit wurde das Beet nochmals verlegt und erhielt seine dritte Fassung. Es ist nunmehr Bindeglied und Abschluss zwischen Döpke und formalem Garten. Die Pflanzen des Beetes sind mit umgezogen. Neue Pflanzen sind dazugekommen. Wendet man dem Brunnen im „blauen Band" den Rücken zu, liegt entsprechend der Himmelsrichtung links, Richtung Osten, das Sonnenaufgangsbeet und rechts, Richtung Westen, das Sonnenuntergangsbeet. Die Beete beeindrucken im Frühjahr mit ihrem Frühlingsauftakt. Die Tulpen 'Princess Irene', 'Orange Emperor' und die später blühende 'Groenland', die orangefarbenen Keramikobjekte und die in Massen aufsprießenden Euphorbien *Euphorbia cyparissias* 'Fens Ruby' weben ein wundervolles Frühlingsbild zusammen mit der früh blühenden Rose 'Maigold' im Sonnenaufgangsbeet. Eine wunderschöne, kräftige, widerstandsfähige und problemlose Rose, die als eine der ersten des neuen Gartenjahres in unserem Garten in einem leuchtenden Goldgelb mit Kupferschein und zartem Duft erblüht. Eine

Blick durch den Buchenbogen, dahinter verborgen die Sonnenauf- und Sonnenuntergangsbeete

Im fünften Schritt

Die Strauchrose 'Westerland' in den Sonnenbeeten ist eine der Lieblingsrosen meines Mannes.

Rose, die ich nur empfehlen kann; sie lässt mein Herz jedes Jahr vor Freude hüpfen, weil sie so zauberhafte Blüten hat. Ich möchte sie in meinem Garten unter keinen Umständen missen. Die *Euphorbia griffithii* 'Fireglow' blüht im Frühjahr im Sonnenuntergangsbeet als geschlossenes, geschwungenes Band. Ihre orangefarbenen Scheinblüten haben eine unglaubliche Leuchtkraft und stehen in herrlichem Kontrast zum Blau der Wisterienbäume. Müsste ich mich für eine Lieblingseuphorbie entscheiden, wäre es diese, obwohl ich alle anderen ebenfalls sehr mag. Bereits dreimal habe ich im Sonnenuntergangsbeet in den Hintergrund Federmohn, *Macleaya cordata,* gepflanzt, aber er möchte einfach nicht heimisch werden. Ich weiß inzwischen, dass er nicht gerne verpflanzt wird. Daher habe ich es mit Wurzelstückchen versucht, die mir meine Gartenfreundin Karin ausgegraben hatte, da der Mohn bei ihr fast schon zur Plage geworden ist. Ich hatte versucht, ihn zu überlisten, und die Wurzelteilchen schön mit Erde bedeckt und dann an dem gewünschten Standort einfach in ein Loch geschüttet und mit guter Erde verschlossen. Aber der Wurzelableger hat den Umzug wohl doch mitbekommen und ist nicht ausgeschlagen. Die beiden anderen Male habe ich es mit Topfpflanzen vom Gärtner versucht, aber auch das hat nicht geklappt. Ich werde im Frühjahr einen letzten Versuch starten, da die fedrigen, zart grau schimmernden Blätter und die hohe, apricotfarbene Blütenrispe herrlich hierher passen würden. Parallel dazu werde ich versuchen, ihn an der Nordseite des Hauses zu etablieren, da die Blütenfarbe sehr schön mit der roten Ziegelwand harmonieren würde.

Der Rosenreigen wird in beiden Beeten von je einer Rose 'Westerland'® fortgesetzt, die betörend duftend in einem Kupferorange blüht. Ruth Amann beschreibt in ihrem Buch „Der Zauber des Gartens" diese Rose so wunderbar, dass ich Ihnen diese Beschreibung nicht vorenthalten möchte. „... doch keine ist so aphrodisisch wie diese in flammendem Kupfer-Orange. Alles ist fließend und weich an ihr, die Zweige, die Blüten, die einzelnen Blütenblätter sind weich geschwungen, ja selbst die Dornen schmerzen nicht. Auf der Haut fühlen sich die Blütenblätter sanft und weich an. Nicht wie Samt oder Seide, sondern kühl, fast feucht, und doch hinterlassen sie keine Tröpfchen auf den Händen." Sie fährt fort: „Die Farbe der aphrodisischen Rose ist auch eine wunderschöne Mischung, nicht nur feurig orange, aber auch nicht nur kupferfarben, nicht gelb, nicht rötlich, sondern etwas von allem fließt hinein in das Wunder ihres Farbspiels." Den Duft beschreibt sie: „Ihr Parfum ist nicht schwer und benebelnd wie von tief dunkelroten Rosen, sondern leicht, lockend, erotisch, spielerisch flackernd und hüllt uns ein wie der tanzende Schleier Aphrodites." Könnte man eine Rose hinreißender beschreiben? Nun werden Sie verstehen, warum die 'Westerland'® die Lieblingsrose meines Mannes ist. Zeitgleich mit den Rosen blühen die herrlichen Taglilien, *Hemerocallis* 'Frans Hals'. Die Montbretien, *Crocosmia* 'Lucifer' und 'Emily McKenzie' begrüßen mit ihren leuchtenden Farben den Spätsommer. Ich schätze nicht nur die Blütenrispen, sondern auch ihre an Schilf erinnernden Blätter, die dem Beet Höhe verleihen.

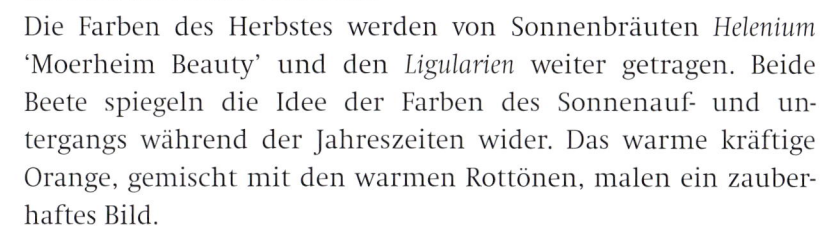

Die Farben des Herbstes werden von Sonnenbräuten *Helenium* 'Moerheim Beauty' und den *Ligularien* weiter getragen. Beide Beete spiegeln die Idee der Farben des Sonnenauf- und untergangs während der Jahreszeiten wider. Das warme kräftige Orange, gemischt mit den warmen Rottönen, malen ein zauberhaftes Bild.

Euphorbia griffithii 'Fireglow' driftet durch das Sonnenuntergangsbeet.

Euphorbien
Die *Euphorbia* 'Fens Ruby' gibt im Frühjahr einen herrlichen Blickfang, wenn sich ganze Kolonien feiner, weicher rotlaubiger Nadeln mit zarten gelben Blüten aus dem Boden schieben. Ich habe beim Umzug des Beetes jeden feinen Schnipsel neu eingepflanzt, auch an den Fuß der Buchenhecke, wahrscheinlich hätte ich es besser nicht getan. Ich hege fast den Verdacht, diese Euphorbie könnte sich zur Plage auswachsen. Warten wir es ab.
Auch die *Euphorbia griffithii* 'Fireglow' ist sehr starkwüchsig und unterliegt einem kräftigen Ausbreitungsdrang. Regelmäßig im Herbst entferne ich einen Teil der Wurzeln, die unterirdischen Kandelabern gleichen. Daher sind diese Pflanzen in einem kleinen Garten vielleicht eher mit Vorsicht zu genießen.

Im fünften Schritt

Froschkönigsgarten

Nichts geschieht, ohne dass ein Traum vorausgeht.
Carl Sandburg

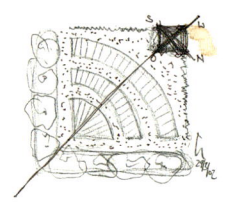

Das erste Scribble für das Tortenstück im Froschkönigsgarten, und genau so haben wir es umgesetzt.

Nachdem wir den „Rosenwall unter den Linden" angelegt hatten, stand der Rasen unmittelbar hinter dem Wall ständig unter Wasser. Zunächst hatte ich einen kleinen kreisrunden Teich im Kopf, ohne Begrenzung, einfach flach vom Rasen ins Wasser übergehend, eben einen Froschkönigsteich. Aus diesem Bild ist der Froschkönigsgarten entstanden. Mein Mann griff meinen Gedanken auf und schon wurden die ersten Ideen während eines entspannten Essens zu Papier gebracht. Zunächst sah es aus wie ein Tortenstück, aber je weiter Reinhard zeichnete, umso eher konnte ich mir vorstellen, welche Idee er vor Augen hatte. Dieser Gartenbereich ist in zwei Phasen während des vierten und fünften Schrittes fertiggestellt worden. Zunächst haben wir das Tortenstück angelegt; für den Rest wollten wir uns Zeit lassen. Vom Bild des Froschkönigsteich ausgehend wünschte ich mir für diesen Gartenraum eine wohltuend ruhige, verzauberte Atmosphäre. Farben sollten hier nicht von den eigenen Träumen ablenken, sodass ich für die Bepflanzung ausschließlich Pflanzen in Weiß, Gelb und Grün wählte.

Das Tortenstück ist bepflanzt mit *Euphorbia schillingii* und *Euphorbia palustris.* Die Euphorbien kommen mit der Feuchtigkeit problemlos zurecht; sie trotzen unserem Regen, Wasser und Sturm. Sie haben sich wunderbar bewährt. Der Boden unterhalb des Beetes war dichter, fester Lehm ohne jeden Wasserabzug. Wir haben versucht, durch Abzugslöcher und einen Bodenaustausch eine Verbesserung herbeizuführen. Bei der Bepflanzung war der Boden aber immer noch so nass, dass ich mit meinen Stiefeln stecken blieb und sie nur mit größter Mühe wieder freibekam. Dieses Beet fordert den geringsten Pflegeaufwand im gesamten Garten. Im Frühjahr schneide ich die Euphorbien und den Frauenmantel mit der elektrischen Heckenschere. Nach der ersten Blüte schneide ich den Frauenmantel erneut und das ist auch schon die gesamte Aufmerksamkeit, die dieses Beet von mir fordert. Ich hatte versucht, hier Winterlinge, *Eranthis hyemalis,* zu etablieren, aber das ist mir leider nicht gelungen. Ganz gleich, ob ich Knollen setzte, Samen säte oder gekaufte und geschenkte Pflanzen einsetzte, diese herrlichen Winterblüher konnte ich nicht ansiedeln. Eigentlich ist es unverständlich, da der Winterling als Mitglied der Hahnenfußgewächse (*Ranunculaceae*) feuchte Böden mag. Ich habe einen weiteren Versuch am Teichrand und am Wildrosenwall gestartet, aber es ist noch zu früh, um eine endgültige Aussage zu treffen. Da die Pflanze in allen Teilen hochgiftig ist, sollte ich mich vielleicht einfach damit abfinden, dass sie sich in meinem Garten nicht wohlfühlt. Das Beet ist mit den restlichen alten Tonziegeln des Gulfdaches umrandet. Hierdurch ergibt sich ein weicher wellenförmiger Übergang des Beetes zum Rasen. Dahinter habe ich als Einfassung ein geschlossenes Band aus Frauenmantel, *Alchemilla mollis,* gewählt. Ein einfacher Stein als Mähkante bildet den Rasenabschluss. Der gewellte Rand der Ziegel gibt dem Tortenstück eine beschwingte Leichtigkeit. Leider sind die Tonziegel nicht von langer Haltbarkeit, da sie frostanfällig sind, dennoch hat es sich gelohnt, sie zu setzen.

Die Realisierung des übrigen Froschkönigsgartens sollte zunächst noch warten. Diesmal trieb nicht meine, sondern Reinhards

Euphorbia palustris im Tortenstück des Froschkönigsgartens mit Blick auf das Lindenspalier

Im fünften Schritt

Ein Frosch im frischen Buchenlaub greift das Thema des Froschkönigsgartens auf.

Ungeduld die Umsetzung voran. Während des Winters überraschte er mich damit, dass er die neuen Beete und Hecken ausgemessen und mit Sand abgestreut hatte. Eine zauberhafte Bank stand als Überraschung in der angedeuteten Heckennische.

Ideen und Gedanken fanden während des Winters, der Zeit des Planens, Eingang in Pflanzenlisten. Im Kopf hatte ich eine ruhige gleichmäßige Bepflanzung. Silberkerzen, Japanische Anemonen und Gräser sollten den Schwerpunkt darstellen. Wundervoll konnte ich mir aber auch eines der Beete ganz gefüllt mit Iris oder Taglilien vorstellen. Die weiß-grüne Hortensie *Hydrangea arborescens* 'Annabelle' könnte hier ebenfalls ihren Platz finden. Der Winter ging ins Land, bis ich mich entschieden hatte. Zwischenzeitlich wurde ich beim Lesen der Lebenserinnerungen Karl Foersters noch einmal unsicher. Ein Ritterspornbeet, geschützt von den neuen Hecken, tauchte vor meinem geistigen Auge auf und schaffte Begehrlichkeiten. Nur ein Beet mit blauem Rittersporn, die Füße vielleicht gesäumt von blauer Katzenminze? Verlockend! Aber ich blieb meiner Ursprungsidee treu und beließ es bei dem grün-gelben Froschkönigsgarten. Schließlich habe ich den konzipierten ruhigen, meditativen Garten, einen Garten zum Aufspüren und Auffinden von Träumen, einen Garten zum Innehalten, Luftholen und Verweilen realisiert. Der entstandene Froschkönigsgarten soll nicht nur zum Schauen und Betrachten verführen, sondern vor allen Dingen anregen, Träume und Wünsche an die Oberfläche zu befördern und sie sich auf diese Weise ins Bewusstsein zu rufen. Die Atmosphäre und die Abgeschiedenheit dieses Gartens fordern auf, den Träumen (und vielleicht dem Froschkönig?) nachzuspüren, um den Weg zu finden, wie die Wünsche Wirklichkeit werden können.

Geborgenheit und Weite soll dieser Gartenteil gleichsam in zweierlei Hinsicht ausdrücken: als gärtnerisches Gestaltungsmittel und im Hinblick auf die meditative Inspiration. Er soll zu verborgenen Wünschen hinführen und ermutigen, in die Ferne zu schauen und die Träume umzusetzen. Das Glück liegt nicht zu unseren Füßen, wir müssen weiter schauen und den Blick in die ungeschützte Ferne schweifen lassen.

Die Buchenhecke soll Schutz bieten und Raum schaffen für den meditativen Froschkönigsgarten, eine Insel im Garten. In der Heckennische lädt ein Platz zum Meditieren ein. In diesem Garten soll die Persönlichkeitsstruktur der „Maria" zum Zuge kommen und die stets in Bewegung und Fürsorge versunkene „Martha" zur Ruhe kommen. Diese beiden Frauen verkörpern jeweils eine Lebensstruktur: „Maria" die der vita contemplativa und „Martha" die der vita activa. Die Lebensentwürfe der beiden Frauen sind auf folgende Geschichte (Lukas 10, 38–42) zurückzuführen: Martha, die Jesus bei einem Besuch als Gastgeberin emsig umsorgt, reagiert verärgert auf ihre Schwester Maria, die einfach nur dasitzt, um Jesus' Worten zu lauschen. Als Martha sich moralische Unterstützung bei Jesus holen will „sie kann mir ja wohl mal helfen", reagiert dieser unerwartet: „Martha, Martha, du machst dir so viel Mühen. Aber nur eines ist notwendig. Maria hat das Bessere gewählt, das soll ihr nicht genommen werden." Dieser Garten soll ein Garten der „Maria" sein, der Raum zur Kontemplation, zum Anhalten, zum Stillwerden und Zuhören bietet. Der Froschkönigsgarten führt mir immer wieder vor Augen, dass es lebensnotwendig ist, die Natur einzuatmen, sich ihrem Rhythmus hinzugeben, zur Ruhe zu kommen und das „Umsorgen" einzustellen.

Gelber Mauerpfeffer, *Sedum acre*, blüht – ohne mein Zutun – versteckt im Froschkönigsgarten in den Töpfen.

Im fünften Schritt

Die Akelei *Aquilegia chrysantha* var. *chrysantha* 'Yellow Queen' im Froschkönigsgarten

Auf einer Ausstellung des Künstlers Ferdi Schreiber fand ich eine Skulptur mit dem wunderschönen Namen „Die Königskinder". Diese Skulptur aus altem verwittertem Eichenholz, gehalten und umgeben von einer Eisenkrone, würde die Symbolik dieses Gartens bildhaft ausdrücken und Mut machen, dass Wünsche, wenn wir es wagen, sie anzuschauen und anzunehmen, Wirklichkeit werden können, auch wenn alles dagegen zu sprechen scheint. Während der Umsetzung der Idee war es, wie konnte es anders sein, nass, aber ich hatte Urlaub und konnte daher auf diese äußeren Umstände keine Rücksicht nehmen. Die Beete im Froschkönigsgarten waren abgestochen. Die Rasensoden bildeten kleine Beethügel, die an frische Gräberhügel erinnerten. Ich hatte nicht die körperliche Kraft, die Grassoden von allen Beeten abzutragen, also sprach ich mit einem Gärtner, ob er mir die neu anzulegenden Beete grubbern könne. Gesagt, getan. Ich fuhr zunächst reichlich Sand auf die Beete und ging davon aus, dass ich alle wesentlichen Voraussetzungen geschaffen hatte. Die Beete sahen wirklich gut aus, sie warteten nur auf das Bepflanzen.

Rasen abtragen

Die Rasensoden nicht abzutragen war keine gute Idee. Ich musste alle Beete noch einmal umgraben und habe dabei alle nicht zerstörten und einfach unter der Oberfläche verborgenen Rasenstücke herausgesucht. Diese Arbeit hat meine körperlichen Kräfte nahezu überschritten. Der Boden war nass und schwer, sodass auch das Abfahren des Bodens körperliche Schwerstarbeit war. Also: Wenn Sie aus einem Rasenstück ein Beet machen wollen, heben Sie, auch wenn es unendlich mühsam ist, die Rasensoden erst vollständig ab, sonst haben Sie, wie ich, doppelte Arbeit. Hätte ich doch nicht auf die Angaben des Profigärtners vertraut, ich hätte mir so viel zusätzliche Mühe und unendlichen Frust erspart. Die herausgeklaubten Rasenstücke habe ich letztendlich auf einen Berg gefahren und mit schwarzer Folie abgedeckt; bald werde ich neuen Mutterboden ernten können.

Bei der Bepflanzung habe ich mich schließlich dafür entschieden, das mittlere Beet mit einem Funkienband aus *Hosta* 'Golden Tiara' und das äußere Beet wiederum mit einer Umrandung aus Frauenmantel, *Alchemilla mollis,* ebenso wie das Tortenstück zu versehen. Mein Bemühen ging dahin, diesen Gartenraum für jede Jahreszeit attraktiv zu gestalten. Die Blütezeit beginnt im März mit der kleinblumigen Narzisse, *Narcissus* 'Tête-à-Tête' und wird fortgesetzt von den *Viridiflora-Tulpen* 'Spring Green'. Die Viridiflora-Tulpe mag ich besonders gern. Mit ihrem breiten grünen Band in der Länge des Blütenblattes haben sie ihren eigenen Reiz. Aus dieser Besonderheit leitet sich auch der Name ab, denn Viridiflora bedeutet: mit grünen Blättern. Die Tulpe 'Spring Green' nimmt in wunderbarer Weise das Farbkonzept des Froschkönigsgartens sowohl durch das grüne Band als auch mit der Blütenfarbe Weiß auf. Die Tulpe blüht etwa ab Mitte Mai. Zu diesem Zeitpunkt haben sich bereits die noch zusammengerollten Funkienblätter aus dem Boden geschoben und der Frauenmantel zeigt ebenfalls die ersten grünen Spitzen. Das Farbthema würde sich ebenfalls wunderbar in der China-Rose 'Viridiflora' fortsetzen,

Die Englische Rose 'Graham Thomas', als Hochstammrose im Quadrat im Froschkönigsgarten gepflanzt, nimmt das Farbschema dieses Gartenteils wunderbar auf. Sie ist umgeben von der zartgelb blühenden *Phlomis russeliana* und der weiß blühenden Sterndolde *Astrantia major* 'Shaggy'.

Im fünften Schritt

Erstbepflanzung

Will ich ein Beet komplett neu bepflanzen, stelle ich zunächst alle Pflanzen gemäß meiner Bepflanzungsidee an die vorgesehenen Plätze. Ich halte mich hierbei jedoch nicht streng an einen vorgegebenen Pflanzplan, sondern folge meinem Rhythmus, den ich dann auch umsetze. Kommen mir während des Pflanzens Zweifel, ändere ich das Konzept nicht mehr ab. Ich pflanze die Pflanzen dort ein, wo ich sie platziert habe. Dieser umgesetzten Idee lasse ich dann Zeit, sich zu entwickeln, ohne die Bepflanzung noch mal zu ändern. Diese Vorgehensweise habe ich mir bei der Staudengärtnerin Anja Maubach abgeschaut.

Da ich das Froschkönigsbeet im Frühjahr angelegt habe, habe ich die kleinen Narzissen *Narcissus* 'Tête-à-Tête' als Topfware gekauft und in einem Zug mit eingepflanzt. Ich habe diese Vorgehensweise inzwischen bereits des Öfteren ausprobiert und sie gefällt mir gut. Der Froschkönigsgarten ist ein Gartenbereich, den ich im Herbst nicht abräume, da fast alle Pflanzen eine interessante Winterstruktur haben, sodass ich im Herbst für Frühlingszwiebeln keinen Platz finde. Das ist ein Grund. Der andere liegt darin begründet, dass man auf diese Weise im Frühjahr auftretende Lücken füllen kann. Dies gilt zumindest für Frühlingsblüher, die keinen besonderen Ansprüchen unterliegen, denn diese kann man inzwischen fast alle vorgezogen kaufen. Pflanzt man im Herbst Frühlingszwiebeln an einen Standort, an dem schon Zwiebeln in der Erde schlummern, besteht darüber hinaus immer die Gefahr, diese zu verletzen. Da diese Art des Pflanzens kostenaufwendiger ist, als lose Ware zu kaufen, greife ich darauf nur an bestimmten Standorten zurück.

die mit ihren hellgrünen gefüllten Blüten wunderbar in dieses Gartenbild passen würde. In die schmalen Beete passt sie nicht, aber ich spiele mit dem Gedanken, zwei 'Viridiflora' in Töpfe zu setzen. Ich zögere aber immer wieder, da ich nicht ausreichend dafür Sorge tragen kann, dass sie im Sommer gewässert werden. Zur Tulpenzeit blüht die wunderschöne, witzige Akelei, *Aquilegia* 'Yellow Queen'. Ich finde diese Akelei geradezu spaßig, da sie wie ein Sputnik aussieht. Sie blüht inzwischen in vielen befreundeten Gärten, da sie die Gartengäste immer wieder begeistert und sie sich Samen erbitten, den ich gerne abgebe. Das wichtigste Auswahlkriterium für die Pflanzen war die Widerspiegelung des Farbkonzeptes des meditativ-kontemplativen Gartens. Die Sterndolde *Astrantia major* 'Shaggy' des holländischen Gartengestalters und Züchters Piet Oudolf erfüllte diese Voraussetzungen perfekt. Die Staude hat sich inzwischen wunderbar eingelebt und besticht durch ihre zarte weiß-grüne Leichtigkeit. Neben der Akelei findet im Froschkönigsgarten vor allem immer wieder das Brandkraut *Phlomis russeliana*, auch Löwenschwänzchen genannt, Bewunderung. Die gelben Blütenbälle symbolisieren gleichsam die Kugel des Froschkönigs. Sie hat aber darüber hinaus auch ein wunderbares herzförmiges Blattwerk, was den Boden vollständig bedeckt und jedes Unkraut unterdrückt. Meine besondere Aufmerksamkeit hat das Löwenschwänzchen jedoch im Winter, wenn es braun verfärbt dem winterlichen Garten Struktur verleiht. Die sommerlich blühenden Taglilien, die weißen Herbstanemonen und die Silberkerzen driften über die Rasenwege hinweg von einem Beet zum anderen. Die Wege wurden als Rasenwege angelegt. Sie sollen in jeder Jahreszeit das den Gartenteil prägende Grün tragen. Gleichzeitig bilden sie einen grünen, die schmalen Beete auffangenden Rahmen, der in der Mitte der schmalen Wege ein Quadrat bildet, das von der Hochstammrose 'Graham Thomas'® beherrscht wird.

Phlomis russeliana und *Alchemilla mollis* im Froschkönigsgarten beeindrucken jeden Besucher.

Im sechsten Schritt

*Wahrer Reichtum besteht nicht im Besitz,
sondern im Genießen*
Chinesisches Sprichwort

Im sechsten Schritt

Der Eibengarten

Man weiß nie, was daraus wird,
wenn die Dinge verändert werden.
Aber weiß man denn, was daraus wird,
wenn sie nicht verändert werden?
Elias Canetti

Der Eibengarten frisch gepflanzt. Werden es die großen majestätischen Kugeln schaffen?

Im sechsten Schritt wurde unser Garten mit einem Mal erwachsen. Das vorhergehende Gartenjahr war durch die grundlegenden Neugestaltungen so kräftezehrend, arbeitsintensiv und kostspielig gewesen, dass wir zunächst ein Jahr Ruhe einplanten, indem wir das Geschaffene pflegen und genießen wollten. Wie so häufig gaben äußere Umstände den Anstoß, noch nicht innezuhalten, sondern unsere Gartengestaltung fortzusetzen.

Als uns ein Freund erzählte, dass er von einem Garten wisse, indem riesige alte Eibenkugeln entfernt werden sollten, hatte er sofort unser Interesse geweckt. Er machte uns noch neugieriger, als er von ihnen schwärmte, sie seien so schön, dass man sie nicht einfach wegwerfen dürfe, ob wir nicht vielleicht Verwendung für diese herrlichen Pflanzen hätten. Nachdem wir uns die Eiben an ihrem alten Standort angesehen hatten, war uns klar, dass wir sie gerne zu uns in den Garten einladen wollten. Es waren 15 riesige Eibenkugeln, die als Hecke gepflanzt waren. Die Eiben umzupflanzen stellte ein nicht unerhebliches finanzielles Risiko dar, denn es war keineswegs sicher, ob der Umzug gelingen würde. Im Gegenteil, alle sachlichen Argumente schienen dagegen zu sprechen. Die Eiben, *Taxus baccata,* mögen weder nasse Füsse noch schweren Boden oder salzhaltige Winde. Darüber hinaus waren diese alteingesessenen Pflanzen nicht auf einen Umzug vorbereitet. Ein befragter Gärtner zerstreute unsere Bedenken und ermutigte uns zur Umpflanzaktion. Nach vielem Hin- und Herüberlegen entschieden wir uns, das Wagnis einzugehen. Wir wollten uns auf die Chance einlassen, mit diesen herrlichen Eiben einen formalen Garten anzulegen. Wir fanden eine Anordnung, die wir zunächst mit Bambusstangen und Seilen visualisierten, um so einen Eindruck von der zukünftigen Gestaltung zu erhalten. Um die Form zu vollenden, benötigten wir noch andere Bäume. Nach einigen Überlegungen entschieden wir uns für einen Baum, der die Kugelform der Eibe aufnimmt, für einen *Prunus fructicosa*. Wir ließen die Eiben vom Fachmann ausgraben und zu uns transportieren. Während meiner Osterferien wurden die Eiben und sechs Prunus dann gepflanzt. Ich kann mich noch gut an die ungeheure Anspannung erinnern, unter der ich in diesen zwei Ferienwochen stand. Schmerzlich hatte ich mit ansehen müssen, wie all meine mühsam gepflanzten Schneeglöckchen zertreten worden waren, dennoch war ich fasziniert von der Wirkung des Eibengartens, als alle Bäume gesetzt waren. Unser Garten war auf einen Schlag erwachsen geworden. Der Eibengarten strahlt seitdem eine Erhabenheit und eine Ruhe aus, die an einen Meditationsgarten erinnert. Das Schattenspiel verstärkt diesen Eindruck. Die Anlage des formalen, strengen Eibengartens zeigt deutlich die Handschrift des Architekten, meines Mannes Reinhard. Der Garten ist immer Spiegelbild des Gärtners. Ich liebe eher die wilden, ungezügelten und überschäumenden Pflanzbilder eines überbordenden Bauerngartens. In der Bepflanzung des „blauen Bandes" hat diese Seelenseite ihren Ausdruck gefunden. Dennoch kann ich nicht leugnen, dass mich diese formale Spra-

Traubenhyazinthe *Muscari* am Rand des Eibengartens

che ebenso fasziniert. Mir gefällt die Klarheit des Eibengartens sehr, sodass wir auch hier wieder unsere beiden Stile wunderbar miteinander verbinden konnten. Ein wahrhaft schöner Garten braucht immer beides, die formale, klare Sprache und die Üppigkeit von Formen und Farben. Daher möchte ich dem Eibengarten im Frühjahr ein wenig von seiner Strenge nehmen. Ich hatte immer schon von einer Schneeglöckchenwiese geträumt. Diesen Frühlingsboten als Zwiebeln zu setzen ist mühevoll und es dauert lange, bis man kräftige Horste hat. Also suchte ich eine andere Lösung. Liebenswerterweise erlaubten mir Freunde, in ihrer Schneeglöckchenwiese zu räubern. Ich grub daher mehrere Autofuhren von Schneeglöckchen bei eisig kaltem Wind aus, um sie bei uns im Garten einzupflanzen. Bis ein wirklicher Teppich entstanden ist, brauche ich mal wieder meine Gärtnergeduld; es wird vermutlich noch einige Jahre dauern. Aber ich werde nicht aufgeben und Jahr für Jahr werde ich aufs Neue Schneeglöckchen ausgraben und sie hierher bringen.

Schneeglöckchen *Galanthus nivalis*
Es ist schwierig, mit Erfolg Schneeglöckchen als Zwiebeln zu ziehen. Ich habe die Erfahrung gemacht, dass aus Hunderten von gesetzten Zwiebeln so gut wie keine durchgekommen sind. Ich bin daher dazu übergegangen, sie mit Blatt zu verpflanzen. Sobald die Schneeglöckchen noch im Verblühen sind, teile ich sie, indem ich mit dem Spaten einen Teil der Pflanze absteche und neu einpflanze. Die galanthophilen Engländer nennen diese Art der Vermehrung „in the green". Auf diese Weise kann ich mit der notwendigen Geduld im Laufe der Zeit große Schneeglöckchenkolonien heranzüchten.

Über die Eiben-
kugeln hinweg
schweift der Blick
in den weiten ost-
friesischen Himmel.

Im sechsten Schritt

Nach der gewaltigen Pflanzaktion lag der Eibengarten nun aber völlig ohne jeden Bezug, ohne direkten Zugang und vor allen Dingen auch ohne jeden Blickkontakt zum restlichen Garten hinter dem Hortensienbeet. Ich sann intensiv darüber nach, wie ich den Eibengarten in den Garten integrieren könnte. Mir wollte nicht die richtige Lösung einfallen. Eines Nachts, ich hatte vor dem Schlafengehen Rosemary Verey's Buch: „Mein Traumgarten entsteht" gelesen, fiel mir die Lösung wie Schuppen von den Augen. Wahrgenommen hatte ich vor allen Dingen ihren Rat, so viele Blickachsen wie möglich zu schaffen und dabei die Größe des Geländes, ungeachtet seiner Ausmaße, auszuschöpfen. Ich hatte schon so oft darüber nachgedacht, ob wir vielleicht mit der Anlage des Rosenwalls unter den Linden etwas falsch gemacht hatten. Wir hatten damit die Länge des Grundstücks quasi halbiert und uns den Blick in die Tiefe genommen. Aber in dieser Nacht im Halbschlaf wusste ich endlich, wie und wo wir ohne großen Aufwand diese Blickachse setzen und gleichzeitig den Eibengarten mit einbeziehen könnten. Wenn wir den Rasenweg vom Rosentipi durch das Hortensienbeet bis zur Grundstückgrenze optisch verlängern würden, hätten wir eine Sichtachse, die sich beinahe über die ganze Länge des Grundstücks erstreckt und den Eibengarten hinter dem Hortensienbeet erahnen ließe. Bereits in der Nacht konnte ich sehen, dass diese neue Sichtachse zukünftig unsere Hauptblickachse sein würde, von der die einzelnen Gartenbereiche abzweigen. Am Ende dieser Blickachse würde der Blick in die weite ostfriesische Landschaft in den Garten einbezogen werden und genau dort würde im Sommer die Sonne untergehen. Vielleicht könnten wir an dieser Stelle ein oder zwei gegenüberliegende Bänke aufstellen, um den Sonnenuntergang genießen zu können. Ich konnte es kaum erwarten, vor Ort zu schauen, ob meine Ideen sich realisieren lassen und genau diesen Eindruck hinterlassen würden. Bei strahlendem Sonnenschein, aber noch etwas nassem Schnee, ging ich am nächsten Januarsonntag mit unserem Messeimer in den Garten und probierte mit Bambusstöcken und Seilen die Wirkung aus. Meine Idee bestätigte sich wunderbar. Mein inneres Bild würde sich realisieren lassen. Nur der Holunderbusch müsste weichen und einige Hortensien müssten versetzen werden. Etwas verunsichert war ich zunächst noch im Hinblick auf das Hortensienbeet. Ich war mir nicht darüber im Klaren, ob der einheitliche Charakter des Beetes durch den Durchbruch zerstört werden würde. Das Risiko wollte ich aber eingehen. Die Schaffung dieser durchgehenden Blickachse, vor allen Dingen aber die Einbeziehung des Eibengartens, hatte Priorität. Als ich dort draußen im Garten stand, wusste ich, dass dieser Gedanke dem Garten, obwohl in der Umsetzung nur eine Kleinigkeit, noch einmal Tiefe und Dimension verleihen würde. Dieses Beispiel macht deutlich, dass mich mein Garten nie wirklich loslässt. Immer ist er in meinen Gedanken und beschäftigt mich. Manche Lösung kommt erst nach einer langen Zeit des Mitsichherumtragens, eine andere sofort. Jeder Gedanke wird seinen Weg finden. Arbeite ich im Garten, unterliege ich seinem Zauber, dem ich mich nicht entziehen kann. Es ist, als stecke ich mit den Fingern in einer Steckdose, als sei ich mit dem Garten, wie Mary Keen es ausdrückt, über einen eigenen Stromkreis verbunden. Die Energie des Gartens fließt und schenkt mir Kreativität, wenn ich sie wahrnehmen und mich ihr hingeben kann. Den Durchbruch und die Blickachse habe ich optisch noch mehr betont, indem wir den entstandenen Weg durch das Hortensien-

Winterzauber: Auch im Winter behält der Garten seine Struktur und damit seinen Reiz. Der Blick wandert über die Eibenkugeln und die Buchenhecken des Froschkönigsgartens bis zum Pavillon.

Im sechsten Schritt

Am Ende der neuen Blickachse schweift der Blick über das angrenzende Getreidefeld bis zum Horizont.

beet mit hellen Sandsteinabschnitten pflasterten, die nun durch das Dickicht hindurchleuchten. Einen weiteren Schwerpunkt hat die Blickachse noch durch einen einfachen Eisenbogen erhalten, über den ich eine vorhandene *Clematis montana* 'Rubens' gelegt habe. So haben wir ohne jeden finanziellen Aufwand die Perspektive des Durchblicks verstärkt. Nachdem sich im Frühjahr gezeigt hatte, dass zwei der Wisterienbäumchen der Allee weiß sind, haben wir diese ausgewechselt und an diese Stelle gesetzt. Es wäre wunderschön, wenn sie sich im Laufe der Zeit über den Bogen legen und dadurch dem Charakter des Durchganges noch mehr Helligkeit und Tiefe verschaffen würden.

Die neu geschaffene Blickachse vom Rosentipi zur Grundstücksgrenze hat dem Garten noch mal eine neue Dimension verliehen. Sie wirkt in beide Richtungen bereichernd. Steht man in den Eiben und schaut zum Rosentipi blickt man aus der dunkelgrünen, tiefen Ruhe des Eibengartens in das quirlige bunte Leben des übrigen Gartens. Schaut man umgekehrt vom Rosentipi zu den Eiben, schweift der Blick über die Eiben hinweg in die weite ostfriesische Landschaft. Am Ende der Blickachse habe ich an der Grundstücksgrenze ein Sichtfenster geschaffen, um die Landschaft auch an diesem Punkt in den Garten einzubeziehen. Wir haben die vorhandenen Bäume aufgeastet, um dadurch einen freien Blick zu erzielen.

In unserem Garten haben wir mehrmals von diesem Prinzip Gebrauch gemacht und uns die wundervolle ostfriesische Landschaft geborgt. Je nach Jahreszeit nehmen weidende Kühe, äsende Schafe, blühende Kartoffelfelder, wogende Weizenähren, Möwenscharen oder Wildgänse unseren Blick gefangen und beziehen in unseren Garten diese unendliche, einmalige unsere Sinne verwöhnende Landschaft ein. Wir holen uns dieses Gefühl der Grenzenlosigkeit, Offenheit, Weite und Freiheit in unseren Garten und unsere Herzen. Die uns umgebende Landschaft hat ihre Ursprünglichkeit bewahren können, ist echt und unverfälscht. Sie ist noch heute von den Naturgewalten abhängig, arrangiert sich mit ihnen und vermittelt gleichzeitig ein Gefühl von Freiheit und Verbundenheit mit der Vergangenheit. Beide Aspekte spiegeln sich in unserem Garten wider. So ist unser Garten nicht nur Spiegel der Seele des Gärtners, sondern auch Spiegel der gewachsenen Landschaft.

„Geliehene Landschaft" nennt man das Prinzip, die Gartenperspektive, die umliegende Landschaft oder besondere, außerhalb des Gartens liegende Blickpunkte in die Gestaltung mit einzubeziehen. Hierdurch wird der Gartenraum optisch erweitert, der Garten erfährt eine Öffnung nach außen und ermöglicht einen weiten, ungehinderten Blick in die Landschaft. So werden Ausblicke in die Landschaft geschaffen, die den Garten umgeben und die natürliche Umgebung in den Garten einbezogen. Die „geliehene Landschaft" ist ein architektonisches Gestaltungsmittel der Gartenkunst. In der englischen Gartenkultur wird dieses Gestaltungsmittel seit dem 18. Jahrhundert in verwandter Form des sogenannten „Ha-Ha" oder des „Aha" eingesetzt. Zielsetzung ist bei diesem Gestaltungselement ebenfalls die Einbeziehung der Landschaft oder markanter Blickpunkte in die Gartengestaltung. Das „Ha-Ha" ist in aller Regel ein unterhalb des Gartenniveaus angelegter tiefer Graben, der Tieren und ungebetenen Besuchern den Zutritt zum Garten erschwert beziehungsweise unmöglich macht. In der Gartengestaltung liegt der Schwerpunkt in der Einbeziehung der Landschaft und nicht so sehr in der Begrenzung des Zutritts. Die „geliehene Landschaft" oder auch das „Ha-Ha" beziehen damit die angrenzende Umgebung als visuellen Bestandteil in den Garten ein. Durch diesen illusionistischen Kunstgriff wird der Garten scheinbar vergrößert, dem Betrachter wird eine Perspektive und Weite vermittelt, die auf der Illusion beruht, die den Garten umgebende Landschaft sei Teil des Gartens.

Dieses Prinzip kann aber nicht nur dann Anwendung finden, wenn der weite Blick in die Landschaft dominiert, sondern auch, wenn andere Dinge lohnenswert sind, sie in den Garten zu holen, wie beispielsweise ein Kirchturm oder ein außerhalb des Gartens liegender alter Baumbestand oder auch eine schöne alte Mauer. Vielleicht gilt es aber auch nur, eine Verbindung zwischen Haus und Garten herzustellen. Gezielt gelenkte Ausblicke aus dem Haus in den Garten schaffen bereits Weite und Perspektiven und bereichern das Wohngefühl sowohl im Haus als auch im Garten. Es geht darum, den Blick in die Ferne schweifen zu lassen.

Die Rückseite des Hortensienbeetes habe ich, die Kugelform und Farbe der Eiben aufnehmend, mit der Hortensie *Hydrangea arborescens* 'Annabelle' und der großblättrigen blauen Funkie *Hosta* 'Blue Angel' bepflanzt. Der von mir gewünschte Eindruck eines geschlossenen weiß blühenden Hortensienbandes mit zu Füßen liegenden blaublättrigen Funkien hat sich noch nicht erfüllt. Die Hortensien wachsen und blühen hier nicht so üppig wie gewünscht. Die Staudengärtnerei hatte mir leider trotz ausdrücklichen Hinweises nicht einheitlich die *Hosta* 'Blue Angel' geliefert, sodass ich einige Pflanzen wieder austauschen musste. Die hier ursprünglich gepflanzte weiße, ungestüme Wildrose *Rosa arvensis* hatte sich nicht bewährt. Sie sollte diesen eher dunklen Bereich mit ihren weißen Blüten aufhellen. Aber kaum eine Blüte hat sich gezeigt. Es war wohl doch zu schattig, obwohl es im Rosenkatalog hieß, dass sie Halbschatten vertragen könne. Bei uns im Garten hielt *R. arvensis* sich sowohl in Wuchs als auch in der Blüte entge-

Im sechsten Schritt

Die weißen Blütenbälle der Hortensie *Hydrangea arborescens* 'Annabelle' nehmen die Form der Eibenkugeln auf und verleihen dem Eibengarten Helligkeit.

gen aller Erwartungen in Grenzen. Wahrscheinlich mochte sie es nicht, hinter der Hecke dem Haus abgewandt zu stehen. Verständlich! Eine Rose ist schließlich kein Mauerblümchen.

Im zweiten Jahr nach der Eibenpflanzung wuchs unsere Befürchtung, dass nicht alle Kugeln angewachsen waren. Wir pflegten die kränkelnden Pflanzen während eines Gartenjahres. Wir gaben ihnen unsere vollständige Aufmerksamkeit und versuchten sie anzuregen, doch noch einzuwachsen. Mit zunehmender Sorge mussten wir feststellen, dass fünf der Eibenkugeln es nicht geschafft hatten. Der Rest war ebenfalls nicht in einem guten Zustand, sondern zeigte viel totes, altes Holz und bei einigen Pflanzen zeigte sich nur im Inneren Leben. Nun galt es zu überlegen, was wir daraus machen sollten. Da dieser Gartenbereich immer noch sehr nass ist, sich in den Wintermonaten häufig große Wasserstellen bilden, weil das Schöpfwerk am Siel es nicht schafft, alle Wassermassen in kurzer Zeit aus dem Land ins Meer zu pumpen, war es äußerst riskant, neue Eiben zu setzen. Als Alternative hatte ich im Kopf, die Eiben in eine Wiesenlandschaft aus hohen Gräsern zu integrieren. Schließlich entschlossen wir uns doch, es noch einmal mit *Taxus baccata* zu versuchen, nachdem wir in einer Baumschule herrliche Exemplare fanden, die allerdings den Überlebenden nicht vollständig entsprachen. Diesmal setzten wir die Eiben nicht in die Erde, sondern auf die Erde und umgaben den Wurzelballen mit Mulch, um die Pflanzen so zu neuen Wurzeln oberhalb des nassen, tiefgründigen Bodens anzuregen. Gerade überstehen die neu gesetzten Kugeln ihren ersten Winter. Wir wünschen uns sehr, dass es geklappt hat. Nachdem ich viel über die Verjüngung von Eiben gelesen hatte, nahm ich all meinen Mut zusammen und beschnitt die Kugeln. Ich nahm alles tote Holz weg, um Licht an den Stamm und in das Innere der Pflanze zu lassen. Die Eiben verloren dadurch zum Teil ihre Kugelform, aber mein Mut scheint belohnt zu werden, da sie am Stamm gut und willig austreiben. Es werden noch einige Jahre ins Land gehen, bis wir wieder 14 herrliche gleichmäßige Eibenkugeln haben werden.

Eibenschnitt

Eiben sind sehr widerstandsfähig und können einen kräftigen Rückschnitt vertragen. Ich habe daher alles tote Holz ohne Rücksicht auf die Form entfernt und bin mir sicher, dass sie wieder ausschlagen werden. Wollen Sie eine alte Eibenhecke beschneiden, können Sie sie ebenfalls zurückschneiden, wobei sie jedoch erst eine Seite schneiden sollten und wenn diese sich wieder erholt hat die zweite Seite.

Bisher bin ich immer davon ausgegangen, dass die Eibe hochgiftig ist; das stimmt auch. Was ich aber nicht wusste, ist, dass die Triebspitzen der Eibe *Taxus baccata* den Wirkstoff Paclitaxel enthalten, aus dem Medikamente hergestellt werden, die bei einigen Krebsarten, etwa Brust- und Eierstockkrebs, einer bestimmten Art des Lungenkrebses und auch bei Hautkrebs eingesetzt werden können. In verschiedenen Städten werden bereits Sammelaktionen durchgeführt. Sie können sich bei Interesse am einfachsten im Internet erkundigen.

Im sechsten Schritt

Holzkegel und Kompost

Ein Garten ist ein schreckliches Wesen: vereinnahmend, herrschsüchtig, kostspielig, rücksichtslos, eitel, prätentiös und egozentrisch.
Peter Würth

Im Zuge der Entstehung des Eibengartens mussten wir die hier zuvor lagernden Holzvorräte entfernen und einen geeigneten Lagerplatz für das Holz und den Kompost finden. Wir formten aus Stahlbewehrungsmatten Kegel, die wir mit dem Kaminholz auffüllen konnten.

Hierzu haben wir Stahlbewehrungsmatten in einer Größe von 2,15 x 5 Metern einfach aufgerollt und sie mit Draht zusammengebunden und die so entstandenen Tonnen aufgestellt.

Mit der Flex schnitten wir ein Tor hinein, damit wir das Holz mühelos entnehmen können. Im Moment ist das Holz in den Kegeln nicht abgedeckt, da die Plastikfolie bei jedem Sturm heruntergerissen wurde. Dauerhaft sollen sie eine feste Abdeckung, vielleicht aus Plane oder einem anderen festen Material erhalten.

Kompost

Für den Kompost habe ich angesichts des großen Gartens noch keine endgültige Lösung gefunden. Der Gartenabfall verrottet nicht oder nur sehr schwer, da ich die Gartenabfälle nicht schreddere. Das ist zu arbeitsintensiv für mich, darüber hinaus bedürfte es eines Profigerätes und damit auch eines Starkstromanschlusses. Beides zu beschaffen erscheint mir zu kostenintensiv, da mir die Zeit für das Schreddern ohnehin fehlt. Ich behelfe mich damit, dass ich an den zugelassenen Brenntagen im Frühling das sperrige Material verbrenne. Eine endgültige Lösung ist das jedoch nicht, weil immer noch zu viele starke Stiele und Zweige im Grünabfall verbleiben, die den Zersetzungsprozess behindern. Schichtweises Kalken und ab und zu eine Schaufel Gartenerde für die Würmer, werden dieses Problem hoffentlich beseitigen.

Mit den Stahlbewehrungsmatten lassen sich ebenso einfach und preiswert Tunnel- beziehungsweise Laubengänge erstellen. Man sieht sie zunehmend in den Bauerngärten, die Blumen zum Selbstschneiden anbieten. Ich könnte mir auf diese Weise vorstellen, einen herrlichen Laubengang, berankt mit Clematis, herzustellen.

Für den Kompost haben wir vier gleich große, nach vorne offene Plätze geschaffen. Sie sind aus Eichenbauholz und U-Profilen einfach und schnell gebaut. Sie haben jeweils eine Größe von etwa 2,50 x 2,50 Metern, sind nicht gepflastert, sondern nach unten offen.

Die Rose 'Boule de Neige' zeigt ihre Blüten auch noch im lichten Schatten am Kompost.

Im sechsten Schritt

Goetheplatz

Ist es ein lebendig Wesen,
das sich in sich selbst getrennt?
Sind es zwei, die sich erlesen,
dass man sie als eines kennt?
Johann Wolfgang von Goethe

Die Weißdornhecke mündete in einem Dreieck aus Knallerbsensträuchern. Diesen Strauch fand ich überall am Hof und hatte ihn bereits in mühevoller Arbeit hinter dem Rhododendrenwall und längs der Auffahrt ausgegraben. Er wuchert stark und setzt sich überall fest. Während der Arbeit am Eibengarten entstand der Plan, diesen Bereich ebenfalls zu gestalten. Bereits seit längerer Zeit hatten wir die Idee im Kopf, an dieser Stelle ein romantisches, schattiges Plätzchen zu schaffen. Nachdem wir das kleine Stück gerodet hatten, wurde sichtbar, welchen zauberhaften schattigen Sitzplatz wir bekommen hatten, den wir in den heißen Sommern zuvor sehr vermisst hatten. Gleichzeitig zeigte sich jedoch, dass nun der Blick auf unsere neu aufgestellten Kaminholzkegel gelenkt wurde. Also galt es, etwas zu schaffen, das den Blick an dem lauschigen schattigen Sitzplatz fängt. Daher wollten wir an dieser Stelle eine Laube oder einen Pavillon bauen. Nachdem ich in Holland einen Eisenpavillon gefunden hatte, entschieden wir uns letztendlich doch gegen diesen Standort, da er unter den Bäumen kaum zur Geltung gekommen wäre. Eine Ramblerrose 'Veilchenblau' und die Rose 'Long John Silver' hatte ich bereits vorher dort gepflanzt. Ebenso eine *Clematis montana*, die schon in die Eiche hineinrankte. Die Voraussetzungen für ein romantisches Plätzchen waren daher auch ohne den Pavillon gegeben. Dieser kleine Platz ist ein Ort voller Poesie und Romantik, der zu Inspiration anregt und Goethes Spuren folgt.
Als wir den kleinen „Goetheplatz" dann mit den herrlichen alten Tonbrandziegeln gepflastert hatten, war bereits die Stimmung entstanden, die ich mir für diesen Ort gewünscht hatte. Ich setzte ein paar Hortensien um, pflanzte überflüssig gewordene Bergenien als Begrenzung und schon war Goethes Platz fertig. Es fehlten einzig und allein noch ein Blickfang sowie eine passende abschließende Begrenzung zum Rasen. Die ergab sich durch die

Pflanzung einer Eibenhecke, die ich inzwischen um den gesamten Platz herumgeführt habe. Es ist ein romantischer verträumter Sitzplatz unter den Bäumen entstanden, der zum Lesen, Schreiben und Malen einlädt.

Die romantische Stimmung am „Goetheplatz" lädt an warmen Sonnentagen zum Lesen und Schreiben ein.

Im sechsten Schritt

Der Pavillon

Die Schönheit der Dinge lebt in der Seele dessen, der sie betrachtet.
David Hume

Mond und Sterne fangen die Sonnenstrahlen am Himmel des Pavillons ein.

Folgende Doppelseite: Abendstimmung im Pavillon. Die Korbstühle laden ein, den Sonnenuntergang und den Duft der Ramblerrosen 'Goldfinch' zu genießen. Die namenlosen Hosta in den Eisenamphoren rahmen den Zugang vom Froschkönigsgarten ein.

Nachdem wir uns gegen den Standort des Eisenpavillons am „Goetheplatz" entschieden hatten, beschlossen wir eine alte Idee aufzugreifen und umzusetzen. Wir hatten uns immer einen Ort gewünscht, der den direkten Blick auf die uns umgebenden Felder, die Ferne, auf den Deich, die weidenden Schafe, die untergehende Sonne ganz unmittelbar bieten sollte. Diesem Gedanken wollten wir Raum geben, als wir gleich im Anschluss an den Froschkönigsgarten in der Nische zum Rosenwall die Eisenlaube aufbauten. Der Pavillon sieht einfach wundervoll aus, genauso, wie ich ihn mir vorgestellt hatte. Es wird noch eine Gärtnerweile dauern, bis er in voller Schönheit erstrahlt. Zunächst plante ich ihn mit der Ramblerrose 'Seagull' zu bepflanzen. Allein schon wegen des Namens hätte ich die Rose gerne in meinem Garten gehabt, da ich es so sehr liebe, die Möwen mit lautem Geschrei über meinen Kopf hinweg fliegen zu sehen.

Letztendlich habe ich mich jedoch gegen diese Rose entschieden, da ich befürchtete, dass sie zu gewaltig wird und den Blick versperren könnte. Die gelben Ramblerrosen 'Goldfinch' werden den Pavillon einrahmen, uns mit ihrem Duft umfangen, ohne den Blick auf den Deich zu versperren. Umgeben ist diese lauschige Ecke von gelblaubigen Buchsbaumkugeln der Sorte *Buxus sempervirens* 'Aurea'. Der Boden des Pavillons ist mit alten Basaltsteinquadern gepflastert, in dessen Mitte ein Auge aus Tonbrandklinkern, als Symbol für den weiten Blick, eingelassen ist. In der Laube leuchtet ein Sternenhimmel, gefertigt aus Edelstahl, der Wind und Sonnenlicht einfängt. Der Sternenhimmel soll das Thema der Unendlichkeit aufgreifen und deutlich machen, wie sehr wir eins mit der Natur sind. Es ist wundervoll, hier den Sonnenuntergang mit dem freien Blick auf den Deich zu genießen, dem Spiel des Windes zu lauschen und die Farben der Sonne in den Edelstahlsternen reflektiert zu sehen. Damit wir diesen Blick recht oft genießen können, wärmt uns an kühlen Abenden ein alter gusseiserner Kamin. Ist es dann auch noch windstill, können wir die Kerzen im eisernen Kandelaber anzünden.

Sitzplätze

Überall im Garten sind Sitzplätze verteilt, die je nach Tages- oder Jahreszeit, Wind- und Wetterbedingungen und Stimmungsmomenten genutzt werden. Jeder der Sitzplätze hat seine eigene Atmosphäre und befriedigt die unterschiedlichen Bedürfnisse, denen jeder von uns unterliegt. Der Pavillon und die kleine zauberhafte Bank mit ihren etwas verrückten Beinen in der Blickachse des Eibengartens sollen den freien Blick in die weite, flache Landschaft Ostfrieslands gewähren und damit dem Wunsch nach Freiheit und Unabhängigkeit nachkommen. Egal ob wir uns gemeinsam oder jeder für sich hierher zurückziehen, hier spüren wir den Hauch des Paradieses und der Unendlichkeit, die von den Fesseln des Alltags befreit. Lediglich ein zierlicher runder Eisentisch, gerade groß genug für einen kleinen Imbiss, und bequeme Korbsessel laden dazu ein, Platz zu nehmen.

Die alten rustikalen Eichenbänke unter der mächtigen Pappel gewähren dagegen Schutz im Rücken und den Blick in den ruhigen, klar gegliederten Eibengarten. Sie laden ein, sich an warmen sonnigen Tagen hierher zurückzuziehen, um die Ruhe und Ausstrahlung des Eibengartens zu genießen. Ein Ort des Rückzugs, der gleichzeitig Rückendeckung und Halt gibt, was durch die dicken, schweren, nicht zu bewegenden Eichenbänke noch unterstrichen wird.

Der „Goetheplatz" liegt im Verborgenen und strahlt die romantische Zurückgezogenheit einer Gartenlaube aus alten Zeiten aus. Der Blick wird hier festgehalten und nicht in die Weite gelenkt, sodass dieser Platz von demjenigen aufgesucht wird, der ein Bedürfnis nach Ruhe, Zurückgezogenheit und Geborgenheit hat. Dieser Sitzplatz liegt unter einer Eiche, inmitten des Hortensienbeetes und ist umgeben von einer Eibenhecke. Diese Merkmale schaffen eine Atmosphäre der Zurückgezogenheit. Ein quadratischer Eisentisch in Schreibtischhöhe lädt zum Lesen oder auch zum Schreiben ein. Reinhard liebt dieses schattige Plätzchen besonders und zieht sich häufig dorthin zum Arbeiten zurück.

Der Sitzplatz im Froschkönigsgarten soll dagegen eher zur Meditation und heiteren Gelassenheit einladen, was durch alte, leicht zu tragende Klappstühle und einen einfachen, typischen Gartenklapptisch, die noch einen Rest ihrer weißen Farbe erahnen lassen, angedeutet wird. Es sind die einzigen hellen Möbel im Garten und sie betonen die Leichtigkeit der zarten und beschwingten Bepflanzung dieses Gartens und der damit verbundenen Atmosphäre. Dieser Ruhepol ist nicht gepflastert, die Stühle stehen einfach auf dem Rasen in der Schutz gewährenden Ecke der Buchenhecke.

Der Sitzplatz mit den einfachen Klappstühlen am Teich ist unser kleiner Feierabendbegrüßungsort. Hier nimmt Reinhard, noch im Büroanzug, gerne als Erstes Platz, wenn er nach Hause kommt. Aufs Wasser zu blicken und die Fische zu füttern, lässt Abstand zum Arbeitstag finden. Zum längeren Aufenthalt ist dieser Platz nicht gedacht, sondern eher zum Luftschnappen, Atemholen und einem kurzen Plausch. Daher stehen hier nur kleine, unaufwendige Stühle, die auch ohne Kissen jederzeit nutzbar sind.

Unser Esszimmer, den Küchensitzplatz und die Liebeslaube habe ich Ihnen bereits vorgestellt. Den lauschigen Rosenwinkel nutze ich besonders gern, um auszuspannen, ein Nickerchen zu halten oder mich an den ersten Sonnenstrahlen zu erfreuen, da hier bequeme Deckchairs zum Entspannen einladen.

Auf den Bänken vor dem Haus genieße ich die frühe Morgensonne und die frühmorgendliche Atmosphäre. Hier stehen nur Bänke, einen Tisch gibt es nicht, sodass diese Plätze eher für das kurze Verweilen, die kurze Atempause gedacht sind.

Durch unterschiedliche Sitzplätze erfährt jeder Garten eine Bereicherung. Der Garten lädt hierdurch ein, sich in ihm aufzuhalten und in ihm Ruhe und Entspannung zu erfahren. Die Atmosphäre jedes Sitzplatzes wird durch dessen Standort im Garten, den Bodenbelag, die Möblierung und die Bepflanzung bestimmt. Ich denke, es ist wichtig, sich im Vorfeld darüber Klarheit zu verschaffen, welches Bedürfnis, welche Ansprüche dieser Platz vordergründig befriedigen soll. Ich glaube, dass man auf diese Weise zu besonders gelungenen Ergebnissen kommt, da dann alle Einzelheiten hierauf abgestimmt werden können.

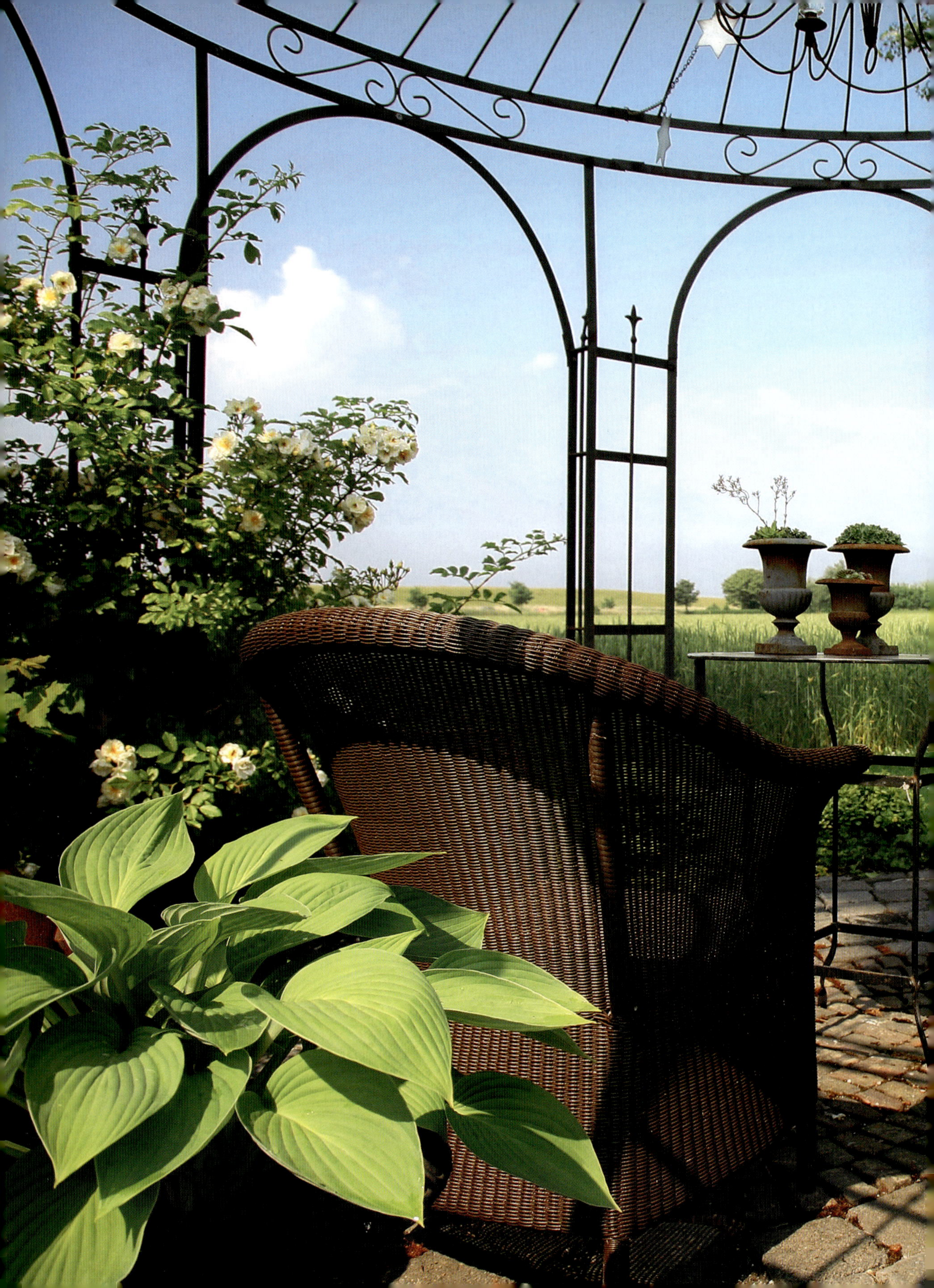

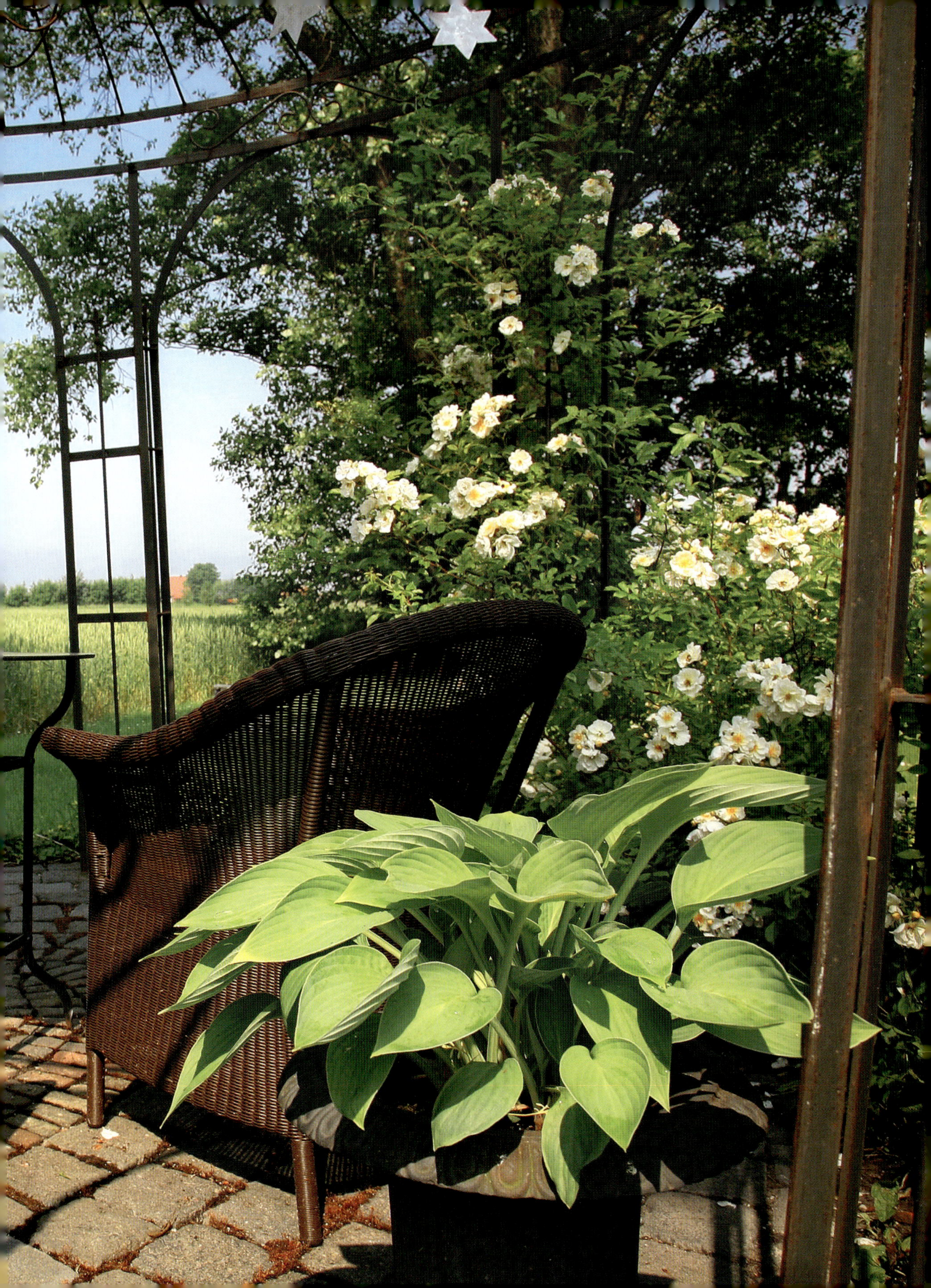

Im sechsten Schritt

Sternenwald

Wenn du wirklich etwas willst, werden alle Märchen wahr.
Theodor Herzl

Lenzrose, *Helleborus orientalis*-Hybride, im Sternenwald. Jede Blüte birgt eine neue Überraschung, da die Pflanzen sich durch Selbstaussat immer wieder verändern.

Am äußersten Ende des Gartens liegt der Sternenwald, ein kleines Ahornwäldchen. Im zeitigen Frühjahr ist es übersät mit weißen, wilden Milchsternen, daher bekam es diesen Namen. Dieses Wäldchen diente unseren Vorgängern offensichtlich als Müllhalde. Nachdem ich die übrigen Gartenbereiche bearbeitet hatte, wollte ich nun endlich diesen hinreißenden Ort von allem Unrat befreien und ihm seinen ursprünglichen Zauber zurückgeben. In mühevoller Kleinarbeit beseitigte ich Steine, Betonreste, Eisenteile, Reste von Stacheldrahtzäunen und unzähligen anderen Müll. Erst während der Arbeit wurde deutlich, welche Unmengen dort gelagert waren und welch schöner Ort sich dahinter verbarg.

Aus dem Sternenwald ist ein Vorfrühlingswald geworden. Nachdem ich allen Unrat und das Unkraut entfernt hatte, habe ich zwei schmale Pfade, den natürlichen Gegebenheiten folgend, angelegt und diese mit Christrosen, *Helleborus*-Hybriden und *H. niger*, gesäumt. Daneben habe ich Salomonssiegel *Polygonatum*, Aronstab *Arum, Cyclamen, Trachystemon* und frühe Osterglocken gesetzt, um an dieser Stelle einen Frühlingswald entstehen zu lassen. Die Rose 'Boule de Neige', eine herrliche, weiß blühende alte Rose, toleriert auch schattige Standorte und kommt hier gut zur Blüte. Die Weggabelung habe ich durch eine flache, schlichte, gusseiserne runde Schale markiert, die den Eindruck der Traumwelt noch unterstreichen soll. Der Sternenwald findet seinen Abschluss zum rückwärtigen Garten nunmehr in einer Weißdornhecke. Undurchdringlich für Außenstehende ist hier ein geschützter Raum entstanden.

Ja, und dann hoffe ich, dass sich hier mein Traum vom Maiglöckchenwald verwirklichen wird. Geschenkte und gekaufte Maiglöckchen habe ich hierher gepflanzt; jetzt lasse ich alles ruhen, um die Magie dieses Ortes nicht zu stören. Das Wäldchen hat eine zauberhafte Stimmung, es ist tatsächlich ein Märchenwald; vielleicht werden dort sogar Wünsche wahr.

Der verwunschene Sternenwald im Abendlicht

Die weißen Blütenglocken des Salomonssiegels *Polygonatum* tragen zur zauberhaften Stimmung dieses Fleckens mit bei.

Im sechsten Schritt

Kindergarten und Pflasterarbeiten

Mit dem Monde will ich wandeln:
Schlangenwege über Berge
führen Träume, bringen Schritte
durch den Wald dem Monde zu.
Theodor Däubler

Schon seit Beginn unserer Gartengestaltung waren wir auf der Suche nach alten Klinkersteinen. Nun kamen sie gerade während dieser Phase zur rechten Zeit. Reinhard konnte die Steine einer alten aufgenommenen Straße aufkaufen. Wieder einmal waren es seine planerischen Fähigkeiten, die die Pflasterung zu einer außergewöhnlichen Gartengestaltung werden ließen. Er plante und skizzierte die Pflasterung für jeden Gartenbereich. Die Wege erhielten eine andere Pflasterung als die Plätze und jeder Platz wurde entsprechend seiner Funktion und seiner Atmosphäre gepflastert. Mit Fertigstellung der Pflasterarbeiten erhielt der Garten noch einmal eine völlig neue Atmosphäre und Gestalt. Die alten handgeformten Torfbrandklinkersteine schimmern in vielfältigen Farben und verstärken zum Beispiel im blauen Band das Blau der Pflanzen. Nun hat es den Anschein, als gäbe es diesen Garten schon immer. Gut, dass wir auf die richtigen Steine gewartet haben und uns nicht vor lauter Ungeduld auf einen Kompromiss eingelassen haben. Gleichzeitig mit den Pflasterarbeiten realisierten wir in der Einfahrt die Idee des Kindergartens, eine formale Struktur mit Buchsbaumkugeln. Der Plan ist inspiriert von Don Monty, in dessen herrlichen und lehrreichen Buch „Genial Gärtnern biologisch und naturnah" ich eine ähnliche Abbildung gesehen hatte. Wir haben für die Umsetzung mit dem Elektrohammer tiefe große Löcher in den Erdboden schlagen müssen. Diese habe ich dann mit gutem Mutterboden, Sand und abgelagertem Pferdemist gefüllt und hierin in strenger Gliederung die Buchsbaumkugeln gepflanzt. Anschließend sind die Kugeln wie bereits auf dem Weg zur Kräuterschnecke eingepflastert worden. Es gibt kaum einen Besucher, der von diesem Gartenentree nicht begeistert ist. Ein Gartenjahr später konnten wir dann durch Zufall noch ein Gartenhaus in der Form eines Zirkuswagens erstehen und im hinteren Gartenteil aufbauen lassen.

Das Häuschen ist so hübsch, dass man es eigentlich als Teehaus oder Atelier einrichten müsste, aber es wird leider als Geräteraum genutzt.
Mit dem Abschluss dieser Arbeiten sind die wesentlichen, strukturbildenden Maßnahmen in unserem Garten beendet, auch wenn noch eine Vielzahl an Ideen und Wünschen vorhanden ist.

Die eingepflasterten Buchsbäume im „Kindergarten"

Im Rückblick

In dem Augenblick, in dem du von etwas überzeugt bist,
von diesem Augenblick an wird dein Traum Wirklichkeit werden.
Paul Collier

Im Rückblick ist der Garten, wie Sie gesehen haben, nicht in einem Guss, nicht aufgrund eines Gesamtkonzepts entstanden, sondern Gartenraum an Gartenraum ist nacheinander geplant und umgesetzt worden. Er fordert zu vielen Zeiten des Jahres all meine verfügbaren Kräfte. Diesen Punkt habe ich bei der Realisierung meiner Gartenwünsche nicht genügend berücksichtigt. Ich war bereits zu sehr von der Gartenkrankheit, „der Maßlosigkeit", infiziert. Man darf sich keinen Illusionen hingeben. Der Garten versklavt. Der Garten ist Freude, Glück und Stolz, aber auch Arbeit, in und zu Zeiten, in denen wir vielleicht lieber etwas anderes täten. Er fordert seinen Tribut. Er will Wasser, Dünger, Aufmerksamkeit. Es ist daher besser, im Vorfeld abzuschätzen, wie viel Raum wir dem Garten geben wollen, sowohl an Zeit als auch an Geld. Möglicherweise werde ich daher in den nächsten Jahren die Bepflanzung in einzelnen Bereichen weniger arbeitsintensiv gestalten. Noch ist es nur ein Vorsatz, alles hat seine Zeit.

Das Gärtnern lässt die Begrenzung der eigenen Kräfte spüren. Die Arbeit im Garten macht frei, sie zieht den Schleier von den Augen. Der Garten ist mir ein wunderbarer Lehrmeister. Ich bin zugegebenermaßen ein Perfektionist; ich glaube, immer alles im Griff haben zu müssen. Der Garten hat mich Geduld gelehrt und mir daneben die Lektion erteilt, dass nicht ich es bin, die das Sagen hat, sondern dass die Natur letztendlich ihren eigenen Weg geht und ich nur mit ihr, nicht gegen sie arbeiten kann. Selbst dann, wenn ich alles richtig gemacht habe, gibt es keine Garantie, dass der Erfolg sich einstellt. Dennoch oder gerade deshalb schafft der Garten Kreativität, Schöpfergeist und fordert meinen Mut und mein Durchhaltevermögen heraus, meine Visionen zu sehen, an sie zu glauben und eines Tages umzusetzen, aber auch die Gegebenheiten zu akzeptieren und zu respektieren. Die Arbeit mit und im Garten ermutigt, auf die innere Stimme und die eigene Wahrnehmung zu hören. Neulich fragte mich Reinhards ältere Tochter Elaine: „Was wird aus deinem Garten, wenn du stirbst?" Ich weiß es nicht. Der Gedanke machte mir zunächst Angst. Er ist noch nicht zu Ende gedacht. Dieser Garten ist Ausdruck meiner Gegenwart, meiner Zukunft, vermischt und verwoben mit meiner Vergangenheit, meiner Familie und meinen Freunden. Er ist kein Testament, kein Vermächtnis, er wird lediglich Zeugnis dafür sein, dass ich, dass Reinhard und ich hier waren. Er wird nur dann weiterleben, wenn eine der Töchter den Garten als Schöpfungs- und Lebensquelle erkennt. Aber auch nur dann, wenn ich es schaffe, dass sie das, was wir geformt und geschaffen haben, stehen lassen können, ohne dass es sie beeinträchtigt. Ein Garten wird nicht für die Ewigkeit gebaut, sondern von und für den, der ihn erschaffen hat und in ihm arbeitet. Es ist in Ordnung, wenn der Garten mit seinem Besitzer stirbt. Schöner ist es, wenn er in der nächsten Generation weiterleben kann. Natürlich wünsche ich mir, dass unsere Töchter zu irgendeinem Zeitpunkt spüren und erahnen, welche Kräfte der Garten freisetzt und wie viel Glück und Zufriedenheit die Gartenarbeit schenkt und welch befreiende Seelenarbeit man in ihm leisten kann. Das Wichtigste ist mir aber, dass die Kinder dieses Abenteuer, diese kreative, beglückende Arbeit für sich spüren und die Weisheit des Gartens und des Gärtnerns, jede auf ihre Weise und in ihrem Garten, entdecken. Ich wünsche ihnen eigene Gärten, mit ihren Erinnerungen, Träumen und Lebenserfahrungen angefüllt.

Der Garten in seiner jetzigen Struktur erfüllt Reinhard und mich mit Glück und Stolz. Er ist aus unendlich vielen Gedankenspielen, Schweißperlen und Geduldsfäden entstanden und doch ist er nicht fertig. Wir würden heute nichts Grundlegendes anders machen. Jeder von uns trägt mehrere Seiten und Aspekte in sich. Bevorzugt der eine Ordnung und Grenzen, schlummert auch immer in ihm eine wilde, ungezügelte Seite und umgekehrt. Die Arbeit im Garten kann diese verborgenen Aspekte unserer Persönlichkeit offen legen, ihnen zu ihrem Recht verhelfen, damit auch sie ausgelebt werden und wir so ein ganzheitliches Glück finden können. Der Garten zeigt, Steinchen an Steinchen gefügt, Reinhard und mich mit jeweils unseren Persönlichkeitsstrukturen und Fähigkeiten als einheitliches Ganzes. Mein Gartentraum verbindet die Jahreszeiten, das Werden und Vergehen, die einzelnen Farben, Romantisches, Zärtliches, Wildes, Formales und vieles mehr. Er verbindet unsere Seelen mit der Seele dieses Ortes.

Erntezeit im Blumengarten

Im sechsten Schritt

Der Garten ist Spiegel der Seele

*Wer mit seinem Garten schon zufrieden ist,
verdient ihn nicht!*
Karl Foerster

Ich habe noch viele Visionen und Pläne im Kopf. Einen Saunagarten, einen abgeschlossenen Garten, der Raum für die Wahrnehmung aller Sinne bietet, würde ich gerne noch realisieren. Es soll ein intimer Gartenraum sein, der Genuss für Augen, Ohren, Haut, Nase und Zunge bietet. Ein Belag aus groben Kieselsteinen soll die Fußsohlen kitzeln und massieren, der Wind soll die Haut berühren dürfen; duftende Pflanzen – wie weiße Nachtviolen und Geißblatt – Nase und Augen verwöhnen. Duftende Kräuter, Verbenen, Rosmarin, Salbei und Minze die Sinne beruhigen, entspannen und verwöhnen. Ein murmelnder Brunnen hilft, den Geist in die eigenen Tiefen zu versenken. Sind wir im Einklang mit uns selbst und der Natur, kann sich Hingabe ausbreiten und dem Eros und der Verführung Raum schaffen. Dieser Garten soll Einladung sein, sich an sich selbst und den anderen zu verlieren. „Wenn du in einem Garten keine Liebe machen kannst, wenn du dort nicht träumen oder dich betrinken kannst, asphaltier ihn doch, wozu ist er sonst gut?", so Tim Smit in „The Lost Gardens of Heligon". Einen leeren Garten, also einen beispielsweise durch Hecken umschlossenen leeren Raum, der das Auge beruhigt und Platz für die Aufgeregtheiten schafft, einen Grasgarten, wie Piet Oudolf sie anlegt, und einen Garten, der an die Farben des Indian Summer und die Pflanzen der Prärie erinnert, und nicht zuletzt einen Gemüsegarten, würde ich mir auch noch wünschen.

Viele, lange glückliche Arbeitstage stehen uns bevor. Wir werden noch Zeit damit verbringen, unsere Gartenträume zu verwirklichen. Es werden viele dazukommen, viele werden sterben, aber wir werden nicht aufhören, weiter zu träumen und daran zu arbeiten, unsere Visionen und Ideen in die Wirklichkeit zu transportieren. Ein Garten ist nie fertig.

Der herbstliche
Garten mit Blick auf
den Pavillon

Im letzten Schritt

*Ich glaube, einer der quälendsten Aspekte in jedem kreativen
Prozess ist der Moment, wenn er sein natürliches Ende findet.
Dabei kommt es nicht darauf an, ob man seinen Kindern,
die das Elternhaus verlassen, nachwinkt,
ob man die letzte Masche einer Decke häkelt oder die
Akte eines spannenden Rechtsstreites schließt,
in dessen Ausfechtung man sein Herzblut investierte ...
Das Gefühl ist immer dasselbe: Zum Teil ist man stolz,
zum Teil traurig, zum Teil zufrieden
und immer ist es auch bittersüß.
Es ist nun an der Zeit, loszulassen,
sich den Staub von den Schultern zu klopfen und zu sehen,
was als Nächstes auf uns wartet.*
Fran Sorin
In: „Gärtnern für die Seele"

Im letzten Schritt steht die Veröffentlichung dieses Buches an. Diesem quälenden Moment des Loslassens dieses Buchprojektes möchte ich mich nicht stellen, ohne den Menschen zu danken, die dieses Projekt ermöglicht und begleitet haben. Zuallererst gilt mein Dank meinem Mann, der meinem Gartentraum nicht nur Gestalt verliehen hat durch seine zahllosen Skizzen und Entwürfe, sondern der immer wieder meine Gärtnermaßlosigkeit, sei es bei der Realisierung von Träumen oder der zu bewältigenden Arbeit, ertragen und erduldet hat. Ich bin glücklich und stolz, dass wir dieses Gartenparadies gemeinsam erschaffen konnten. Ich danke ihm besonders für die wunderschönen Pläne, die er für dieses Buch gefertigt hat und die es Ihnen ermöglichen, sich eine Vorstellung von unserem Garten zu machen.

Herzlich bedanken möchte ich mich bei unserem Fotografen Toma Babovic, der den Mut hatte, sich entgegen seiner anfänglichen Skepsis auf dieses Projekt einzulassen. Er hat die Seele des Gartens mit seinem Herzen, seinem Auge und seiner Kamera entdeckt und für Sie festgehalten. Ein Gartenjahr lang hat er den Garten immer wieder fotografiert, um so alle Aspekte festhalten zu können. Es war eine wunderbare, herzliche Zusammenarbeit, aus der eine Freundschaft entstanden ist.

Ein ganz besonderer Dank gilt Frau Marita Ellert-Richter, die an den Erfolg dieses Buches auch in schwierigen Situationen geglaubt und damit seine Realisierung erst ermöglicht hat.

Ein herzliches Dankeschön geht an meine Mitarbeiterin Tanja Sanft, die das Manuskript in eine ansehbare Form gebracht hat und stets zur Stelle war, wenn mein Computer nicht so wollte, wie ich wollte, und an Brigitta Nöttker, die sich um die zutreffenden botanischen Bezeichnungen gekümmert hat. Auch meiner Lektorin Beatrix Sommer, die das Manuskript einfühlsam und liebevoll redigiert hat, danke ich.

Ein Dank und eine warme Suppe extra gehen an die helfenden starken Männerhände, die Bäume und Hecken gepflanzt, Steine und Pflaster gelegt, mit dem Schlagbohrer oder dem Minibagger Erdkrusten aufgebrochen, unzählige Schubkarren Mist und Mulch gefahren, Eisen gebogen und geschmiedet haben. Ohne ihre helfenden Hände wäre ich immer wieder an meine körperlichen Grenzen und handwerklichen Fähigkeiten gestoßen und hätte den Garten niemals in dieser Weise realisieren können.

Die Fertigstellung des Manuskriptes macht mich einerseits zufrieden und glücklich. Andererseits ängstigt mich nun doch die Veröffentlichung dieses Buches. Es ist ein Unterschied, ein Buch nur für sich privat zu schreiben oder es der Öffentlichkeit preiszugeben.

Anhang

Gartenpläne

Damit Sie eine Vorstellung der Pflanzenmengen erhalten, nenne ich Ihnen hier noch beispielhaft den exakten Bestand von drei ausgewählten Standorten.

Pflanzenbestand im Beet „Lady in red", ca. 35 qm

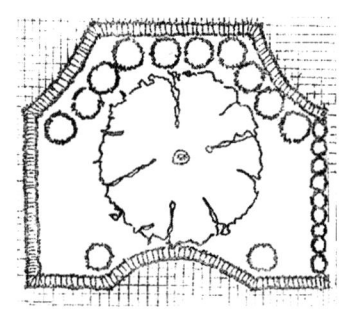

- 9 dunkelrote namenlose Edelrosen
- 1 leuchtend blutrote Strauchrose „Ulmer Münster"
- 12 große Buchsbaumkugeln *Buxus sempervirens* var. *arborescens*
- 8 kleinere Buchsbaumkugeln als Randbepflanzung *Buxus sempervirens* var. *arborescens*
- Buchsbaumeinfassung *Buxus sempervirens* var. *arborescens*
- 5 dunkelrote Salbei – *Salvia officinalis* 'Purpurascens', die allerdings nicht winterhart sind und jedes Frühjahr erneuert werden müssen
- mehrere geteilte, geschenkte, namenlose schwarze Iris
- selbst vermehrte *Euphorbia amygdaloides* 'Purpurea' mit tiefdunkelroten Trieben, die der Farbe des Rosenlaubes entsprechen; die Euphorbien sorgen im Frühjahr mit ihren hellgelben Blüten für einen herrlichen Kontrast zu den dunklen Stielen und zu den roten, fast schwarzen Tulpen
- selbst vermehrte *Heuchera* 'Palace Purple' sorgt neben den Euphorbien dafür, dass die Rosen nicht so nackt dastehen
- 1 Engelwurz *Angelica gigas*, Strukturpflanze und Blickpunkt im Winter
- 1 Zierfenchel – *Foeniculum vulgare* 'Giant Bronze'; der Fenchel ist nicht winterhart, sät sich aber leicht aus
- ungezählte Veilchen – *Viola labradorica* mit rotblättrigem Laub und rosa-violetten Blüten; es hat sich bereits prächtig ausgebreitet
- 3 Silberkerzen – *Cimicifuga ramosa* 'Brunette'; die Silberkerze soll dem Beet im Herbst noch einmal Struktur und Farbe verleihen. Sie hat ein herrliches tiefdunkelrotes Blatt und blüht weiß
- Fetthenne, als Herbstblüher und winterlicher Blickpunkt – 5 *Sedum* 'Matrona', ihre tiefdunkelroten Stiele stehen in einem schönen Kontrast zu ihren zartrosafarbenen Blüten
- 3 *Sedum* 'Red Emperor', niedrig wachsend im Vergleich zur vorhergehenden Sorte. Ihre Blätter und Stiele bestechen durch ein intensives Weinrot
- 5 Taglilien – *Hemerocallis* 'American Revolution' zeigt große samtig schwarzrote Blüten im Hochsommer
- 7 Taglilien – *Hemerocallis* 'Starling' blüht in einem sehr dunklem Braunrot, fast Schwarz mit gelbem Schlund von Mitte Juli bis etwa Ende August
- 3 Taglilien – *Hemerocallis* 'Berlin Oxblood' schmückt sich mit einer samtig roten Blüte im Juli
- 3 Taglilien – *Hemerocallis* 'Frederik' in samtig dunklem Rot, blüht von etwa Mitte Juli bis Ende August
- 3 Taglilien – *Hemerocallis* 'Chicago Apache', besticht ebenfalls mit Blüten in einem samtigen dunklem Rot; von August bis September blühend
- 1 Taglilie – *Hemerocallis* 'El Desperado'; sie blüht gelb mit purpurrotem Auge über grünem Schlund
- 12 *Allium giganteum*
- 30 *Allium* 'Purple Sensation'
- 12 *Nectaroscordum* sic. ssp. *bulgaricum* haben mich im Frühjahr enttäuscht, da ich sie alle stützen musste – kein schöner Anblick
- 12 *Fritillaria persica* soll gegen Wühlmäuse helfen; ihre fast schwarzen Glöckchen sehen einfach zauberhaft aus
- 500 schwarzrote Tulpen *Tulipa* 'Queen of Night'; herrlich zu den zartgelben Blüten der Euphorbien.

Pflanzenbestand „Das Auge", jedes Beet ca. 15 qm

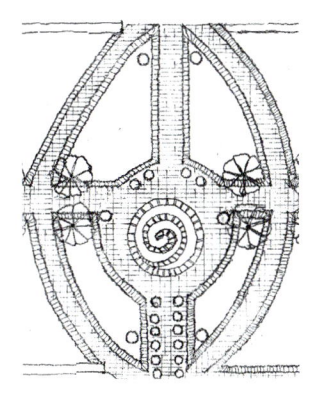

Im „Auge" habe ich insgesamt eingesetzt:
- 27 Steinquendel
- 17 *Sanguisorba minor,* kleiner Wiesenknopf
- 10 x Fingerhut *Digitalis* gelb, 10 x weiß und 10 x purpur
- 6 *Sanguisorba officinalis* (Achtung, sät sich stark aus!)
- 15 Baldrian *Valeriana officinalis* (Achtung, sät sich stark aus!)
- 8 Sonnenhut *Echinacea purpurea* 'Alba'
- 10 Fingerkraut *Potentilla* x *cultorum*
- 8 Schafgarbe *Achillea* 'Mondpagode' und 5 'Credo'
- 1 *Sidalcea* 'Blushing Bride'
- 11 Indianernessel *Monarda* 'Snow Queen'
- 6 Frauenmantel *Alchemilla epipsila*
- 1 *Rosa gallica* 'Officinalis'
- 3 Lavendel
- 7 Taglilie *Hemerocallis citrina* 'Baroni'

Pflanzenbestand im „blauen Band", jedes Beet ca. 25 qm

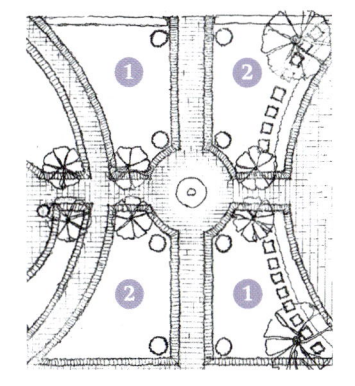

1: Purpurrot/blaue Beete
- 3 Rosen 'Sophie's Rose' in Lichtrot
- 3 Rosen 'William Shakespeare 2000' in Karmesinrot
- 1 *Rosa gallica* 'Officinalis' in Pink
- 2 purpurrote Rosen 'Charles de Mills',
- 1 Rose 'Falstaff', karminrot
- 1 Rose 'Ferdinand Pichard', purpurfarben
- 3 Rosen 'Rhapsody in Blue' (Violett-blau, sie entspricht exakt Reinhards Tintenfarbe)
- 4 *Campanula lactiflora*
- 12 *Iris sibirica* 'Caesar's Brother'
- 14 *Aster pyrenaeus* 'Lutetia'
- 10 *Aconitum napellus* ssp. *napellus*
- 5 *Aconitum a. carmichaelii-Arendsii-Gruppe,* spät blühend
- 40 *Geranium* 'Johnson's Blue'
- 28 *Nepeta* 'Walker's Low'
- 10 *Campanula glomerata* var. *dahurica*
- 4 *Campanula lactiflora*
- 9 *Salvia* 'Tänzerin'
- 10 *Veronicastrum virginicum* 'Lavendelturm'
- 6 *Hosta* 'Blue Cadet'
- Hochstammrose 'Alfred Colomb', eine herrlich duftende Rose
- eine namenlose Hochstammrose mit zartweißen Büscheln

2: gelb/weiß/blaue Beete
- 3 Rosen 'Margaret Merril', weiß mit gelben Staubgefäßen, sie erfreut uns den ganzen Sommer mit ihrem Duft und ihren Blüten; leider hat sie sich bei uns im Garten nicht als winterfest erwiesen, sodass wir sie auswechseln müssen
- 1 Rose 'Charity' Farbe: gelb-apricot
- 3 Rosen 'Teasing Georgia', sehr schön gelb, aber ihre Stiele scheinen für die schweren Blüten zu schwach zu sein, da sie ihre Blütenköpfe immer hängen lassen
- 2 weiße Rosen 'Winchester Cathedral'
- 1 namenlose weiße Geburtstagsrose von Lea als Leihgabe
- 9 *Salvia* 'Tänzerin'
- 14 *Aster pyrenaeus* 'Lutetia'
- 9 *Iris sibirica* 'Caesar's Brother'
- 10 *Campanula glomerata* var. *dahurica*
- 14 *Herbstanemone* 'Honorine Jobert'
- 11 *Brunnera macrophylla*
- 13 *Phlox paniculata* Wildform
- 10 *Veronicastrum virginicum* 'Lavendelturm'
- 20 *Alchemilla epipsila*
- 6 *Hosta* 'Golden Tiara'
- In allen 4 Beeten: *Verbena bonariensis,* die sich zwar immer selbst aussät, die ich aber auch jedes Frühjahr nachpflanze
- *Scilla siberica*
- je ca. 35 *Allium* 'Purple Sensation'
- je ca. 250 weiße Tulpen – *Fosteriana* – Hybride 'Purissima'
- sowie blau blühende Akelei

Rosenliste

R. 'Abraham Darby'® S. 68, **70/71, 73,** 125
Austin (GB), 1985
Eine der schönsten nachblühenden Strauchrosen des Züchters Austin. Sie hat herrliche gefüllte Blüten, die von apricotfarben bis zartrosa wechseln. Sie verströmen einen intensiven Duft. Die meisten Besucher unseres Gartens wählen diese zu ihrer Lieblingsrose. Sie ist wirklich empfehlenswert, da sie sich neben ihrer Schönheit sehr robust gezeigt hat.

R. 'Albéric Barbier' S. 127
Barbier (F), 1900
Eine einmal blühende Ramblerrose mit cremeweiß-gelben gefüllten Blüten. Ihr Laub ist sehr schön grün und gesund. Die Rose lässt sich dank ihrer weichen langen Triebe gut aufbinden. Die Blüten haben einen zauberhaften Apfelduft. Sie flankieren bei mir den Eingang in den Rosengang. Ich kann sie nur weiterempfehlen.

R. 'Alfred Colomb' S. 205
Lacharme (F), 1865
Bei uns im Garten hat sich diese einmal blühende karminrote Rose mit intensiver Nachblüte als Hochstamm sehr bewährt. Sie ist etwas anfällig gegen Sternrußtau.

R. 'American Pillar' S. 50, 100, **101**
van Vleet (USA), 1902
Eine stark wüchsige, einmal blühende Ramblerrose mit karminrosa Blüten, die ein weißes Auge und goldfarbene Staubgefäße haben.

R. 'Apple Blossom' S. 50, 64
Burbank (USA), 1932
Einmal blühende Ramblerrose mit herrlichen hellrosa Blütenbüscheln.

R. arvensis S. 181
Europa 1750
Eine, bis zu drei Meter hoch werdende, Schatten tolerierende, einmal blühende Strauchrose mit weißen ungefüllten Blüten, die durch ihre auffällige gelbe Mitte bestechen; bei mir hat sie sich nicht wohlgefühlt, obwohl sie als sehr robust angepriesen wird. Sie hat ihre allerersten spärlichen Blüten nach fünf Jahren gezeigt.

R. 'Ballerina' S. 114
Bentall (GB), 1937
Die Blütenbüschel gleichen Hortensiendolden in einer zartrosa Farbe, die relativ lange blühen. Sie hat eine zweite Nachblüte, sofern man alles Verblühte entfernt hat. Die Rose hat winzig kleine orangefarbene Hagebutten.

R. 'Bobbie James' S. 50
Sunningdale Nurseries (GB), 1960
Üppig wachsender, unproblematischer, einmal blühender Rambler mit cremeweißen Blüten, die die gelben Staubgefäße freigeben. Achtung! Die Rose hat einen ungeheuren Platzbedarf, aber dann ist sie einfach umwerfend.

R. 'Bonica' S. 115
Meilland (F), 1981
Eine zartrosafarbene Rose, die unermüdlich und ununterbrochen blüht. Sie ist absolut widerstandsfähig und hat bisher noch keinerlei Krankheiten gezeigt. Neben der Rose 'Westerland'® ist dieses die Lieblingsrose meines Mannes, da sie oftmals noch im tiefen Winter blüht. Sie ist eine zuverlässige Rose und jedem Gärtner zu empfehlen.

R. 'Boule de Neige' S. **185,** 192
Lacharmé (F), 1867
Eine für den Schatten geeignete, weiß blühende Bourbonrose. Sie hat wunderbar kräftiges ledriges Laub mit gefüllten, kompakten Blüten. Sie hellt zur Blütezeit den Sternenwald mit ihrem klaren Blütenweiß auf. Eine empfehlenswerte Rose für den schattigen Bereich. Ihre fanastischen Blüten entschädigen dafür, dass sie ihre Pracht nur einmal zeigt.

R. 'Bourgogne' S. 110
Ilsink (NL), 1983
Eine einmal blühende Strauchrose mit rosafarbenen ungefüllten Blüten. Sie besticht durch ihre scharlachroten Hagebutten im Herbst.

R. canina, Hundsrose S. 27, 110
Eine besonders starkwüchsige, im zeitigen Frühjahr blühende Wildrose mit zarten weiß-rosa Blüten und einem herrlichen Hagebuttenschmuck. Achtung, die Rose kann bis zu drei Meter Höhe erreichen.

R. 'Céleste' S. 101
unbekannter Züchter, Einführung bereits 1759
Eine wundervoll zartrosa blühende Alba-Rose, die ich als Ableger geschenkt bekam. Ihre kurze Blüte im Juni ist ein Ereignis für die Augen und die Nase.

R. 'Charity' S. **69,** 205
David Austin (GB), 1997
Diese Englische Rose blüht gelb-apricot und hat einen

starken Myrrhe-Duft. Bei uns im Garten ist sie nicht sehr stabil, da die Stiele die schweren Blütenköpfe kaum tragen können. Nach der Hauptblüte zeigt sie ihre Blüten noch einmal im Spätsommer.

R. 'Charles de Mills' S. 125, 205
Niederlande vor 1770
Gilt als „die alte Gartenrose" in einem wunderschönen leuchtenden Purpurrot. Einmal blühend. Ihre Blüten sind teilweise weiß gesäumt wie eine zierliche Stickerei.

R. 'Constance Spry' S. 59, **60/61**
Austin (GB), 1961
Eine wunderschöne Kletterrose, die in einem leuchtenden Zartrosa blüht. Sie wächst besonders üppig und ihrem Duft nach Myrrhe kann man nicht entkommen. Eine herrliche, krankheitsresistente Rose, die nach einer üppigen Blüte im Juni noch einmal spärlich ihre Blüten im Herbst zeigt.

R. 'Falstaff' S. 205
David Austin (GB), 1999
Eine einmal blühende, herrliche Austin-Rose in Karminrot mit schwacher Nachblüte.

R. 'Félicité et Perpétue' S. **13**, 32, **33**, **34/35**, **41**, 50, 143
Jacques (F), 1828
Eine der wundervollsten Ramblerrosen mit blaßrosa Blüten, die während der Blüte weiß werden. Diese Rose kann ich nur empfehlen. Sie hat einen üppigen Blütenflor und ist in unserem Garten völlig unempfindlich und krankheitsresistent. Ihre Pracht entschädigt dafür, dass sie nur einmal blüht. Den Rosen bekommen die salzhaltigen Winde besonders gut, sodass sich meine Angaben nicht auf jeden Standort umsetzen lassen.

R. 'Ferdinand Pichard' S. 125, 152, 205
Tanne (F), 1921
Eine meiner Lieblingsrosen. Eine Remontantrose mit herrlichen, purpur gestreiften Blüten und einem angenehmen Duft.

R. 'Fritz Nobis' S. 27, 114, 125
W. Kordes' Söhne (D), 1940
Eine meiner liebsten Strauchrosen, da sie eine der fantastischsten einmal blühenden Rosen ist. Sie blüht im Frühsommer in einem zarten unwiderstehlichen Rosa mit einer zartgelben Mitte. Diese Rose ist besonders empfehlenswert, da sie sehr widerstandsfähig und kaum krankheitsanfällig ist. Sie benötigt genügend Platz, da sie eine Größe von etwa zwei Metern erreicht.

R. 'Frühlingsduft' S. 100
W. Kordes' Söhne (D), 1949
Eine hinreißende, früh einmal blühende, große Strauchrose mit dichtgefüllten Blüten in einem hellen Cremeweiß bis Gelb, die ein zartes Rosa überzieht.

R. 'Frühlingsgold' S. 27, 100, 125
W. Kordes' Söhne (D), 1937
Gehört zu den ersten blühenden Rosen des Jahres mit goldgelben, frisch duftenden schalenförmigen Blüten. Eine sehr schöne Rose, die allerdings bis zu 2,50 Meter Höhe erreicht. Einmal blühend.

R. gallica 'Officinalis', Apothekerrose S. 156, **159**, 205
Vor 1300
Bei dieser Rose handelt es sich vermutlich um die älteste Sorte, die in Europa zu medizinischen Zwecken kultiviert wurde. Ihre Blüten haben einen fantastischen kräftigen Pinkton und duften herrlich.

R. glauca, Hechtrose S. 110, **111**
Diese einmal blühende Wildrose finde ich aufgrund ihres Laubes besonders reizvoll, da es blau-grün überhaucht ist. Ihre Blüten sind hellrot mit gelben Staubgefäßen. Sie kämpft bei mir mit der R. moyesii bei den Wildrosen um den Platz der Lieblingsrose. Ich finde ihr Laub einfach zauberhaft.

R. 'Golden Wings' S. 125
Sheperd (USA), 1956
Blüht schwefelgelb, später in rahmgelb übergehend. Eine widerstandsfähige, öfter blühende Strauchrose.

R. 'Goldfinch' S. 50, 188, **190/191**
Paul (GB), 1907
Eine einmal blühende Ramblerrose mit dunkelgelber halbgefüllter Blüte. Sie rahmt den Pavillon zu beiden Seiten ein.

R. 'Graham Thomas'® S. 42, 68, **70/71**, 125, **169**, 171
David Austin (GB), 1983
Es ist wahrscheinlich die Rose, die als Synonym für die gelbe Englische Rose steht. Ihre zahlreichen gelben Blüten duften sehr angenehm. Wir ziehen sie als Kletterrose und im Froschkönigsgarten stehen vier Hochstammrosen. Eine wunderschöne Rose, die ihre Blüten zweimal im Jahr zeigt.

R. 'Hansa' S. 27
Schaum & Van Tol (NL), 1905
Eine öfter blühende Strauchrose in einem ungewöhnli-

chem Rotviolett. Die Rose trägt im Herbst große, rote Hagebutten.

R. 'Königin von Dänemark' S. 125
Booth (D), 1826
Eine der schönsten Alba-Rosen, die besonders pflegeleicht ist. Ihre rosa Blüten sehen zauberhaft aus, haben aber immer wieder mit dem Regen zu kämpfen; dann öffnen sich die Blüten nicht, sondern verkleben zu einer braunen unansehnlichen Masse. Eine herrliche Rose, die auch in unserem Garten sehr widerstandsfähig ist und durch ihren besonderen Duft bezaubert. Sie hat ihre Hauptblüte im Juni und schiebt dann verhalten immer wieder Blüten nach.

R. 'Lichtkönigin Lucia'® S. 27, 125
W. Kordes' Söhne (D), 1966
Blüht in üppiger Fülle fast den ganzen Sommer hindurch in einem zarten Zitronengelb.

R. 'Long John Silver' S. 50, 186
Horvard (USA), 1934
Eine weiß blühende Kletterrose, die wie ein Rambler zu verwenden ist. Sie hat herrliche, stark gefüllte Blüten, die in kleinen Büscheln erscheinen.

R. 'Maigold' S. 125, 161
W. Kordes' Söhne (D), 1953
Dies ist meine absolute Lieblingsrose im Frühling. Sie blüht in einem leuchtenden Gelb, das mit einem Kupferschein überzogen ist. Sie blüht meistens als erste Strauchrose bereits im Mai; ich kann mich an ihr nicht sattsehen. Sie duftet darüber hinaus, ist völlig unempfindlich, aber eher für größere Gärten geeignet, da sie eine Größe von 2,50 Meter erreichen kann.

R. 'Margaret Merril' S. 205
Harkness (GB), 1978
Eine wunderschöne Strauchrose mit herrlichen, intensiv duftenden weißen Blüten. In unserem Garten hat sie sich nicht sehr winterhart gezeigt. Nässe und Kälte setzen ihr stark zu.

R. moyesii Mandarinrose S. 110, **111, 113**
Hemsley & Wilson (GB), 1894
Eine tolle, dunkelrot, einmal blühende, duftende Wildrose, die im Juni blüht. Ihre Hagebutten sind flaschenförmig, herabhängend und können eine Größe von sieben Zentimetern erreichen.

R. multiflora Büschelrose S. **31**
Blüht, wie der Name sagt, in dichten weißen Büscheln; sie duftet während der einmaligen Blütezeit im Juni zart nach Honig.

R. 'New Dawn' S. **20/21**, 42, 43, **44/45**, 126, 127, **128/129**, 131, 131
Somerset Nursery (USA), 1930
Eine der fantastischsten, robustesten Kletterrosen überhaupt. Sie zeigt den ganzen Sommer ihre großblumigen, zartrosa puderfarbenen Blüten, die den Anschein von schimmerndem zartem Porzellan haben. Sie verströmt einen hinreißenden süßen Rosenduft.

R. 'Paul's Himalayan Musk' S. 50, 114
Paul (GB), 1916
Ein zauberhafter, einmal blühender Rambler mit zarthellrosa, bald weiß werdenden gefüllten Blüten.

R. pimpinellifolia, Bibernellrose, Dünenrose S. 110
Eine weiß bis hellgelb blühende Rose, die zart nach Honig duftet. Aber Achtung, die Rose bildet Ausläufer.

R. 'Rhapsody in Blue' S. 205
Frantasia Cowlishaw (GB), 1999
Eine fast blaue Strauchrose, die sich in unserem Garten als äußerst robust und empfehlenswert zeigt. Sie blüht unermüdlich. Der Name erinnert an das Musikstück von George Gershwin.

R. 'Rose de Resht' S. **122, 124**, 124, 125, 126, 127, 140, 142, **143**, 152
Iran, Lindsay (Markteinführung) (GB), 1940
Diese unwiderstehliche Damaszenerrose spielt die Hauptrolle in unserem Garten. Ihre purpurfarbenen dicht gefüllten Blüten verströmen einen unvergleichlichen intensiven Duft. Sie hat sich bei uns völlig pflegeleicht und gesund gezeigt. Ihre Blüten erscheinen nach der Hauptblüte bis in den November.

R. rugosa, Apfelrose oder Kartoffelrose genannt S. 26, 125
rosa und weiß blühend, trägt im Herbst dicke hellrote Früchte

R. 'Schneewittchen' S. 125
W. Kordes' Söhne (D), 1958
Diese Kletterrose zeigt ihre wohlgeformten, zartweißen Blüten den ganzen Sommer. Die Blüten sind regenfest und die Rose selbst sehr widerstandsfähig und bei uns ohne jede Krankheit.

R. 'Sophie's Rose' S. 205
David Austin (GB), 1997

Eine wunderschöne, hellrot blühende moderne Strauchrose, die bei uns im Garten aber anfällig für Rosenrost ist.

R. 'Super Dorothy'® S. **20/21**, 48, **49**, 50, **51**
Miller (USA), 1901
Eine herrliche, den Ramblern verwandte Rose, die einen Monat lang kräftig rosa blüht. Generell ist diese Rose sehr mehltauanfällig, was sich auch in unserem Garten bestätigt hat. Dennoch möchte ich auf die einmonatige Blütenfülle nicht verzichten.

R. 'Super Excelsa'® S. **20/21**, 42, **44/45**, 50, **55**
Karl Hetzel (D), 1986
Ein wüchsiger Rambler mit karmesinroten Blüten, die bis in den Herbst hinein blühen. Diese Rose ist in unserem Garten ebenfalls äußerst mehltauanfällig, dennoch würde ich sie jeder Zeit wieder pflanzen.

R. 'Teasing Georgia' S. 205
David Austin (GB), 1998
Eine einmal blühende Englische Rose aus der Kollektion von David Austin von zarter Schönheit. Die inneren Blütenblätter sind durch ein dunkleres Gelb als die äußeren Blütenblätter ausgezeichnet, was zu einem reizenden Farbeffekt führt.

R. 'The Pilgrim' S. 68
David Austin (GB), 1991
Eine öfter blühende Englische Strauchrose, deren Blüten den ganzen Sommer ein herrliches reines Gelb zeigen.

R. 'Tuscany Superb' S. 125
Rivers (GB), vor 1837
Eine zauberhafte alte Strauchrose, einmal blühend, die schon Vita Sackville-West ob ihrer samtig roten Farbe geliebt hat.

R. 'Ulmer Münster'® S. 204
W. Kordes' Söhne (D), 1982
Eine aparte blutrot blühende Strauchrose, die mehrmals blüht.

R. 'Veilchenblau' S. 186
Schmidt (G), 1909
Eine Ramblerrose mit zart duftenden violetten Blüten, die ein weißes Auge haben. Die Sorte ist vielfältig einzusetzen, da sie auch Halbschatten toleriert.

R. 'Westerland'® S. 125, 160, **162**, 162, 163
W. Kordes' Söhne (D), 1969
Eine wunderschöne unkomplizierte Strauchrose, die mit ihren leuchtendorangeroten Blüten einen großartigen Anblick bietet. Ihre Hauptblüte ist im Juni mit einer Nachblüte im Spätsommer.

R. 'White Wedding' S. 97
John Scarman (GB), 1995
Eine wunderschöne, in weißen Büscheln sehr üppig einmal blühende weiße Ramblerrose, die zum Namen passend die Liebesbank schmückt.

R. 'William Shakespeare 2000' S. 205
David Austin (GB), 2000
Eine herrliche Rose mit attraktiven kräftig karminroten Blüten, die den ganzen Sommer über erscheinen. David Austin bezeichnet sie als die Beste, die er bisher gezüchtet hat. Auch in unserem Garten hat sich diese Englische Rose bewährt. Bei uns zeigt sie ihre Hauptblüte im Juni, blüht aber den ganzen Sommer verhalten nach.

R. 'Winchester Cathedral' S. 205
David Austin (GB), 1988
Eine Englische Rose mit zahlreichen leuchtendweißen Blüten. Die Rose hat sich in unserem Garten völlig problemlos gezeigt und blüht einmalig sehr üppig.

Anhang

Deutsche Pflanzennamen

Hinweise auf die Seitenzahlen finden Sie im **Botanischen Pflanzenregister**

A
Ackerwinde → *Convolvulus arvensis*
Anemone → *Anemone*
Akelei → *Aquilegia*
Alpenrose → *Rhododendron*
Alpenveilchen → *Cyclamen*
Ampfer → *Rumex*
Aronstab → *Arum*
Artischocke → *Cynara scolymus*
Arzneiehrenpreis → *Veronicastrum*
Aster → *Aster*

B
Baldrian → *Valeriana*
Beinwell → *Symphytum*
Bergenie → *Bergenia*
Bergminze → *Calamintha*
Binse → *Juncus*
Blauregen → *Wisteria*
Blaustern → *Scilla siberica*
Brandkraut → *Phlomis*
Brennnessel → *Urtica*
Bronzeblatt → *Rodgersia*
Buchsbaum → *Buxus sempervirens*
Buschwindröschen → *Anemone*

C
Christrose → *Helleborus*
Chrysantheme → *Chrysanthemum*
Clematis → *Clematis*

D
Dachwurz → *Sempervivum*
Dill → *Anethum*
Distel → *Carduus*
Doppelmalve → *Sidalcea*

E
Efeu → *Hedera*
Ehrenpreis → *Veronica*
Eibe → *Taxus*
Eisenhut → *Aconitum*
Eisenkraut → *Verbena*
Elfenblume → *Epimedium*
Engelwurz → *Angelica*
Erdbeere → *Fragaria*
Estragon → *Artemis dracunculus*

F
Fackellilie → *Kniphofia*
Färber-Hundskamille → *Anthemis*
Federmohn → *Macleaya*
Feige → *Ficus*
Fetthenne → *Sedum*
Feuerdorn → *Pyrancantha*
Fingerhut → *Digitalis*
Fingerkraut → *Potentilla*
Flammenblume → *Phlox*
Fleißiges Lieschen → *Impatiens*
Frauenmantel → *Alchemilla*
Funkie → *Hosta*

G
Gänseblümchen → *Bellis*
Gedenkemein → *Omphalodes*
Geißblatt → *Lonicera*
Giersch → *Aegopodium*
Glockenblume → *Campanula*
Glyzine → *Wisteria*
Goldfelberich → *Lysimachia punctata*
Goldkolben → *Ligularia*

H
Hahnenfuß → *Ranunculus*
Hasenglöckchen → *Hyacinthoides*
Hauswurz → *Sempervivum*
Heckenkirsche → *Lonicera*
Herbstzeitlose → *Colchicum autumnale*
Herzblume → *Dicentra*
Himmelsleiter → *Polemonium*
Holunder → *Sambucus*
Honiglauch → *Nectaroscordium*
Hortensie → *Hydrangea*
Hyazinthe → *Hyacinthus*

I
Igelkopf → *Echinacea*
Indianernessel → *Monarda*

J
Jakobsleiter → *Polemonium*
Jelängerjelieber → *Lonicera*
Johanniskraut → *Hypericum*
Jungfer im Grünen → *Nigella*

K
Kamille → *Chamaemelum*
Kaiserkrone → *Fritillaria*
Katzenminze → *Nepeta*
Kaukasusvergissmeinnicht → *Brunnera*
Klee → *Trifolium*
Kleiner Winterling → *Eranthis hyemalis*
Knoblauch → *Allium sativum*
Kosmee → *Cosmos*
Kümmel → *Carum*

L
Lauch → *Allium*
Lavendel → *Lavandula*
Lenzrose → *Helleborus orientalis*
Ligularie → *Ligularia*
Löwenschwänzchen → *Phlomis*
Löwenzahn → *Taraxacum*
Lungenkraut → *Pulmonaria*
Lupine → *Lupinus*

M
Maiglöckchen → *Convallaria majalis*
Majoran → *Origanum*
Malve → *Malva*
Mauerpfeffer → *Sedum*
Milchstern → *Ornithogalum*
Mohn → *Papaver*
Montbretie → *Crocosmia*

N
Nabelnüsschen → *Omphalodes*
Nachtkerze → *Oenothera*
Narzisse → *Narcissus*
Nelke → *Dianthus*
Nelkenwurz → *Geum*
Nieswurz → *Helleborus*

Deutsche Pflanzennamen
O
Osterglocke → *Narcissus*

Botanisches Pflanzenregister

P
Pfingstrose → *Paeonia lactiflora*
Platterbse → *Lathyrus*
Primel → *Primula*
Purpurglöckchen → *Heuchera*

Q
Quecke → *Elymus*
Quendel → *Thymus*

R
Ranunkel → *Ranunculus*
Rauling → *Trachystemon*
Rebe → *Vitis*
Reetgras → *Phragmites*
Ringelblume → *Calendula*
Rittersporn → *Delphinium*
Rohrkolben → *Typha*
Rose → *Rosa*
Rosmarin → *Rosmarinus officinalis*

S
Salbei → *Salvia*
Salomonssiegel → *Polygonatum*
Schafgarbe → *Achillea*
Scharbockskraut → *Ranunculus*
Schaublatt → *Rodgersia*
Scheinsonnenhut → *Echinacea*
Schleifenblumen → *Iberis*
Schlüsselblume → *Primula*
Schmuckmalve → *Sidalcea*
Schneeglöckchen → *Galanthus*
Schnittlauch → *Allium schoenoprasum*
Schwertlilie → *Iris*
Segge → *Carex*
Silberkerze → *Cimicifuga*
Sonnenbraut → *Helenium*
Spanisches Gänseblümchen → *Ergion marvinskianus*
Spornblume → *Centranthus*
Steinquendel → *Calamintha*
Sterndolde → *Astrantia*
Stockrose → *Alcea rosea*
Storchschnabel → *Geranium*
Sumpfdotterblume → *Caltha palustris*

T
Taglilie → *Hemerocallis*
Thymian → *Thymus vulgaris*
Tränendes Herz → *Dicentra*
Traubenhyazinthe → *Muscari*
Trollblume → *Trollius europaeus*
Trompetenblume → *Campsis*
Trompetenbaum → *Catalpa*
Tulpe → *Tulipa*

V
Veilchen → *Viola*
Vergissmeinnicht → *Myosothis*

W
Waldrebe → *Clematis*
Weinrebe → *Vitis*
Weißdorn → *Crataegus*
Weißwurz → *Polygonatum*
Wiesenknöterich → *Bistorta officinalis*
Wiesenknopf → *Sanguisorba*
Winterling → *Eranthus hyemalis*
Wolfsmilch → *Euphorbia*

A
Achillea 156
Achillea 'Credo' 205
Achillea 'Mondpagode' 205
Aconitum carmichaelii-Arendsii-Gruppe 152, 205
Aconitum napellus ssp. napellus 205
Aegopodium 74, 80
Alcea rosea 52, **53**, 155
Alchemilla epipsila 95, 165, 205
Alchemilla mollis 69, 75, 95, 108, 112, 126, 130, 150, 156, **159**, 164, 165, 169, **171**
Allium 93, 115
Allium christophii 74, 75, 80, **80**
Allium aflatunense 'Purple Sensation' **78/79**, 93, **149**, 151, 204, 205
Allium giganteum 204
Allium nectaroscordum siculum ssp. bulgaricum 204
Allium sativum 104
Allium schoenoprasum **104**
Allium sphaerocephalon 94
Anemone japonica 11, 36, 52, 58, 100, 110, 148, 153, 166, 171
Anemone japonica-Hybride 'Honorine Jobert' 69, 95, **154**, 205
Anemone japonica 'Septembercharme' 109
Anethum 158
Angelica gigas 36, 204
Aquilegia caerulea **56/57**, **102/103**, 151, 155, 205
Aquilegia chrysantha var. chrysantha 'Yellow Queen' **168**, 170
Artemis dracunculus 104
Arum 192
Aster 52, 72, 112, 130, 152
Aster pyrenaeus 'Lutetia' 205
Astrantia 36, 93
Astrantia major 'Shaggy' **169**, 170

B
Bergenia 116, 186
Bergenia-Hybride 'Eroica' 109, 114
Bergenia-Hybride 'Silberlicht' 109, 114, **117**
Bistorta officinales 33, **38/39**
Brunnera macrophylla 205
Buxus sempervirens 62, **62**, 72, 74, **75**, **78/79**, 81, 86, 93, 94, 96, 97, **97**, 104, 108, 109, 120, 134, 148, 151, 154, 157, 194, **195**
Buxus sempervirens 'Aurea' **97**, 188
Buxus sempervirens var. *arborescens* 204

C
Calamintha nepeta ssp. *nepeta* **158**, 205
Calendula 155
Caltha palustris **19**, 32, **38/39**, 155
Campanula 58
Campanula glomerata var. *dahurica* 81, 205
Campanula lactiflora 'Loddon Anna' 205
Campsis x *tagliabuana* 'Mme. Galen' 86
Carduus 80
Carum 104
Catalpa bignonioides 153
Centranthus 95
Chamaemelum nobile 'Plenum' 74, 81
Chrysanthemum 52
Cimicifuga ramosa 'Brunette' 36, 93, 166, 171, 204
Clematis 125, 185
Clematis alpina 43, **159**, 169, **171**
Clematis alpina 'Early Sensation' 131
C. 'Arabella' 43, 131
C. 'H.F. Young' 43
C. 'Jackmanii' 43
C. 'Miss Bateman' 43
C. *montana* 43, **47**, 68, 186
C. *montana* 'Rubens' 43, 48, 58, 180

C. 'Nelly Moser' 43, **46**, 58
C. 'Perle d'Azur' 43
C. 'The President' **42**, 42, 43, 86
C. *tangutica* 43
C. *vitalba* bot. Art 43
C. *vit.* 'Etoile Violette' 43
C. *vit.* 'Romantika' 43, 131
C. *viticella* 43
Colchicum autumnale 64, 65
Convallaria 11, 192
Convolvulus arvensis 74
Cosmos 72
Crataegus 114, 120, 186, 192
Crocosmia 'Emily McKenzie' 163
Crocosmia masoniorum 'Lucifer' 163
Cyclamen 64, 65, 192
Cynara scolymus **156**

D
Delphinium 10, 69, 72, 130, 148, 152, 166
Dianthus 52
Digitalis 52, 155, 156, 205

E
Echinacea 36, 156
Echinacea purpurea 'Alba' 205
Elymus 18, 74, 80, 81
Epimedium 85
Eranthis hyemalis 164, 165
Erigon marvinskianus **97**
Euphorbia 65, 86, 95, 130, 160, 164
Euphorbia amygdaloides var. *robbiae* **68**
Euphorbia amygdaloides 'Purpurea' **88/89**, 93, 95, 204
Euphorbia characias ssp. *wulfenii* 69
Euphorbia cyparissias 'Fens Ruby' 161, 163
Euphorbia cyparssias 'Rubra' 160
Euphorbia griffithii 'Fireglow' **146/147**, 151, 162, **163**, 163
Euphorbia palustris 164, **165**
Euphorbia schillingii 164

F
Ficus 86
Foeniculum 36, 104, 158, 160

Foeniculum vulgare 'Giant Bronze' 95, 204
Fragaria vesca 157, 158
Fritillaria **160**
Fritillaria persica 204

G
Galanthus nivalis 115, 175, 176
Geranium 10
Geranium x *magnificum* 10, 101
Geranium x *oxonianum* 101
Geranium Pratense-Gruppe 'Johnson's Blue' 205
Geum 160

H
Hedera 28
Helenium 36
Helenium 'Moerheim Beauty' 163
Helleborus 100
Helleborus niger 192
Helleborus orientalis-Hybride **192**, 192
Hemerocallis 32, 36, 72, 93, 158, 160, 166, 171
Hemerocallis 'American Revolution' 204
Hemerocallis 'Berlin Oxblood' 204
Hemerocallis 'Chicago Apache' 204
Hemerocallis citrina 'Baroni' 205
Hemerocallis 'Corky'
Hemerocallis 'El Desperado' 204
Hemerocallis 'Frans Hals' 163
Hemerocallis 'Frederik' 204
Hemerocallis 'Starling' 204
Heuchera 87, 93, 95
Heuchera americana 'Palace Purple' 95, 204
Hosta 33, 36, 37, **190/191**
Hosta 'Blue Angel' 181
Hosta 'Blue Cadet' 205
Hosta 'Golden Tiara' 169, 205
Hyacinthoides 11
Hydrangea **115**, 116, 126, 131, 178, 186, 189
Hydrangea anomala ssp. *petiolaris* **46**, 58
Hydrangea arborescens 'Annabelle' 40, 166, 181, **182**

Hydrangea macrophylla 58, **59, 60/61**, 114
Hydrangea macrophylla 'Blue Wave' **115**
Hypericum 156, 158

I
Iberis 155
Impatiens 72
Iris sibirica 36, 37, 40, **51**, 72, 116, 148, 166, 204
Iris sibirica 'Caesar's Brother' 205

J
Juncus 37

K
Kniphofia 106

L
Lathyrus latifolius 'Pink Pearl'
Lavandula angustifolia 52, 124, 126, **140**, 140, 141, 142, **143**, 151, 152, 153, 205
Ligularia 33, 36, 37, 40, 130, 163
Ligularia dentata 'Desdemona' 36, 160
Ligularia dentata 'Othello' 36, 160
Ligularia x *hessei* 36, **37**
Ligularia przewalskii 36
Lonicera 97
Lupinus 130
Lysimachia punctata **13, 34/35**

M
Macleaya cordata 162
Malva 58, 156
Monarda 36, 156
Monarda 'Snow Queen' 205
Muscari 64, 100, 151, **175**
Myosotis 110, 112, 151, 155

N
Narcissus **19**, 32, **38/39**, 97, 100, 110, 115, 192
Narcissus cyclamineus-Hybride 'Tête-à-Tête' 169, 170
Narcissus 'February Gold' 115
Nepeta 52, 112, 130, **131**, 151, 152, 166
Nepeta x *faassenii* 95
Nepeta x *faassenii* 'Six Hills Giant' 109

Nepeta x *faassenii* 'Walker's Low' 109, 131, **141**, 151, 205
Nigella 155

O
Origanum 104
Ornithogalum 192

P
Paeonia lactiflora 10, 52, 58, 116, 148, 156, **159**
Papaver 58, **108**, 155, 160
Phlomis russeliana 36, **169**, 170, **171**, 171
Phlox 69, 72, 148, 152, 205
Phragmites 37
Polemonium caeruleum 95
Polygonatum 192, **193**
Potentilla x *cultorum* 205
Primula 100, 116
Pulmonaria 100, 109, 115, 116, **117**, 156

R
Ranunculus 80, 100, 165
Rhododendron 28, 30, 186
Rhododendron 'Cunningham's White' **29**
Rodgersia aesculifolia 33
Rosa → Rosenliste, S. 206ff
Rosmarinus officinalis 104
Rumex 74, 80, 81

S
Salvia 52, 104, 148
Salvia officinalis 'Purpurascens' 204
Salvia 'Tänzerin' **51, 69**, 205
Sanguisorba minor 205
Sanguisorba officinalis 158, 205
Scilla siberica 110, 151, 205
Sedum 36, 93
Sedum acre **167**
Sedum hybridum 'Immergrünchen' 93
Sedum 'Matrona' 93, 204
Sedum 'Red Emperor' 93, 204
Sedum spurium 'Fuldaglut' **90/91**
Sedum telephium 'Herbstfreude' **92**, 204

Sempervivum **54, 55**, 93
Sidalcea 'Blushing Bride' 205
Symphytum 112

T
Taraxacum 74
Taxus bacata **174**, 174, 175, 180, 181, 182, 183, 186, 187, 189
Thymus in verschiedenen Sorten 104
Trachystemon orientalis 192
Trifolium 80
Trollius europaeus **38/39**
Tulipa 152
Tulipa fosteriana-Hybride 'Purissima' 151, **153**, 205
Tulipa fosteriana-Hybride 'Orange Emperor' 161
Tulipa 'Groenland' 161
Tulipa 'Prinses Irene' 161
Tulipa 'Queen of Night' **88/89**, 93, 204
Tulipa tarda **18**
Tulipa viridiflora 'Spring Green' 169
Thypha 155

U
Urtica 80, 114

V
Valeriana officinalis 95, 158, 205
Verbena bonariensis **148**, 152, 205
Veronica 152
Veronicastrum virginicum 'Lavendelturm' 205
Viola labradorica 92, 204
Vitis coignetiae 58
Wisteria floribunda **102/103**, 130, **146/147, 149**, 151, 153, 155, 162, 180

Anhang

Gartentipps/Rezepte

Gartentipps

Blickwinkel, S. 98
Bodenverbesserung, S. 81
Bodenverdichtung, S. 65
Bodenvorbereitung und Erste-Hilfe-Maßnahmen, S. 155
Buchsbaumpflege, S. 62
Clematisschnitt, S. 43
Eibenschnitt, S. 183
Erstbepflanzung, S. 170
Euphorbien, S. 163
Frühlingszwiebeln, S. 100
Gartenpläne, S. 136
Geliehene Landschaft, S. 181
Herbst- und Winterschönheiten, S. 36
Kompost, S. 184
Lavendelträume, S. 140
Lindenspalier, S. 123
Mulchmaterial, S. 112
Nacktschneckenplage, S. 40
Pflanzenbeschaffung, S. 116
Pflanzenstandorte, S. 30
Praktisches aus Eisen, S. 130
Provisorien, S. 46
Ramblerrosen, S. 50
Rasen abtragen, S. 168
Rasenkanten und Beeteinfassungen, S. 109
Rosenpflege, S. 125
Rosenschnitt bei gezogenen Rosen, S. 127
Schneeglöckchen, S. 176
Sedum, S. 93
Sitzplätze, S. 189
Staudenschnitt im Sommer, S. 130
Stauden teilen, S. 72
Staudenvermehrung, S. 95
Tulpen setzen, S. 152
Unkräuter, S. 80
Wühlmäuse, S. 54

Rezepte

Apfelgelee, S. 99
Apfelkuchen, Schneller, S. 99
Bärlauchpesto, S. 145
Fisch, warm geräuchert, S. 144
Franks Käske, S. 105
Geflügellebermousse mit Äpfeln, S. 99
Rosenkohlspaghetti, S. 145
Rosmarinbrot im Topf, S. 105
Spaghetti mit dicken Bohnen und Bohnenpesto, S. 145
Spargelpesto, Grünes, S. 145
Spargelspaghetti, S. 145

Literatur

Ackermann, Diane
 Die Seele meines Gartens
 Hamburg 2002

Aeils, Johann; Schmidt, Jan
 Steinerne Zeugen in Marsch und Geest, Norden 1998

Ammann, Ruth
 Der Zauber des Gartens und was er unserer Seele schenkt
 München 1999

Anderton, Stephen
 Neues Leben für alte Gärten
 München 1999

Arnim von, Elisabeth
 Elisabeth und ihr Garten
 Frankfurt 1990

Barrett, Marilyn
 Ein Garten für die Seele.
 Der Garten als heilender Ort
 Bern 2001

Chatto, Beth
 Im grünen Reich der Stauden
 Stuttgart 1991

Chudley, Carol Graham, Field, Dorothy
 Gartengespräche unter Frauen
 Vom Pflanzen, Wachsen und Vergehen, München 2000

Don, Monty
 Genial Gärtnern
 Biologisch und naturnah
 München 2004

Foerster, Eva/Rostin, Gerhard (Hrsg.)
 Ein Garten der Erinnerung.
 Leben und Wirken von Karl Foerster, Hamburg 2001

Foerster, Karl
 Ferien vom Ach, Lebensbetrachtung eines weisen Gärtners, Hamburg 1990

Foerster, Karl
 Lebende Gartentabellen
 Radebeul 1994

Götz/Häussermann/Sieber
 Die Stauden-CD
 Stuttgart 2002

Hansen, Richard/Stahl, Friedrich
 Die Stauden und ihre Lebensbereiche
 Stuttgart 1998

Hrsg. Gordon Cheers
 Rosen Enzyklopädie
 Köln 1999

Hesse, Hermann
 Freude am Garten
 Frankfurt/M. 1998

Hobhouse, Penelope
 Meine schönsten Gärten
 Hamburg 1998

Jellouschek, Hans
 Ich liebe dich, weil ich dich brauche, Mit Märchen leben; der Froschköng
 Stuttgart 2001

Keen, Mary
 Mein Gartenparadies
 München

Morrow Lindberg, Anne
 Worte wie Muscheln
 Freiburg i.Br. 1996

Riedel-Laule, Lioba und Nickig, Marion
 Rosen – Freunde fürs Leben
 Hamburg 2002

Roth, Johannes
 Die Gartenlust,
 Die neue Gartenlust
 Frankfurt/M. 1994

Sackville-West, Vita
 Mein Sommergarten
 München 1998

Dies., Aus meinem Garten
 München 1962

Sartori, Ralf
 Wiesengrund. Über innere und äußere Gärten
 München 2001

Seymour, John
 Das Buch vom Leben auf dem Lande
 Ravensburg 1976

Sorin, Fran
 Gärtnern für die Seele
 Beim Säen, Pflanzen und Ernten zu sich selbst finden
 New York 2004; deutsche Erstausgabe München 2006

Swann, E. L.
 Nachts wenn der Garten blüht
 München 2001

Schuch, Ulla
 Workshop Garten
 München 2005

Tornieporth, Gerda
 Das große Buch vom Buchs
 München 2005

Toomey, Mary (Übers. Von Nadja Biedinger)
 Clematis: Kultur und Pflege; Vermehrung und Hybridisierung; die schönsten Sorten
 Augsburg 2000

Verey, Rosemary
 Mein Traumgarten entsteht
 München 1996

Warner, Charles Dudley
 Mein Sommer in meinem Garten
 Zürich 2002

Wintersberger, Astrid
 Der Garten und sein Mensch
 Schriftsteller über ihre Leidenschaft
 Salzburg 2001

Würth, Peter
 Gärtnern; Kleine Philosophie der Passionen
 München 1997

Erhardt/Götz/Bödeker/Seybold Zander
 Handwörterbuch der Pflanzennamen
 1927, 2002

Bezugsquellen / Impressum

Clematis

F.M. Westphal
Clematiskulturen
Peiner Hof 7
25497 Prisdorf
www.clematis-westphal.de

Stauden

Staudengärtnerei
Arends Maubach
Monschaustr. 76
42369 Wuppertal-Ronsdorf
Tel. 02 02/46 46 10
www.arends-maubach.de

De Border
Twickelerlaan 13
NL-7495 VG Ambt-Delden
Niederlande
www.border.nl

Staudengärtnerei
Gräfin von Zeppelin
79295 Sulzburg-Laufen
Tel. 0 76 34/6 97 16
www.graefin-v-zeppelin.de

Staudengärtnerei
Mühring
Hauptstrasse 167
26810 Westoverledingen
Tel. 0 49 61/91 60 55

Gärtnerei
Paul Schwieters
Schlee 8
48720 Rosendahl-Holtwick
Tel. 0 25 66/44 44
www.schwieters.de

Rosengärtner

W. Kordes' Söhne
Rosenstrasse 54
25365 Klein Offenseth-Sparrieshop
Tel. 0 41 21/4 87 00
www.kordes-rosen.com

Baumschule Dieter Kraft
Rhododendrenstraße 47
26639 Wiesmoor
Tel. 0 49 44/56 84

Rosen-Union eG. Steinfurth
Steinfurther Hauptstraße 27
61231 Bad Nauheim Steinfurth
Tel. 0 60 32/9 65 30
www.rosen-union.de

Baumschule
(besonders empfehlenswert ist der umfangreiche und informative Katalog)

Bruns-Pflanzen-Export GmbH & Co. KG
D-26160 Bad Zwischenahn
Tel. 0 44 03/60 10
www.bruns.de

Bildnachweis

Alle Fotos einschließlich Titelbild Toma Babovic, Bremen; außer:
Hinrich Behrends: S. 23
Reinhard Schneider: S. 15, 48, 135, 138/139 (Gartenplan), Skizzen S. 134, 136, 164, 204, 205
Felizita Söbbeke: S. 65, 75, 97, 107, 109, 111, 122, 124, 127, 131, 156, 169, 171, 174, 188, 190/191

Impressum

Bibliografische Information der Deutschen Bibliothek
Die Deutsche Bibliothek verzeichnet diese Publikation in der Deutschen Nationalbibliografie; detaillierte bibliografische Daten sind im Internet über http://dnb.ddb.de abrufbar.

ISBN 978-3-8319-0268-2

© Ellert & Richter Verlag GmbH, Hamburg 2007

Dieses Werk einschließlich aller seiner Teile ist urheberrechtlich geschützt. Jede Verwertung außerhalb der engen Grenzen des Urheberrechtsgesetzes ist ohne Zustimmung des Verlages unzulässig und strafbar. Dies gilt insbesondere für Vervielfältigungen, Übersetzungen, Mikroverfilmungen und die Einspeicherung und Verarbeitung in elektronischen Systemen.

Text und Bildlegenden: Felizita Söbbeke, Norden
Lektorat: Beatrix Sommer, Hamburg
Gestaltung: Büro Brückner + Partner, Bremen
Lithografie: Griebel-Repro, Hamburg
Gesamtherstellung: Offizin Andersen Nexö, Leipzig

Titelabbildung: Blauregenallee

Rückseite: Küchensitzplatz, Döpke, Christophorusbeet, Esszimmer